中央民族大学"十五""211工程"学术出版物编审委员会

主任委员：陈　理

副主任委员：郭卫平

委　员：王锺翰　施正一　牟钟鉴　戴庆厦　杨圣敏　文日焕
　　　　　刘永佶　李魁正　朱雄全　宋才发　冯金朝　邓小飞

生命与环境科学学院"211工程"项目教材编审委员会

主　任：冯金朝

副主任：周宜君

成　员：（按姓氏笔画排序）
　　　　　李　威　李　璇　史景熙　刘裕明
　　　　　杨若明　夏建新　焦玉国　覃筱燕

中央民族大学国家"十五""211工程"建设项目

谢丽霜 主编

民族地区投资活动的环境效应研究

中央民族大学出版社

图书在版编目（CIP）数据

民族地区投资活动的环境效应研究/谢丽霜主编.
—北京：中央民族大学出版社，2007.2

ISBN 978-7-81108-280-7

Ⅰ.民… Ⅱ.谢… Ⅲ.民族地区-投资-研究-中国 Ⅳ.F127

中国版本图书馆CIP数据核字（2006）第 119331 号

民族地区投资活动的环境效应研究

主　　编	谢丽霜
责任编辑	满福玺
美术编辑	赵秀琴
出 版 者	中央民族大学出版社 北京市海淀区中关村南大街27号　邮编：100081 电话：68472815（发行部）传真：68932751（发行部） 　　　68932218（总编室）　　68932447（办公室）
发 行 者	全国各地新华书店
印 刷 者	北京宏伟双华印刷有限公司
开　　本	880×1230（毫米） 1/32　印张：10.125
字　　数	253 千字
印　　数	2000 册
版　　次	2007 年 2 月第 1 版　2007 年 2 月第 1 次印刷
书　　号	ISBN 978-7-81108-280-7
定　　价	22.00 元

版权所有　翻印必究

目 录

前言 …………………………………………………………… (1)
第一章　民族地区财政投资活动的环境效应 ……………… (1)
　第一节　财政投资是民族地区投资活动的主体 …………… (1)
　　一、财政投资的含义和特征 ………………………………… (2)
　　二、财政投资范围的界定 …………………………………… (4)
　　三、财政投资在民族地区投资中的地位 …………………… (6)
　第二节　民族地区财政投资非公共化的环境效应 ………… (8)
　　一、民族地区财政投资的非公共化特征 …………………… (8)
　　二、民族地区财政投资非公共化的成因分析 ……………… (12)
　　三、财政投资非公共化对环境建设投资的影响 …………… (16)
　　四、实现财政投资公共化转变的对策建议 ………………… (20)
　第三节　民族地区基础设施投资同构化的环境效应 ……… (30)
　　一、基础设施是财政投资的主要活动领域 ………………… (30)
　　二、基础设施投资同构化及其表现 ………………………… (31)
　　三、基础设施投资同构化对环境的影响 …………………… (34)
　　四、对策建议：增加环保投资，走可持续发展道路 ……… (36)
　第四节　民族地区财政投资资源指向的环境效应 ………… (43)
　　一、民族地区财政投资呈现资源指向性 …………………… (43)
　　二、民族地区财政投资资源指向的成因分析 ……………… (49)
　　三、财政投资资源指向对环境的影响 ……………………… (53)
　　四、对策建议：发展循环经济 ……………………………… (56)
第二章　民族地区能矿资源开发投资活动的环境效应 …… (63)

第一节　民族地区能矿资源开发投资的状况 …………（63）
　　一、民族地区能矿资源开发的历史回顾 ……………（65）
　　二、民族地区能矿资源开发的现状分析 ……………（73）
　　三、民族地区能矿资源开发的趋势判断 ……………（77）
　　四、结论 ………………………………………………（80）
第二节　民族地区能矿资源开发强度不断增强的原因 …（81）
　　一、资源禀赋的比较优势 ……………………………（81）
　　二、能矿产品需求强势 ………………………………（86）
　　三、投资体制改革与投资主体多元化 ………………（89）
　　四、粗放型增长方式的影响 …………………………（92）
　　五、能矿资源利用效率低，浪费严重 ………………（94）
第三节　能矿资源开发投资对环境的影响 ………………（100）
　　一、能矿资源高强度开发的环境效应 ………………（101）
　　二、多元投资主体缺乏有效监督的环境效应 ………（102）
　　三、投资粗放的环境效应 ……………………………（104）
　　四、投资结构失衡的环境效应 ………………………（105）
第四节　能矿资源开发投资活动环境效应的
　　　　　控制与引导 ……………………………………（110）
　　一、选择合理经济增长模式，大力发展循环经济 ……（110）
　　二、加强能源的综合利用，努力提高能源
　　　　使用效率 …………………………………………（112）
　　三、推进新能源和可再生能源的应用，
　　　　转变能源开发结构 ………………………………（114）
　　四、设立针对性的准入门槛，逐步转变投资结构 ……（117）
　　五、加大科学技术投资力度，提高能源利用效率 ……（118）
　　六、实行生态税收与利益补偿机制，减少能源开发
　　　　对环境的污染 ……………………………………（121）

第三章　企业跨区投资活动的西部环境效应 …………（123）

第一节　企业跨区投资活动与区域资本形成………………（123）
　一、企业跨区投资与区域资本存量……………………（124）
　二、企业跨区投资与区域投资诱导……………………（126）
　三、企业跨区投资与区域资本形成能力………………（131）
　四、小结…………………………………………………（133）
第二节　外商直接投资（FDI）的环境效应………………（134）
　一、FDI 的地区分布及其对西部环境的影响 …………（134）
　二、FDI 的产业分布及其对西部环境的影响 …………（136）
　三、FDI 区位选择战略及其对西部环境的影响 ………（140）
第三节　"东企西进"的西部环境效应……………………（144）
　一、产业撤退型"东企西进"及其西部环境效应……（145）
　二、市场拓展型"东企西进"及其西部环境效应……（149）
　三、投机型"东资西进"及其西部环境效应…………（154）
第四节　企业跨区投资环境效应的西部归因……………（158）
　一、西部引资能力与"东污西移"……………………（158）
　二、地方政府经济增长偏好与"东污西移"…………（164）
　三、结论与建议…………………………………………（170）
第四章　民族地区工业投资活动的环境效应………………（176）
第一节　民族地区工业发展必须关注其环境效应………（177）
　一、民族地区工业投资现状……………………………（177）
　二、民族地区工业投资引致的环境污染………………（180）
　三、民族地区环境保护的必要性………………………（183）
第二节　民族地区工业投资行业分布与环境……………（184）
　一、民族地区工业投资的行业分布……………………（184）
　二、工业行业环境污染效应……………………………（188）
　三、工业投资行业分布环境效应的控制与引导………（195）
第三节　民族地区工业投资规模与环境：大型企业……（199）
　一、大型企业环保促进效应的现实悖论………………（199）

二、大型企业环保促进效应现实悖论的成因分析……（201）
　　三、大型企业环境效应的控制与引导………………（204）
 第四节　民族地区工业投资规模与环境：中小企业……（208）
　　一、中小企业在民族地区工业经济发展中的地位……（208）
　　二、中小工业企业环境效应的形成……………………（209）
　　三、中小型企业环境效应的控制与引导………………（213）
 第五节　民族地区工业技改投资与环境………………（216）
　　一、工业技改投资对民族地区环境的影响……………（216）
　　二、民族地区工业技改投资存在的问题及
　　　　其成因分析…………………………………………（221）
　　三、促进民族地区工业技改投资的对策与建议………（232）

第五章　民族地区农业投资活动的环境效应………………（244）
 第一节　民族地区农田水利建设投资活动的
　　　　环境效应………………………………………………（245）
　　一、民族地区有必要重视农田水利建设及
　　　　其环境效应…………………………………………（245）
　　二、农田水利建设投资活动对环境的影响……………（251）
　　三、农田水利建设环境效应的成因分析………………（260）
　　四、农田水利建设投资环境效应的控制与引导………（265）
 第二节　民族地区农户生产经营投资活动的
　　　　环境效应………………………………………………（273）
　　一、民族地区农业机械化投资的环境效应……………（274）
　　二、民族地区农用化学品投资的环境效应……………（280）
　　三、农业生产经营投资环境效应的成因分析…………（294）
　　四、农户生产经营投资环境效应的控制与引导………（299）

参考书目……………………………………………………（313）

前　言

　　投资是人类社会最基本和最重要的经济活动，投资及其增长也是实现经济发展的基本途径和重要推动力量。然而，投资活动在增加物质财富、促进经济增长、推动社会进步的同时，还会通过对环境资源的索取以及向环境排放废弃物而给环境带来压力。

　　这种压力在我国少数民族地区表现得更加易得、更加突出，对环境的破坏性也更大。民族地区有自然资源禀赋优势，但经济发展落后，导致其经济增长不得不高度依赖资源开发，投资活动具有明显的资源指向特征。而一个地区如果将生存和发展的希望过度寄托于自然资源的投资开发，其生态环境必然要为此承受巨大的压力。对于自然条件恶劣、生态环境资本薄弱、投资活动稍有不当就可能引发严重生态环境问题的我国少数民族地区来说，资源指向型的开发模式及其投资活动自然也就更容易造成对生态环境的冲击。

　　民族地区兼有经济落后和生态脆弱的双重区情。作为低度发展区域，投资及其增长为民族地区经济发展所必须。随着西部大开发战略的推进以及由此带来的西部投资环境的改善、国家财政投资的进入、产业梯度的转移、外商直接投资的引用和地方政府的投资努力，民族地区投资增长态势在今后很长时期内都将是不可逆的。随着投资的持续增长，民族地区脆弱的生态环境必将面临更加广泛和高强度的压力。这种压力如果不被控制和引导，势必引发严重的生态环境问题，而生态环境退化又会从恶化区域投资环境的层面，降低民族地区的投资吸引力，使民族地区富民强区的梦想难以实现。因此，如何在保护投资积极性、促进区域投资增长的同时，提高环境保护因素在投资决策中的影响权重，引导投资活动在可持续发展方面做出应有努力，最大限度地降低投资活动对环境的冲击，就成为民族地区经济开发过程亟待解决的问题。

本书通过对民族地区财政投资活动、能矿资源开发投资活动、企业跨区投资活动、工业投资活动、农业投资活动等主要投资活动的环境效应及其发生机制的分析，试图从经济和制度层面找出民族地区投资活动引致生态环境恶化的经济机理，并就如何鼓励各种环境友好型投资行为、引导投资活动朝着可持续发展方向努力提出相应的对策建议。

本书写作提纲拟订及全书统稿工作由谢丽霜承担，写作的具体分工是：第一章：白雪；第二章：张颖；第三章：谢丽霜；第四章：饶紫卿；第五章：覃丹。另外，白雪对第二章的部分内容进行了补充。本书参阅了大量的文献资料，其出处虽然在注释和参考书目中尽可能明示，但难免有所疏漏，还请有关作者包涵，并在此向所有作者致谢。

由于笔者水平有限，书中错误与不足之处在所难免，敬请读者批评指正。

作　者

第一章 民族地区财政投资活动的环境效应

民族地区经济发展水平低，区内民间投资活动稀少，区域投资活动以政府资金支持的财政投资为主，即便是在经历了多年市场化改革之后的现阶段，财政投资仍然是民族地区最重要的投资活动。财政投资的特殊性使这种投资活动更多地服从于公共目标，而政府作为公众利益的代表者和维护者，理论上，其主导的投资活动应该更可能考虑投资对环境的影响，但在实践中，由于受发展阶段、财政投资体制、经济发展压力的制约，政府在投资决策、投资规模、投资方向、投资结构、投资布局等方面都可能存在种种不利于生态环境保护及改善的因素。在我国行政分权体制下，财政投资的主体既有中央政府，也有各级地方政府，不同投资主体在发展与环保之间的偏好差异，也会使财政投资活动产生不同的环境效应。另外，在政府财力有限的条件下，财政投资在经济增长领域与可持续发展领域投资边界的选择和确定，也直接影响到民族地区的环境建设。本章即对民族地区财政投资活动的环境效应及其形成机制进行分析，并提出相应的对策措施。

第一节 财政投资是民族地区投资活动的主体

财政投资是社会投资活动的重要组成部分，是国家进行宏观调控的重要手段，对整个社会的经济发展起着重要的作用。对于欠发达的民族地区来说，这部分投资更是有着极其重要的地位和作用。

一、财政投资的含义和特征

在任何社会中，社会总投资都可以分为政府投资和非政府投资两大部分。一般而言，财政投资即为政府投资，是政府为了实现预期的社会效益和宏观经济效益，将一部分财政资金转化为公共部门的资产以满足社会公共需要的经济行为。① 这种投资的资金来源是财政资金，其中以无偿性的税收为主，投资的结果形成公共部门的资产，例如中国政府自新中国成立以来进行了大量的投资，据国务院国资委公布的数据，到 2004 年底，已经形成了 20 万亿元的国有资产，庞大的国有资产为公有制地位的巩固奠定了雄厚的经济基础。

政府投资与企业、居民投资等非政府投资相比，有自身明显的特点：

1. 政府财政投资对象的效益一般具有外溢性，社会效益明显。政府在国民经济中居于特殊地位，可以从事社会效益好而经济效益一般的投资，可以而且应该将自己的投资着眼于为全体公民和各类社会经济主体提供生产和生活必要的基础性的公共条件，例如基础设施等。同时，对某些新兴产业的开发，对高科技、高风险项目的研究开发，对落后地区的开发等等，都具有耗资大、耗时长、风险高等特征，致使私人部门望而却步，市场机制无能为力。这是政府职能的内在要求，反映了经济和社会发展对政府配置资源的客观需要。换言之，在投资主体多元化的经济社会中如果政府不承担这些方面的投资或投资不足，就会导致经济结构失调，经济发展速度就会遇到"瓶颈"制约。

---

① 胡乐亭主编：《财政学》，经济科学出版社，2004 年 12 月第 1 版，第 149 页。

2. 政府财政投资以宏观调控为主要目的，不以微观盈利为主要目的。非财政投资是法人和自然人在利己动因下追求微观效益而进行的投资，他们的盈利是根据其微观效益与微观成本的比较来计算的，营利性是衡量其投资成败的唯一指标，也是非政府投资的首要特点。而政府居于宏观调控主体的地位，它可以从社会效益和社会成本的角度来评价和安排自己的投资，政府投资可以微利甚至不盈利，而营利性的投资也主要是限于特定的市场投资会产生低效率或实施控制需要的行业，以保证市场机制在资源配置方面发挥基础性作用。但这并不意味着政府财政投资可以不计成本、不讲效率，只是说政府的投资不是为了现实的经济利润。从政府财政投资项目本身来看，当然要衡量其成本和收益，并借此评价政府配置资源的效率；政府的投资同样要追求收益和回报，只不过这种收益和回报主要不是为政府所有，而是为市场投资者和消费者所有，表现为改善市场投资者的外部环境而使其边际利润增加，消费者由于享受到良好的公共服务而使福利水平上升。换句话说，政府财政投资追求的是一种收益外部化的效益，而市场投资追求的则是一种收益内部化的效益。

3. 政府财政资金来源渠道的多样化。企业和个人主要依靠自身的积累和社会筹资来为投资提供资金，两种渠道都会受到种种限制和制约，如积累规模、自身信誉等，所以一般难以承担规模宏大的建设项目。而财政投资的资金来源，除了主要依赖无偿性的税收收入以外，还可以凭借自身的良好信誉在国内外资本市场上筹集资金，为财政投资于大型项目和长期项目提供有力的保障。

4. 政府财政投资在不同经济发展阶段具有不同的侧重。根据发展经济学的理论，在经济起飞阶段，政府在社会基础设施等基础性项目方面的投资具有较强的拉动作用。随着经济发展走向成熟，私人部门力量日益扩大，社会投资逐渐代替财政投资，财政投资规模逐渐减小,更多地转向能够提高社会整体福利水平的教育、科学和文化体育等事业方面。

5. 政府财政投资决策的复杂性。由于社会综合效益难以通过统一的标准来衡量,因而投资项目的确定往往要经过复杂的行政甚至法律程序,并通过层层审批来完成。

二、财政投资范围的界定

政府财政投资是社会总投资的重要组成部分,但这并不意味着政府投资的范围越宽越好,过宽的投资范围会加大国家财政的负担,严重制约国民经济的健康发展。因此,合理确定政府财政投资范围,对于有效发挥市场和政府两种资源配置机制的互补作用,促进国民经济持续快速健康发展具有重大意义。从理论上看,政府投资领域原则上应限定在市场机制引导投资流动失效或部分失效的范围内,以弥补和矫正市场机制的缺陷。这就要求,一要防止政府财政投资的"缺位",二要防止政府财政投资的"越位"。具体来说,在确定政府财政投资范围时应遵循以下原则:一是补充原则。在市场失灵的领域,政府财政投资要及时跟进,发挥拾遗补缺的作用。市场经济的特征是投资主体多元化、投资来源多渠道、投资决策分散化。政府投资项目的选择,一方面,要为众多的民间投资创造必要的、与经济增长相适应的外部环境和基础条件;另一方面,在私人投资不愿进入、不能进入、不宜进入的领域,恰恰是政府财政投资发挥作用的地方,是财政投资的重点,政府投资应积极介入,避免"缺位"。同时又要充分考虑政府财政投资对市场竞争格局可能带来的负面影响,尤其是要避免因政府不适当地介入竞争性领域或采取不适当的投资调节政策而干扰和影响了民间投资的偏好和选择。二是中性原则。即在市场有效配置资源的领域,为充分发挥市场对资源配置的基础性作用,要求财政投资不要"越位"。因此,在选择投资项目时,最重要的原则是不能替代市场,不能对市场的资源配置造成扭曲或者障碍。凡是市场能解决的问题,政府就不应该参与。已经涉足的,也应该逐渐退出,把有限的资金集中用到"该用"的地方去。

投资按所处的产业、领域不同,可分为竞争性项目[①]、基础性项目和公益性项目。根据政府投资范围的确定原则,政府财政投资应首先保证公益性项目的投资,部分地参与基础性项目的投资,对于竞争性项目,政府原则上不宜参与。其中,第一类是公益性项目,这类项目全部所形成的资产处于非生产经营领域的投资项目,具体包括:(1)具有非竞争性和非排他性的纯公共产品,如国防、司法、行政、消防、公共博物馆和图书馆等,政府部门的直接投资是这类产品的唯一供给来源。政府直接投资上述领域,并不意味着此类公共产品的全部投资与运营责任都需要政府部门承担。上述产品与服务领域仍然可以做更为细致的分类,将竞争性业务与普遍服务性业务分业经营。政府投资与补贴只负责保障提供普遍服务。政府也可以借助市场组织和社会组织的优势与能力,来生产这些公共产品。(2)带有显著外部收益、能够创造社会公平的准公共产品和服务,如基础教育、文化、科技、体育、公共医疗卫生、公有住房、社会福利、环境保护等。这些领域可以是政府投资的范围,也可通过政府补贴和特许权经营引入非营利组织和企业投资经营。对这类项目,政府介入程度的高低取决于政府的财力及经营的效率,在政府财力有限和经营效率低下的情况下,完全可以借助社会及市场的力量。但是,社会化

---

① 竞争性项目是指那些经济效益较好、对市场信号反应比较灵敏、具有竞争能力的一般性项目。它多为投资较少、建设周期较短、投资完全能够收回并能实现价值增值的加工行业和服务行业,主要包括制造业、建筑业、流通仓储业、金融保险业(商业性部分)等。参见胡乐亭主编:《财政学》,经济科学出版社,2004年12月第1版,第149页。

及市场化的范围和程度要有明确的限制，同时，要对社会化和市场化提供的公共产品及服务（准公共产品及服务）进行科学的规划、组织，并实行严格的监管和控制。当政府财力充裕的时候，政府部门应当在具有显著外部效应（如城市道路、基础教育、公共卫生）的领域发挥更大的作用。第二类是基础性项目，包括具有自然垄断性、投资额大、建设周期长、收益较低的基础设施和基础工业、农业以及需要政府重点扶持的高技术产业和部分支柱产业。对这类项目政府只是部分地参与投资，政府资金主要投向其中的非盈利性的社会公共基础设施和非竞争性基础产业项目，如电力、铁路、地铁、电信、邮政、供水、污水处理、垃圾处理、防灾救灾、卫生防疫、大江大河治理、重大科研计划、广播电影电视等，对于那些具有排他性，或具有竞争性，存在着超额需求，消费者愿意直接付费的盈利性公共基础设施和基础产业，则引入社会资本实行市场化供给。具体方式有两种：一是由社会资本完全供给，即公共产品的投资、生产以及运营由私人单独完成，私人通过收费的方式向消费者收取费用；二是由社会资本与政府联合供给，即由政府对私人提供一定的补贴和优惠政策，或政府根据合同进行采购。此类产品和服务必须实施政府管制，包括价格管制和市场准入管制，以避免由于企业拥有市场垄断地位，或因厂商盲目竞争而导致资源配置效率的损失。

三、财政投资在民族地区投资中的地位

财政投资在各国（地区）社会总投资中所占的比重存在着相当大的差异，影响这个比重的因素主要有两个：一是经济体制的不同。一般地说，实行市场经济的国家或者地区，非政府投资在社会投资总额所占的比重较大；而实行计划经济的国家或地区，政府财政投资所占比重较大。二是经济发展阶段的不同。一般来说，发达国家或地区的非政府投资占社会总资产的比重较大，欠

发达和中等发达国家或地区的政府财政投资所占比重较大。[①] 从全国来看，我国处于由计划经济体制向市场经济体制转轨的时期，需要政府通过财政投资等直接手段培育市场，调整经济结构并维持必要的经济增长速度。从总体上看，政府投资在社会总投资中仍然发挥着主导的作用。从区域层面看，民族地区大多地处边远，开发程度低，受其自身自然条件和社会经济条件的约束，发展相对滞后，属于我国的欠发达地区，内部积累能力和外部资金引用能力都很低，社会总投资仍以政府财政投资为主，非政府投资只是发挥某种弥补政府投资不足的作用。

表1-1是2004年我国5个民族自治区全社会固定资产投资按登记注册类型划分的构成情况。社会资本形成总额包括固定资产资本形成总额和存货增加两个部分，其中固定资产资本形成总额是最主要的组成部分，而国有经济的投资主要来源于政府财政投资，因此，可以用国有经济在社会总资产中所占的比重大致衡量财政投资在社会总投资中的比重。由表中数据计算得出，2004年新疆、宁夏、广西、西藏和内蒙古5个民族自治区全社会固定资产投资中国有经济所占的比重分别为45.26%、36.66%、43.33%、84.36%和48.71%。其中最高的是西藏，高达84.36%，社会固定资产投资基本上都是国有经济，只有少部分是其他经济部门的投资。最低的宁夏也达到了36.66%，国有经济基本上占到了全社会固定资产总投资的40%。可以看出，政府投资在全社会固定资产投资中占了绝对多数。从个体经济投资来看，5个地区个体经济所占的比重分别为12.26%、20.65%、22.47%、5.91%和12.04%，是远远小于国有经济在其中所占的比重的。另外，从几个民族地方利用外资的情况来看，5个地区利用外资在全社会固定资产投资

[①] 陈共主编：《财政学》，中国人民大学出版社，1999年7月第1版，第98页。

所占的比重分别为 0.52%、2.05%、3.53%、0.06%、0.56%，当中最高的也不超过 5%。由此可见，政府财政投资是民族地区最主要的投资活动。

表 1-1 2004 年 5 个民族自治区全社会固定资产投资来源

(单位：亿元)

	投资总额	国有经济	个体经济	港澳台商投资	外商投资	其他经济
新疆	1147.2	519.2	140.6	12.7	6.0	468.7
宁夏	376.2	137.9	77.7	1.2	7.7	151.7
广西	1236.5	535.8	277.9	42.0	43.6	337.2
西藏	162.4	137.0	9.6	—	0.1	15.7
内蒙古	1788.0	871.0	215.3	26.9	10.0	664.8

注：其他经济包括集体经济、股份制经济和联营经济。
资料来源：《中国统计年鉴 2005》，中国统计出版社。

第二节 民族地区财政投资非公共化的环境效应

一、民族地区财政投资的非公共化特征

在传统的计划经济体制下，民族地区地方政府承担着"生产建设"的职能，财政投资绝大多数都投到了生产领域中，在很大程度上忽视了对公共产品和服务的投资。党的十四大确立了社会主义市场经济体制的改革目标以后，这一状况有了一定的好转，但生产建设投资在政府财政投资中仍占很大比重，财政投资呈现出非公共化的特征。

在前一节中已经提到，在市场经济条件和公共财政的框架下，公益性项目是政府财政投资应该优先保证的领域。这是因为公益性项目一般来说都是建设周期长、投资回报率低、见效慢的项目，由于投资者的经济理性以及资本的趋利性，私人投资很少或基本不进入这些领域，但这些项目又直接关系到一个社会的发展和进步。例如，国防直接关系到一个国家的安全，这是国家发展进步的基本前提；行政、司法等设施建设维护正常的经济和社会秩序，是国家发展进步的有力保障；科技、教育、文化等部门的基本建设与人力资源开发和知识经济发展密切相关，为国家发展进步提供智力支持；而环境建设更是直接关系到人们的生命安全，这是一切社会活动得以进行的基础，等等。然而，在我国社会主义市场经济体制建立和完善阶段，发达地区、欠发达地区和不发达地区的市场发育程度不同，适应市场经济要求的地方政府的职能转变也存在较大差异。因此现阶段我国政府投资的范围与完全市场经济条件下的政府职能的要求存在某种程度的不一致，政府投资范围依然过宽，涵盖了许多政府不该管、管不了、也管不好的领域。这点在民族地区表现尤为突出，政府财政投资的去向刚好与以上分析相反，很多的财政资金投入到了根本不需要政府介入的竞争性行业或者是政府应该少量介入的部分基础性项目中，而急需国家财政资金支持、也应当成为财政投资重点的公益性项目却得不到满足。我们把政府财政投资投向非公共部门（包括竞争性行业和部分基础性行业）的这种不合理现象称为"财政投资的非公共化"。表1-2反映了自1978年以来我国国家财政支出按性质的分类情况。其中，经济建设费占总支出的比重由1978年的64.08%下降到了2004年的27.85%，这主要是由于我国经济体制的转轨带来的，但我们也要看到27.85%这一比重仍然是很高的，这在一定程度上反映出我国财政支出整体上表现出非公共化的特征。

表 1-2　国家财政按功能性质分类的支出　（单位：亿元）

年份	支出合计	经济建设费	社会文教费	国防费	行政管理费	其他支出	经济建设费占总支出的比重（%）
1978	1122.09	718.98	146.96	167.84	52.90	35.41	64.08
1980	1228.83	715.46	199.01	193.84	75.53	44.99	58.22
1985	2004.25	1127.55	408.43	191.53	171.06	105.68	56.26
1989	2823.78	1291.19	668.44	251.47	386.26	226.42	45.73
1990	3083.59	1368.01	737.61	290.31	414.56	273.10	44.36
1991	3386.62	1428.47	849.65	330.31	414.01	364.18	42.18
1992	3742.20	1612.81	970.12	377.86	463.41	318.00	43.10
1993	4642.30	1834.79	1178.27	425.80	634.26	569.18	39.52
1994	5792.62	2393.69	1501.53	550.71	847.68	499.01	41.32
1995	6823.72	2855.78	1756.72	636.72	996.54	577.96	41.85
1996	7937.55	3233.78	2080.56	720.06	1185.28	717.87	40.74
1997	9233.56	3647.33	2469.38	812.57	1358.85	945.43	39.50
1998	10798.18	4179.51	2930.78	934.70	1600.27	1152.92	38.71
1999	13187.67	5061.46	3638.74	1076.40	2020.60	1390.47	38.38
2000	15886.50	5748.36	4384.51	1207.54	2768.22	1777.87	36.18
2001	18902.58	6472.56	5213.23	1442.04	3512.49	2262.26	34.24
2002	22053.15	6673.70	5924.58	1707.78	4101.32	3645.77	30.26
2003	24649.95	7410.87	6469.37	1907.87	4691.26	4170.58	30.06
2004	28486.89	7933.25	7490.51	2200.01	5521.98	5341.14	27.85

资料来源：《中国统计年鉴2005》，中国国家统计局。

　　民族地区由于经济相对比较落后，脱贫致富的愿望更加强烈，地方政府面临的来自民间、企业以及上级政府的要求经济增长的压力更大，就会更多投资于经济建设，非公共化的特征较全国平均水平而言就更加突出,从教育支出占地方财政支出的比重中我们就可以很好地看出这一特征。

表1-3 2004年5个民族自治区教育支出占地方财政支出的比重

省　份	教育支出（亿元）	地方财政支出（亿元）	比重（%）
全国	3146.30	20592.81	15.28
新疆	61.39	421.04	14.58
宁夏	16.10	123.02	13.09
广西	90.53	507.47	17.84
西藏	15.11	133.83	11.29
内蒙古	66.22	564.11	11.74

资料来源:《中国财政年鉴2005》,中国财政杂志社出版。

表1-3是2004年5个民族自治区教育支出占当地地方财政支出的比重。在公共财政框架下,教育支出是地方财政应该首先满足的项目之一,但在我国的民族地区这部分支出却远远没有得到满足。在国务院1994年印发的《中国教育改革和发展纲要》中规定,各级财政支出中教育经费所占的比例,全国平均水平不低于15%,省市级财政中教育经费所占比例由各省、自治区、直辖市确定。对于省级及以下比例,目前比较成熟的看法是不低于20%,市县为25%—30%较为合理。[①] 但是,从表中数据我们可以看到,截止到2004年,5个民族自治区教育支出占地方财政支出的比重除广西外,都还没有达到全国平均水平,更不用说20%了。而世界上其他国家的这一比例早在上个世纪90年代中期就已经达到了30%左右。发展教育

[①] 邓云洲、刘培英:《广州教育经费需求与投入体制的研究》,载《教育导刊》,1998年第2期。

是美国州和地方政府的首要任务，1992 年美国州和地方政府一般支出中，教育所占比重达到 32.22%；英国地方政府支出最大的项目就是教育支出，1995 年占地方政府的比重为 29.19%；以色列地方政府支出最大的项目是教育支出，1993 年占地方政府支出的比重为 29.69%。[①]

二、民族地区财政投资非公共化的成因分析

1."生产建设财政"的体制惯性

在计划经济的体制环境中，市场对社会资源的配置功能被人为地取消，政府成为社会资源配置的唯一主体，几乎包揽了所有的投资活动。国家财政不仅要负责满足从国防安全、行政管理、公安司法，到环境保护、文化教育、基础科研、卫生保健等方面的社会公共需要，负责进行能源、交通、通讯以及江河治理等一系列社会公共基础设施和非竞争性基础产业项目的投资，而且还要承担为国有企业供应经营性资金、扩大生产资金以及弥补亏损的责任，甚至要为国有企业所担负的诸如职工住房、医疗服务、子弟学校、幼儿园和其他属于集体福利设施的投资提供补贴，等等。这一时期的国家财政也因此被称为"生产建设财政"。改革开放以后，市场成为社会资源的主要配置者，政府角色由社会资源配置的"主角"转为"配角"，财政职能范围理应随之压缩——实现由"大而宽"向"小而窄"的转变。但是，在既得利益格局难以触动和财政支出本身"刚性"的制约下，很难做到这一点，政府资金仍未能完全从竞争性领域退出，"生产建设财政"的格局并没有得到根本扭转，财政投资的"越位"和"缺位"现象依然存在。

2. 缺乏有效的政府行为监督和制约机制

---

① 张赛飞：《广州财政支出的结构分析》，载《研究与决策》，2003 年第 5 期。

传统的政府干预经济理论认为，市场不能做或做不好的，政府就应该去介入，而且政府的介入也一定能解决问题。这一结论存在的假设前提是：政府代表大多数人的利益；政府所做的决策更加周全、更加明智；政府运作是高效率低成本的。但事实上，政府并非如此大公无私，政府决策未必高效率低成本。根据公共选择理论，政府是由政治家和公务人员组成的，他们的行为动机直接决定着政府的决策取向。在主观上，他们也是理性人，在关于投资公益性项目还是竞争性项目的选择上，他们会毫不犹豫地选择后者。这是因为，投资于竞争性项目，建设周期较短、见效快、投资能够很快收回成本并能实现价值增值，政府税收收入相应增加。这样，一方面，政治家的预算资金就会越来越多，津贴也会提高，进而还可以从中获得晋升的机会，满足其不断膨胀的物质需求和升迁需要；另一方面，政治家们有了更多的可支配的财政资金，就意味着有更大的权利。而由于监督机制的不健全，政治家们的上述谋求利益最大化的行为并没能受到有力的制约。从党的监督作用来看，在我国，由于过去党政不分现象普遍存在，形成监督者和被监督者重合的自我监督局面，显然，这样的监督是没有任何意义的。从公众监督的角度看，公众在作为选民进行集体决策或者是选举哪个候选人时，往往考虑的是与自身至关密切的眼前需要，经济增长是会给他们带来直接福利增加的（最直接的体现就是可支配收入的增加），所以在公共产品的提供为他们带来的利益难以估计、甚至微乎其微时，公众就缺乏为其所受的损失进行监督的激励。在这种情况下，政府就会在与其利益直接相关的投资项目上花费过多，而对那些外溢性很大、收益很低的项目和领域往往重视不够。

3. 地方政府领导职务任期制度不完善

党的十六大和十六届四中全会明确提出，要探索建立领导干部职务任期制。领导职务任期制是对选任制、委任制领导干部担任某一职务的规定期限和在规定期限内对履行职责的要求进行明确规范的一种制度。领导干部任期制的内涵包括任职的时限规定，担任职务期限内应履行的职责、承担的义务以及期满后因人制宜进行合理安置的有关规定。领导干部职务任期制不但包括最高任职时限，还包括最低任职时限。按规定，没有特殊情况，领导干部必须任期届满，实现任期目标，才能调动或升迁。推行党政领导干部职务任期制的目的，就是以促进干部能下为突破口，建立健全能上能下、能进能出、竞争择优、充满活力的用人机制。但在基层，制度实施机制仍有不完善的地方，如任期期限不明确，任期目标不明确，监督管理机制不健全，等等。其中，最突出的问题就是党政领导干部调动频繁，任职难以届满，这不仅直接影响工作的连续性，还会诱发干部投机心理，误导干部价值取向，在有的地区领导干部队伍中形成"能上不能下，能进不能出"的错误观念。为了增加未来被提拔的可能性，一些地方干部不安心工作，热衷于大搞短、平、快的"政绩工程"。要在短短的3—5年内（很多地方政府官员的任期还远没有那么长的时间）看到政绩，投资于获利高、见效快的竞争性项目自然就成了一些地方领导干部的"第一偏好"，而投资周期长、见效慢的基础教育、水土保持、环保等，尽管人人皆知其重要性，但也很难得到政府财政足够的资金支持。领导干部的意愿往往决定一个地方政府财政投资的方向，政府财政投资更多地集中到了生产建设部门等非公共领域也就不足为奇了。

4. 民族地区民间投资不足

保持经济持续稳定快速增长是我国经济政策的长期目标，在内需严重不足的情况下，我国采取扩张性财政政策来刺激经济增长，其中主要手段是发行国债，投资基础设施建设。这种措施在很大程度上刺激了内需，促进了经济的增长，然而这种措施也有其弊端。有研究表明，长期扩大财政赤字产生的还本付息压力，必然导致国家借新债还旧债，新增国债资金真正用于经济建设的会越来越少。因此，要进一步推动我国经济的稳定快速增长，光靠政府财政政策是不够的，需要全面启动民间投资。然而，我国的民间投资状况同样存在东、西部的严重不平衡。统计数据显示，2003 年东部地区民间投资占社会总投资的 44.5%，超过了国有及控股投资 44% 的比重。而中部地区民间投资占 39.4%，比东部低 5.1 个百分点。西部地区民间投资占 36.2%，比东部地区低 8.3 个百分点，民间投资的比重随着地区间经济发展水平的高低而有所不同。① 与东部地区相比，西部地区的民间资本投资不仅总体规模小、比重低，还存在民间投资增长缓慢的问题。国家统计局最新调查显示，同 20 年前相比，我国民间资本投资增长速度明显加快，民间投资在社会总投资中的比重提高了一倍多，已接近 40%，但西部民间投资年均增长 19%。② 造成这些问题的原因主要有以下几个方面：一是融资渠道单一，西部地区民间经济主要依靠自我积累，滚动发展，缺乏投资后劲。二是观念保守，西部地区民营企业受自身实力、素质的制约，投资规模小、技术层次低。三是隐性投资门槛高，西部地区受计划经济和传统观念影响较深，有些地方和部门仍存在地方或行业保护主义，使民间资本难以进入高回报的投资领域。四是政府职能转变缓慢，民间投资环境问题突出。实际上，民间投资的活跃程度已经成了东、西部差距不断拉大的重要原因。

正是由于民族地区的民间投资存在以上的种种问题，民族

---

① 汲凤翔、王宝滨著：《我国民间投资的现状》，载《中国国情国力》，2003 年第 10 期。

② 张希军著：《西部经济腾飞亟待民资"补血"》，载《西部论丛》，2005 年第 7 期。

地区的政府才不得不介入到一些原本应该由民间资本投资的领域，以带动整个经济的发展，这就造成了政府财政投资的非公共化。民族地区政府作为当地社会经济活动一个很重要的主体，如果说上述前三个原因是其财政投资非公共化形成的主观原因，那么民间投资不足就是造成财政投资非公共化的客观原因。

三、财政投资非公共化对环境建设投资的影响

财政投资非公共化现象的存在，使得政府财政投资的很大一部分资金被竞争性项目所占用，这必然导致国防、基础教育、公共医疗卫生、基础设施以及环境保护等公共部门投资不足。就环境建设投资而言，财政投资非公共化对生态环境投资削弱效应首先源于国家财政投资能力的有限性。

表1-4是1993—2004年我国国家财政收入占全国GDP的比重情况。从表中数据我们可以看出，从1993年开始到1996年国家财政收入占全国GDP的比重一直在下降，到了1997年以后才有了缓慢的上升，但上升到最高的2004年也只达到19.3%，而这一比率历史上最高在1960年达到了39.3%，在1978年时也为31.2%，所以，我国国家财政收入占全国GDP的比重从整体上看是下降了。图1.1更直观地反映了这一变化趋势。而同期发达国家财政收入占GDP的比重约为35%—55%，如美国为35%（1998年），法国为49%（1998年），德国为47%（1998年），瑞典为55.3%（1995年），挪威为51.3%（1998年）。发展中国家财政收入占GDP的比重约为25%左右，如印度为21.5%（1997年），马来西亚为28%

(1997年),泰国为19%(1997年)。①

表1-4 1993—2004年国家财政收入占GDP的比重

年 份	财政收入 (亿元)	GDP (亿元)	财政收入占 GDP的比重(%)
1993	4348.95	34634.40	12.6
1994	5218.10	46759.40	11.2
1995	6242.20	58478.10	10.7
1996	7407.99	67884.60	10.9
1997	8651.14	74462.60	11.6
1998	9875.95	78345.20	12.6
1999	11444.08	82067.50	13.9
2000	13395.23	89403.60	15.0
2001	16386.04	95933.30	17.1
2002	18903.64	104790.60	18.0
2003	21715.25	116898.40	18.6
2004	26396.47	136875.90	19.3

资料来源:《中国财政年鉴2005》,中国财政杂志社出版。

从中央财政收入占全国财政收入比重的国际比较来看,我国这一比重也很低。不论国家政治体制和政府组织形式,世界各国中央财政收入占全国财政收入的比重一般都在60%以上。根据国际经验,市场经济国家的政府管理权限逐步向地方下放,支出责任也同时交给地方,但财政权力并没有相应分散,集中仍然是主流,大部分国家中央政府仍然控制着财政收入的主要部分。单一制国家财权财力比较集中,中央财政收入占全国财政收入比重

---

① 王卫星、李新辰、孙翠杰、李安东、杨雷等著:《新时期仍应提高财政收入"两个比重"》,载《预算管理会计》,2004年第7期。

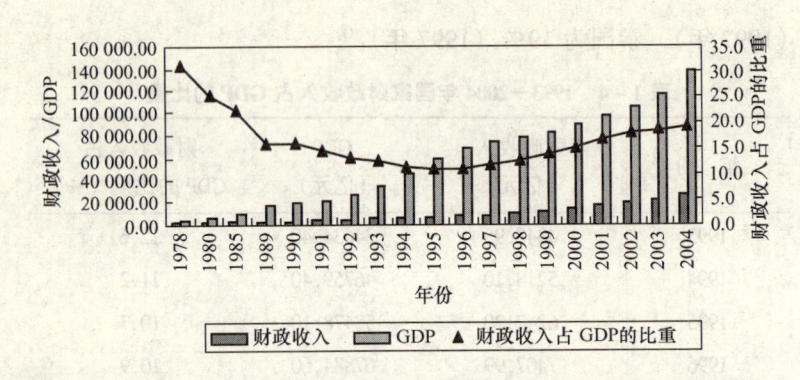

图 1.1 国家财政收入和 GDP 的关系
资料来源：根据《中国统计年鉴 2005》数据整理而得。

达 80%—90%（如英国、法国），即使是一些联邦制国家也不例外，如美国、德国也达到 60% 以上。美国为 62.8%（1998 年），德国为 69%（1998 年），印度为 63.1%（1997 年），一些国家这一比重甚至超过 90%，如英国为 92.3%（1998 年），印度尼西亚为 95.6%（1997 年）。而我国，实行分税制以前的 1993 年，中央财政收入占全国财政收入的比重仅为 22%，实行分税制以后，2002 年中央财政收入 10388.64 亿元，占全国财政总收入的比重为 55%，比 1993 年上升了 33 个百分点。[①]

总之，我国财政收入的上述"两个比重"较世界上其他国家来说，还处于相对较低的位置，这足以看出我国中央政府实际可支配的财力十分有限，财政投资的资金相当紧缺。在这种情况下，财政投资的非公共化，即财政资金大部分被竞争性项目占用，必然导致环境保护投资得不到满足。

表 1-5 反映了 2000—2004 年云南省环境保护投资的情况。

---

① 王卫星、李新辰、孙翠杰、李安东、杨雷等著：《新时期仍应提高财政收入"两个比重"》，载《预算管理会计》，2004 年第 7 期。

五年中,全省环保直接投资占 GDP 的比重于 2003 年最高才达到 1.42%,平均水平仅为 1.15%。然而,国家环境保护总局规划财务司司长周建在首届九寨天堂国际环境论坛上指出:根据发达国家的经验,一个国家在经济高速增长时期,要有效地控制污染,环保投入要在一定时间内持续稳定地占到国民生产总值的 1.5%,并且只有达到 3.0% 才能使环境质量得到明显改善。

表 1-5 2000—2004 年云南省环境保护投资情况

年 份	全省 GDP (亿元)	全省环保直接投资 (亿元)	环保直接投资占 GDP 比重(%)
2000	1955.28	15.34	0.78
2001	2084.03	24.8	1.19
2002	2231.88	25.48	1.14
2003	2458.8	34.8	1.42
2004	2959.48	36.76	1.24

资料来源:《云南省环境状况公报》,云南省环境保护局,2000—2004 年。

在首届九寨天堂国际环境论坛上,周建还指出,在"十一五"期间,环保总局测算全社会环保投资将达 13750 亿元,约占同期 GDP 的 1.4%—1.5%。其中,城市环境基础设施投资约 6600 亿元,工业污染源治理投资约 2100 亿元,新建项目"三同时"环保投资约 3500 亿元,生态环境保护投资约 1150 亿元,核安全和辐射环境安全投资约 100 亿元,环保监督管理能力建设投资约 300 亿元。但是,据国家环保总局"十五"项目的中期评估结果显示,全国重点环保工程项目 1066 项,计划投资 2297 亿元。截至 2002 年末,实际完成投资 643 亿元,投资完成率仅 27.97%。近两年投资虽然有较大的增加,但到 2005 年年底,投资完成率预计也不会超过 70%。因此有专家提出,扣除中央和各级政府的预计投资,"十一五"期间,约一半的环保投资需求存在缺口。①

四、实现财政投资公共化转变的对策建议

综上可知，民族地区如果不转变政府财政投资方向，而任由其沿着非公共化的趋势发展下去，必然会带来两个方面的消极后果。一是全社会资源配置效率的低下。前面已经提到，政府投资领域原则上应限定在市场机制引导投资流动失效或部分失效的范围内，以弥补和矫正市场机制的缺陷，而在市场失灵范围之外的一切领域，应该充分发挥市场配置资源的作用，这样才可以实现政府和市场的合理分工，以达到社会资源配置效率的最大化。然而，在"生产建设财政"影响没有完全根除的情况下，民族地区财政资金更多地投向了本应由市场起主导作用的竞争性项目，这必然会带来社会总效率的损失。二是使急需国家财政资金支持也应该是财政投资重点的公益性项目得不到充分的资金支持。而作为社会经济发展"基石"的公益性项目得不到应有的发展，势必要制约国民经济的进一步发展，成为整个社会进步的"瓶颈"。为避免这种局面的出现，就需要我们采取积极有力的措施努力改变民族地区财政投资非公共化的现状，主要包括：

1. 转变地方政府职能，构建和完善公共财政框架

随着我国社会主义市场经济体制日趋成熟，中央已经明确提出要在全国建立公共财政的基本框架，这已经成为我国财政体制改革的主要方向和内容。但是我国毕竟还处于经济转轨时期，市场经济体制并不健全，社会众多经济部门还留有计划经济的痕迹，人们的思维方式、理财观念也还不同程度地受到计划经济时期的影响，对公共财政还缺乏足够的了解和认识。同时，各级财政大都十分困难，特别是少数民族地区县乡一级财政，如果不是

---

① 张泽著：《"十一五"规划下的环保投资》，载《环境》，2005年12期。

分税制后中央加大了转移支付力度,连"吃饭财政"都难以为继。在这种情况下,构建公共财政基本框架存在许多现实困难和问题,需要加以认真分析并逐步进行解决。从总体上讲,建立公共财政基本框架,应该在遵循市场经济一般规则的前提下,坚持财政职能充分体现政府在市场经济体制下的活动范围和方向,满足社会公共需要以及与我国国情和财力水平相适应的原则。具体措施包括:

第一,充分利用区内和区外两个方面的有利资源,切实提高民族地区可用财力。构建公共财政的基本框架,必须有相应的财力作为后盾,如果没有充足的财力作保证,构建民族地区财政基本框架必定是无源之水、无本之木。民族地区大多数以农业、畜牧业经济为主,生产力水平低,经济不发达,财政收入规模小,财源匮乏。若想提高财力水平,一方面必须依靠本地区的资源优势、区位优势,并将之有效转化为经济优势,促进本地区的经济发展,积极培养地方财源,不断壮大财政实力,提高财政自给水平。另一方面,上级财政部门要制定规范的转移支付办法,切实加强对民族地区的转移支付力度,同时,上级部门还要对民族地区政府转移支付资金的使用进行严格的监管,使中央的转移支付制度落到实处。

第二,准确定位财政职能,科学界定财政供给范围,切实解决政府"越位"与"缺位"问题。在社会主义市场经济条件下,政府要逐步由管制型向服务型转变,相应的财政职能就要由原来的"生产建设型财政"向"公共服务型财政"过渡。具体到民族地区,其财政的主要职能就是:确保民族地区政府正常行使职能的需要;提供本行政区域内的公共产品和公共服务;充分利用市场机制促进地区经济发展;维护地方社会政治稳定,逐步提高人民群众的生活质量和生活水平。地区级财政的这一基本职能定位就决定了在建立民族地区公共财政框架的过程中,要从市场经济的发展和政府职能转变的客观要求出发,充分认识到财政行为的非市场性——政府作为"看不见的手"不能从事市场性的盈利行为,更不能包办市场活动,而只能用其非市场的行为去弥补市场行为的不足,在此基础上,对计划经济体制下形成的传统财政支出结构进行根本性调整,深化财政支出体制改革,在调整和优化财政支出结构上下工夫,使财政逐步从一般性竞争领域中退出来,集中一切可以集中的财力,确保社会公共支出需要,这样才能很好地解决"越位"和"缺位"问题。也就是说,财政供给的范围仅限于市场失灵的领域,如政权建设、科技、教育、社会保障、农业、生态等重点领域和项目,政府财政应重点保证这些领域的资金需要。另外,确保国家政权的正常运转,维护国家安全和社会稳定,是地方公共财政支出的"第一天职",但这并不是行政机构臃肿的"借口"。民族地区要紧紧抓住机构改革的有利时机,精简行政管理人员,控制人员经费,有效地遏制行政管理费用增长过快的势头,建立高效型政府。

第三,积极推进公共财政管理手段,充分发挥财政监督职能,不断提高科学理财水平。首先,要严格按照《政府采购法》推行政府采购制度。政府采购制度作为市场经济国家加强公共支出管理的基本手段,是建立公共财政体系的主要内容,也是有效节约财政资金的最直接的办法。民族地区要积极开展政府采购工作,重点对各类办公用品、设备工程、大型会议、取暖费、公务车燃油及保险等进行政府采购,节约财政资金。其次,要细化预算,改变过去预算资金分配粗放、经费切块包干和归口管理的状况,在预算编制上,应该把预算具体到项目和单位,便于监督管理。其中,为了能充分保障国家对环境保护建设的投资,应在预算中设立独立的环境保护支出科目,支出资金不能低于当年 GDP 的 1.5%。再次,要实行国库集中支付制度。国库集中支付制度是一种对财政性资金实行集中收缴和支付的管理制度,改变现行的财政性资金层层拨付的程序,由财政部门通过国库单一账户体系，采用财政直接或财政授权支付方式，将财政性资金支付到收款人或用款单位账户，以减少财政支出的中间环节，杜绝财政资金的挤占、截留、挪用等问题，确保财政资金的使用效益。最后，要以加强和完善财政管理为中心建立健全财政监督机制，切实保障财政管理行为的科学性和有效性。

2. 建立有效的监督机制，切实实现公民对政府行为的监督和约束

政府监督机制是指由若干监督主体构成的、具有特定职权、职责和对象的、相互分工合作监督着国家行政机关及其公务员，使其行为符合法律法规和人民群众要求的结构体。政府监督机制既包括政府系统内部的监督，即政府自身的行政监督，也包括政府系统外部的监督，即政党监督、人大的法律监督、人民群众的监督、新闻舆论监督和司法监督。建立健全政府监督机制，主要应从以下几个方面努力：

第一，必须以法的形式对政府监督机制的各组成部分的关系加以界定，明确各监督主体的职权，使各监督主体的权责清晰，没有交叉和冲突，确保各组成部分在监督政府行为时有法可依，在处理某些问题上出现分歧或者争端时有章可循。我国现在还没有一部正式的《监督法》，因此，当务之急就是要制定一部《监督法》，加快监督的法制化进程。《监督法》要详细规定监督主体及其权力以及监督的内容、范围和形式。在政府监督机制中，党处于领导核心地位，必须保证其监督的绝对权威性。人大是全民代议机关，主要负责对宪法、法律以及国家政策实施情况的监督和对政府主要官员的人事监督，其下属的专门监督委员会主要负责对行政法规、规章和其他政府规范性文件实施情况的监督。检察院监督要与党的纪检监督相结合，主要负责反腐败斗争，对于党员领导干部违法乱纪的行为必须由检察机关直接介入。人民群众监督以微观监督为主，进行全方位的监督，当前完善人民群众

监督的关键是要建立一套表达机制，使群众意见能够及时向有关机关反映，尤其是向人大反映。

第二，健全人民代表大会制度，完善人大监督。造成地方人大监督不力的因素很多：在思想认识方面，受封建主义残余思想的影响，法治观念淡薄，人治思想、特权思想严重，在思想上抵触人大监督；在法律法规方面，主要是监督立法滞后，地方组织法只对人大监督的内容、范围和形式作了原则规定，对不监督或不服从监督的行为没有规定责任追究，导致监督主体不愿或不敢大胆行使监督权，监督对象借口法律依据不足消极对待人大监督；在政治体制方面，党委政府行为共为一体、党委包揽政府事务，人大难以实施监督；在自身建设方面，目前地方人大机构不健全、人员缺乏，等等。因此，人大监督首先就是要坚持正确的政治方向，坚持党的领导，坚持民主集中制，坚持走群众路线。其次，是要加强人大自身建设，包括提高人大代表自身的理论修养，对监督主体进行优化，必须对人大代表和常委会组成人员，从年龄结构、地区结构、阶层结构、性别结构、专业结构等方面加以优化，增加专业化人员比例，提高其专业化和知识化水平，从整体上提高监督者的素质。再次，人民代表应密切联系群众，随时倾听群众呼声（规定其联系群众的人数和地区）并有权提议人大常委会开会研究群众意见。最后，建立人民群众罢免人民代表的制度，人大常委会作为受理人民群众意见的机关，有权按照一定程序罢免不称职的人民代表。

第三，作为一种最深入、最朴实、最公正、最彻底、最广泛的监督，人民群众监督是社会主义国家本质的体现，也是国家整个监督制度的基础。因此，建立健全人民群众监督制度，是保障政策有效执行的治本之道。在这方面，当前重要的是要提高国民素质，提高其参与意识和主人翁意识，使其树立法制意识，增强用法律维护自身权益的积极性和自觉性，主动参与到对政府行为的监督中。其次,要坚持和完善多年来行之有效的监督制度,如信访制度、特邀监察员制度、行风评议制度等,在总结经验的基础上,确保正常运转。要充分利用信息网络技术,开辟"电子民主"的新途径,并根据人民群众监督的不同区域、不同对象分别建立公民自身的监督组织。另外,由于人民群众的监督要通过人大实施监督,属于间接监督,因此,要注意密切人大代表与其所联系的群众之间的联系,使人民群众的意见能够及时传达到国家权力机关,并使国家权力机关能及时给人民群众以答复。

第四,加强新闻舆论监督。新闻舆论监督是指人民群众通过新闻媒介如报刊、电视、广播等表达公意,对政府机关及其公务员的公务活动及涉及群众切身利益的其他重大社会事务进行监察和督导。新闻舆论具有公开性、及时性、广泛性和公正性等特点,因此,我们要积极利用这条有效的监督途径,提高我国政府的工作效率。发达的西方国家普遍重视新闻舆论监督,并给予新闻机构充分自由的监督权,这是值得我国学习的。我国的新闻舆论监督之所以难以释放其强大的监督能量,主要是来自一些政府官员的不正当的行政干预。要使新闻舆论监督切实发挥作用,必须给予其充分的自由权。让政府无法干预积极的、正常的新闻舆论,保障新闻舆论监督的顺利进行,从而促进政策执行活动的有效开展。如《南方周末》、《人民日报》等报刊以及《焦点访谈》等电视栏目就在这方面做出了很好的表率。另外,加强新闻舆论监督,还应从制度上为舆论监督提供一个更加完善的环境。这需要尽快将舆论监督纳入法制轨道,依法加以保障、引导和规范,使之真正成为一种制度化和法制化的监督机制。

3. 完善地方政府领导职务任期制度,避免政府官员的短视行为

完善和改革党政领导干部任期制度既是我国政治改革中重要

的一环，同时也是经济改革的不可或缺的内容。一个地区经济发展政策往往体现的是该地区领导干部的意愿，一个地区领导干部素质的高低，发现问题、解决问题的能力，工作效率的高低，等等，直接关系到当地经济发展的状况，而这些正是领导干部任期制度需要不断规范和完善的地方。因此，从规范民族地区政府投资行为的角度出发，我们也要积极推进和不断深化民族地区党政领导干部任期制度的改革。

首先，要克服思想障碍。干部能上能下是深化干部制度改革的一个重要内容和发展方向。然而，却总是难以付诸行动。除了干部个人犯有严重错误非降职处分不可外，对于能力水平不胜任者、工作实绩平庸者、几乎没有触及。要真正实现干部能上能下，主要有三个方面的工作要做。其一是要克服"不犯错误不能下"的陈旧观念。长期以来，人们心目中形成了"不犯错误不能下，下必定是犯了错误"的思维定势。其实，实行干部能上能下与给犯错误的干部撤职降职是有本质区别的，一个是政纪处分，一个是正常的组织调整。其二是要肃清"上荣下辱"的封建残余思想。封建社会那种"升官光宗耀祖，贬职有辱门楣"、"水向低处流，人往高处走"、"夫贵妻荣"意识仍残存于现代社会里，严重阻碍了干部能上能下观念的形成。其三是要消除"没有功劳有苦劳，降下来感情上过不去"的同情心理。衡量一个干部的功过，不能光看他是否辛辛苦苦，而应着重看他的本职工作完成得如何，效率效益怎么样，"无功即是过"。

其次，要做到三个"明确"。一是要明确领导职务任期制的实施范围。尽管任期制是一种比较好的干部制度，但并非所有职位和干部都适合推行。一般来讲，比较适合任期制的是各级党委和政府职能部门的领导班子成员，其任期要分别与当地党委、政府的每届任期同步。二是要明确领导职务任（届）期限制。不同层次、不同类型的岗位，在适用范围、任期期限上要区别对待，不能搞"一刀切"。按规定，经选举产生的领导职务，连续任职一般不得超过两届，委任的政府组织成员，任职时间一般为一届，特别优秀的，在规定任职年龄内，连续任职一般不得超过两届，部门领导连续任职不得超过10年，到期不能晋升职务的，改任非领导职务，不得再在原领导职位上任职。同时，要合理规定党政领导干部的最高任职年限。三是要明确任期责任目标，把责任落实到人。每一个领导成员包括届中任用的领导干部都应该建立任期目标责任制，分共同责任和岗位责任，共同责任包括领导班子思想政治建设的要求，岗位责任主要是领导成员分工的责任，避免重蹈"集体负责，个人不负责"的覆辙。

再次，进一步完善党政领导职务的考核制度，构建科学的领导干部选任制度。当前一些领导干部中存在着"只要任期内不出大问题就行"的思想，产生这种思想的原因在于缺乏科学评价政绩的客观依据，因此建立和健全考核制度，是实行领导职务任期制度的根本保障，是实施选拔任用科学化的前提，是实行管理制度化、职责权限明晰化的必要措施。第一，建立科学的考核程序。考核程序是贯穿于领导干部任期内考核监督全过程的具体操作程序，使考核者与被考核者都明确哪个阶段、什么时间，该做什么工作。第二，建立相对稳定的考核机构。机构组织应由区委组织部牵头，人大、纪检、监察、审计和主管业务部门人员参与联合组成。第三，考核内容要具体细化，具有可操作性。考核内容即如考试内容，要涵盖政治思想、经济建设、精神文明、个人作风等方面，根据上述几点，大的方面予以具体化。第四，讲究考察方法。考察工作中既要解决思想认识问题，树立科学的实绩观，又要建立科学统一的实绩考核标准，还要把年终考核、届中考核和换届考核有机地结合起来，并着重搞好年终考核，考核结果是决定进、退、留、转的基本依据。

最后，要健全任期届满退岗制度。要研究制定领导职务退岗的配套政策和制度，包括退出岗位后的工作安排、工资待遇、福利保障、组织管理等。要积极探索社会配置干部资源的路子，加强干部综合型、复合型素质的训练，以增强干部在领导岗位或不在领导岗位的适应性。可考虑为党政领导干部评定技术职称，允许领导干部参加一定考核取得技术职称；还可以考虑开办干部人才市场，鼓励、支持退出领导岗位的干部再就业，即从事其他非领导岗位的工作。建立相关配套机制，解决干部任期过后的"出路"问题。

4. 调动民间投资者的积极性，充分发挥民间资金在当地经济发展中的作用

前面已经提到，目前在民族地区，由于民间投资匮乏，许多原本应该由民间投资承担的项目不得不由政府来投资，增大政府财政压力，导致许多公共服务项目资金得不到满足。因此，要改变这一现状，就必须采取有效措施，全面启动民间投资，这不仅有利于减轻民族地区政府的财政压力，使当地有限的财政资金可以得到最合理也是最有效的分配和利用，还有利于真正形成投资的内在增长机制，促进当地国民经济的持续、快速、健康地发展。具体措施包括：

一要解放思想，积极更新观念。在计划经济体制下，人们形成了"只有国营才是好的"的观念，而私营、民营却成了"假冒伪劣"的代名词。改革开放以来，随着私营、民营经济在国民经济中占的比重越来越大，人们的观念有了很大的转变，人们不再"迷信"国营经济。但在相对落后的少数民族地区，由于消息闭塞以及思想观念本身所具有的"刚性"，"只有国营才是好的"的观念仍然根深蒂固，在很大程度上制约着当地人民的消费习惯。只有把人们从这种误区中解放出来，才能给民间投资以相对"宽容"的发展空间，这是全面启动民族地区民间投资的前提。

二是要在法律上给予民间投资应有的地位，为民间投资的发

展创造良好的法律政策环境。要在认真贯彻执行《关于促进和引导民间投资的若干意见》和《中华人民共和国中小企业促进法》等相关法律、法规的基础上，对地方现行的法律和法规进行一次清理，清除那些与发展民间投资的基本导向不符的条款，并制定相应的鼓励发展条款，使民间投资者在投资活动中有法可依，解除民间投资者的后顾之忧。

三是要逐步放宽对民间资本的产业准入，实行鼓励民间投资的财税政策，扩大民间投资空间。除国家有特殊规定的以外，凡是鼓励和允许外商投资进入的领域，均应鼓励和允许民间投资进入，在实行优惠政策的投资领域，其优惠政策对民间投资同样适用，在对外资企业实行国民待遇之前，首先应对民营企业实行"国民待遇"。按国际通行做法统一内外资企业所得税税制，科学确定纳税人的税基，统一税率，统一优惠政策。另外，要积极鼓励和引导民间投资以独资、合作、联营、参股、特许经营等方式，参与经营性的基础设施和公益事业项目建设，以及通过收购、兼并、控股参股、转让经营权等多种形式，参与国有经济改革和战略性调整。

四是要加大对民间投资的金融支持力度，拓宽民间企业融资渠道。应加大我国金融体系改革的步伐，逐步完善民间投资的金融服务体系，国有商业银行要把支持民间投资作为信贷工作的重要内容，对民间投资者的贷款申请一视同仁；股份制商业银行、城市商业银行和农村信用合作社，应把民间投资者作为重要服务对象。此外，应逐步放宽和取消对非国有经济在股票、债券发行方面的不合理限制，消除所有制歧视，在企业上市、发债、兼并、收购等直接融资方面给非国有经济以支持。

五是要加快民族地区基础设施建设，创造良好的投资环境，吸引东部发达地区以及境外民间资本流向民族地区。民族地区经济发展水平相对落后，资金相对缺乏，需要引进东部地区的资金和管理经验；同时，东部地区由于生产成本不断上升，市场竞争越来越激烈，一直"青睐"东部地区的境外资本，以及东部地区自有的民间资本也急于寻找更多的机会。因此，民族地区各级政府应该加大对交通运输、通信、能源、电力等基础设施方面的投入，尽快改善民族地区的投资硬环境，积极创造条件，吸引东部地区以及境外民间投资进入民族地区，以促进民族地区的快速发展。

六是要鼓励民间投资直接进入环保领域。由于资本的趋利性，民间投资很少或者是基本上不进入环保领域，因此，国家需要对民间投资开放一些能够实现生态效益和经济效益有机结合的项目，才能使民间投资在追逐经济利益的同时，也给社会带来良好的生态效益。我国启动的速生丰产林基地建设工程就是一个很好的措施，它一方面可以缓解我国木材供需矛盾，满足国民经济和社会可持续发展对林产品日益增长的需求，另一方面也有利于绿化国土，增加森林覆盖率，改善生态环境，具有明显的经济、社会、生态效益。然而，目前在实施的过程中还存在一些制度上的障碍，需要进一步地完善。

第三节 民族地区基础设施投资同构化的环境效应

一、基础设施是财政投资的主要活动领域

一般认为，基础设施是公共产品，具有消费的非排他性、非竞争性和显著的效益外溢性。由于不排他，基础设施服务的提供者无法界定消费者的范围及其消费份额，无法通过收费收回全部成本，因而私人企业通常不愿意或无法生产，而必须由公共财政投资来提供。由于非竞争性，排斥企业和个人的消费会降低消费者的福利水平，因而也需要公共财政投资提供。效益外溢性表明基础设施等公共产品投资的私人边际收益小于其形成的社会边际收益，由市场供给必然导致供给不足。再加上基础设施投资额巨大、风险大、回收周期长、直接效益低，私人通常难以承担或不愿承担。因此，基础设施投资一直以来都是财政投资活动的重心。

二、基础设施投资同构化及其表现

这里所说的基础设施投资同构化，是指民族地区之间在基础设施投资中存在的忽视地区差异，不考虑地区自身的实际需要，盲目跟风，导致公共财政投资支出过度集中于交通系统、通讯系统等少数几个基础设施建设领域，而对当地发展具有严重制约作用的水利设施等其他基础设施项目却得不到资金的满足，从而形成各地区基础设施投资结构雷同的现象。

基础设施是一个内涵宽泛的概念，根据世界银行 1994 年年度发展报告的解释，基础设施主要包括三类：第一类是电力、通信、管道供水、环境卫生设备排水系统、废物收集与处理、管道供气等公共事业设施；第二类是道路、水利大坝和水道疏浚工程等公共建筑工程；第三类是城市及城市间铁路、城市交通、港口、水路和机场等其他交通部门设施，即"经济性基础设施"（economic infrastructure）。实际上，基础设施除了经济基础设施外，还包括文化教育、福利设施、环境保护等"社会性基础设施"（social infrastructure）。[①] 基础设施投资对一国和一个地区经济的发展有着不可忽视的拉动作用，它的投资乘数较大，加大对基础设施的投资可以创造大量的有效需求，从而可以很大程度上带动一国或者一个地区经济的增长，促进工业现代化。加强基础设施建设，还是减少自然灾害和社会改革对社会经济发展冲击的

---

① 肖云著：《城市基础设施投资与管理》，复旦大学出版社，2004 年 7 月第 1 版，第 30 页。

重要举措，促进充分就业，改善和提高人民的生活水平。但是，不同地区在自然条件、经济发展水平、社会进步程度等方面存在的差异，决定了各地区经济发展所遭遇的基础设施瓶颈会有所不同。各地区只有根据自身的状况和特点，优先和重点建设制约当地经济发展的"瓶颈"性基础设施，以此冲破经济贫穷落后和停滞的困境、束缚，才能有效实现经济的快速发展。

然而，一些地区却没有充分认识到制约自身经济发展的最大障碍所在，出现了盲目"跟风"，片面发展交通运输的现象。以西北地区为例，西北地区深居内陆，气候的大陆性特色明显，大部分地区气候干燥，雨雪稀少，空间分布表现为山地多、盆地（平原）少，平均径流深只有46厘米，为全国的16.5%；蒸发的空间分布与降水恰好相反，表现为山地少于盆地，盆地周缘小于腹地，新疆伊吾县一带蒸发量高达2200—2400毫米。西北地区占全国42.35%的面积，却仅拥有9.12%的地表水资源，是我国缺水最为严重的地区，水资源供需矛盾十分突出：2000年供水总量为85516亿立方米，需水总量为91518亿立方米，缺水量6012亿立方米。从缺水程度看，全区缺水率为6.5%，人均年缺水66立方米，主要为农业灌溉供水不足和季节性缺水。2000年全区农业缺水5616亿立方米，就连西北地区水资源最丰富的新疆，亦因缺水而有60万公顷荒地不能垦殖。西北地区矿产资源丰富，能源、电力、有色金属冶炼、盐化工等项目已被规划为21世纪我国经济建设的发展重点，工业用水将大幅度增加，甘肃河西石羊河流域、蒙陕接壤地带能源重化工基地缺水将更加严重。水资源不仅是发展的基础，更是生存的基本条件，如果西部开发的基础是大规模的基础设施建设，那么，水利就是西北干旱、半干旱地区各类基础设施的共同基础，要想振兴西北地区的各类基础设施建设，实现可持续发展，必须首先解决水的问题。但西部大开发实施以来，西北基础设施投资主要集中在公路、铁路等交通运输设施领域。就公路建设这一项来说，据统计，青海省的公路里程数由1999年的18268公里增加到了2003年的24377公里，五年增幅达到了33.4%，而对水利设施尤其是农村水利设施的投入却没有明显的增长。由于水利基础设施缺乏，使得西北地区的水土流失情况没能得到有效遏止。目前我国土地荒漠化面积已达262万平方公里，且以2460平方公里/年的规模在扩展，直接经济损失达540亿元，其中风蚀沙漠化土地面积约160万平方公里，由人类活动引起的沙漠化土地面积3917万平方公里，主要分布在西部干旱半干旱地区。从绝对数量看，新疆的荒漠化面积最大，占全国荒漠化面积的40.6%，其次是内蒙古，占23.9%；从相对数量来看，宁夏、新疆、内蒙古荒漠化率在75%以上。20世纪70年代以来，内蒙古阿拉善、新疆塔里木河下游、青海柴达木盆地东南部，沙化土地年均扩展达4%以上；北方农牧交错带的毛乌素沙地、乌盟后山地区、河北坝上地区，沙化土地年均扩展达8%以上。阿拉善盟是沙漠最集中的地区，三大沙漠占全盟总面积的30%，目前严重的沙漠化面积已达313万平方公里，直接威胁着包兰铁路、110国道和宁夏、河套两大平原产粮基地。这些年，三大沙漠连成一片。目前全盟48个苏木、乡镇中有25个严重沙漠化，导致两万农牧民沦为生态难民，被迫转移，出现了沙进人退的局面。① 近年来，由于开荒、修筑公路、铁路及矿产资源开发等其他基础设施建设，更加速了土地的荒漠化，沙尘暴灾害日趋频繁。据史料记载，河西地区发生沙尘暴天气，500年前（1306年至1490年，1次），150年1次；250年前（1704年至1761年，7次），8年不到1次；近100年前（民国元年至新中国成立初，7次），5年1次；而进入20世纪90

---

① 杜方红、黄文浩著：《阿拉善地区生态环境问题及探讨》，载《内蒙古环境保护》，2005年第3期。

年代后，沙尘天气一年要发生多次，且时间提前、频率飙高、强度增大、波及范围更广。2000年发生12次，2001年仅1至4月就出现9次。仅在2006年3月，甘肃省境内就出现了区域性沙尘天气过程4次，其中3月31日还出现了该省当年第一场区域性沙尘暴。受强冷空气及大风影响，3月9—12日，全省有39个站出现扬沙、浮尘天气，其中民勤、景太出现了强沙尘暴，民勤最小能见度达到400米；16—19日，全省又有57个站出现扬沙、浮尘天气，影响范围较大，其中金塔出现沙尘暴；25—28日，全省有26个站出现了扬沙、浮尘天气，其中景泰出现沙尘暴；3月31日，受新疆东移冷空气影响，河西东部、陇中、陇东、陇南北部又有31个站出现扬沙、浮尘天气，景泰、白银、兰州、环县、庆城5个站出现沙尘暴，其中省城兰州出现了当年的第一次沙尘暴天气，最小能见度为500米，空气污染严重，达到重度污染标准，白银最大风速达到22米/秒，这是到目前为止甘肃省最强的一次沙尘暴天气过程。[①]

三、基础设施投资同构化对环境的影响

我们知道，环境对于一国经济发展来说是先决条件，良好的自然环境会极大地促进当地经济的发展。然而，民族地区政府在巨大的经济增长压力下，而财政收入又远不及东部和中部的情况下，纷纷把大量的公共财政投资投入到可以加快经济发展的项目中去，如交通系统、通讯系统等等，对于环境保护的投入却只占了公共财政投资的很小一部分。在西部地区，我们通常可以看到这样的场景：一边是大量闲置的机场、码头、公路，而另一边是在不断恶化却无人治理的生态环境。比如，西部某机场投资近

---

① 《2006年3月甘肃省沙尘天气分析》，http://www.duststorm.com.cn/，2006年4月6日。

3.8亿人民币，连小学生都被要求集资，可是建成的机场却基本闲置着；而在另一方面，由于资金的缺位，民族地区的环境保护及治理水平始终在低位徘徊，严重影响当地经济的发展和人民生活水平的提高。从工业"三废"的治理达标率和环保直接投资的状况上，我们就可以很明显地看到这一问题。

工业废水治理。2003年全国工业废水排放达标率为89.2%，西部民族地区只有重庆市达到全国平均水平，排放达标率在80%以上的只有广西、四川和陕西3个省区，达到60%—80%的也只有云南、甘肃和内蒙古三个省区，其他5个省区都在60%以下。从工业用水的重复利用率来看，西部民族地区工业废水的治理情况还比较乐观，全国工业用水重复利用率为72.5%，西部12个省区市都基本上达到了这一平均水平。

工业废气治理。相对于工业废水的治理效果来说，西部民族地区工业废气的治理效果更是不容乐观。2003年全国烟尘排放达标率为78.5%，西部各省区市该指标均低于全国平均水平，排放达标率在70%以上的也只有6个省区，它们是：广西、重庆、四川、陕西、甘肃和宁夏，其中贵州还不到40%。同年，全国二氧化硫排放达标率为69.1%，西部各省区市只有陕西达到了全国平均水平，在60%以上的也只有广西、青海、宁夏和新疆四个省区，其余7个省区均在60%以下，其中内蒙古、贵州和云南3个省区还不到40%。全国工业粉尘排放达标率为54.5%，西部地区中达到了全国平均水平的只有广西、重庆、四川和陕西4个省区市，其余大部分省区都还没有达到30%，其中贵州最低，只有9.4%。

工业固体废物治理。2003年全国工业固体综合利用率为54.8%，西部民族地区除了广西、重庆和西藏以外，其他9个省区都没有超过全国平均水平，新疆和宁夏在40%—50%之间，其他省区均在40%以下，青海只有20.3%，为全国最低。说明西部民族地区虽然对工业固体废物的综合利用比较重视，但是由于资金问题，利用率依然很低，大部分省区还不能将工业固体废物转化为有用的资源。2003年，全国工业固体废物处置率为17.5%，西部地区的云南、贵州、陕西和西藏4个省区达到或超过了这一水平，其他省区市则低于全国平均水平，其中甘肃和青海两个省还不足5%。

环保投入。一个地区对环保设施的投入多少，直接影响到环境治理的能力以及治理的效果，这里用单位排放治理投入来说明这一点。目前，全国工业废水的单位排放治理投入已达到3.15元/吨，即平均治理1吨工业废水投入3.15元。在西部地区只有陕西、新疆和内蒙古3个省区的单位排放治理投入超过了这一水平；在2—3元/吨的有云南、甘肃、贵州和青海4个省区；其他省区市的单位排放治理投入则小于1元/吨。对于工业废气的治理投入，全国单位排放治理投入已达到39.27元/万立方米，西部有3个省区市的这一数值超过全国平均水平，它们是云南、青海、重庆，其他9个省区则低于全国平均水平，宁夏最低，只有14元/万立方米。

四、对策建议：增加环保投资，走可持续发展道路

环境问题可以看作是生产和消费活动中外部不经济性带来的负面效应，环境污染和生态破坏直接或间接地损害着经济、社会和环境效益，从而影响了经济的可持续发展。因此，保护环境与发展经济是相辅相成的，从某种程度上来说，环境问题也是经济问题。保护环境就是保护生产力。西部民族地区环境脆弱，已在很大程度上影响了西部人民的生存和发展，随着经济的快速发展，环境恶化对经济的制约作用将更加明显。水土流失、草场退化、土地沙漠化不仅会制约西部经济发展，还将威胁到东部乃至全国的经济发展，导致全国经济的严重失衡。因此，在发展西部、振兴西部的过程中，必须重视和加强环境保护与治理，走可持续发展的道路。

1. 健全环境法制，强化环境管理

全面推进跨世纪的环保工作，需要法律的有力保障。我国环境保护的实践表明，在经济发展水平较低、环保投资有限的情况下，健全环境管理机构，依法强化环境管理，是控制环境污染和生态破坏的有效方法，也是具有中国特色环境保护道路中一条成功的经验。要进一步健全和强化环境法制，加快制定和修改环境保护的法律法规，建立与社会主义市场经济相适应的环境保护法律体系。要坚持立法与执法并重，严厉打击违反环保法律法规、严重污染和破坏环境的行为，做到有法必依，执法必严，违法必究。

2. 提高民族地区各级政府部门的环境保护意识

环境保护是我国最早制定并实施的基本国策之一，但其贯彻实施的好坏程度与各级政府领导层的环保意识密切相关。因此，我国环境保护法明确规定：地方各级人民政府应当对其所辖区域的环境质量负责，采取措施改善环境质量。为了使这一政策能落到实处，首先就要把提高西部地区省部级领导层的环保意识与决策水平作为工作的重要内容，可以考虑把环境保护方面的内容纳入到省、市、县级党校教育和党政干部培训学习中去，并作为一项重要的内容每年定期进行培训与考核。其次，要通过层层环保目标责任制的签订与落实，并把领导者的环保考核与其他工作业绩一并作为其升迁的主要依据，或实行更严格的环保一票否决制。最后，各级环保部门要充分发挥好环保智囊和参谋作用，增长各级领导者在全面建设小康社会的实践中熟练驾御环保工作的才能。

3. 弱化基础设施投资同构化趋势，加强环保投资

首先，建立政府环保投资增长机制，加大环境保护的直接投入力度。我们知道，要解决好西部地区的生态环境保护与可持续

发展，一个非常重要的问题是解决资金严重不足的问题。专家估计，由于我国过去在环保领域的欠账太多，要使环境质量得到明显改善，环保投入占 GDP 的比例应超过 11.3% 以上。但实际上，西部大部分省份环保投入的比例远远低于 1%。因此，我们需要通过立法形式确定一定时期内政府环保投资在 GDP 中的分配比例或占国家财政支出的比重，并明确环保投资要以稳定速度增长，使环保投资有可靠资金来源，改变环保基础设施建设资金没有稳定来源的现状，使国家真正承担起跨流域、大江、大河、大湖的环境治理责任。

其次，加大中央政府对西部地区生态建设和环境保护的财政转移支付力度。西部地区社会经济发展水平比较低。据统计，目前西部地区占全国国土面积的 71.91%，国内生产总值却仅占全国经济的 19.02%，财政收入和财政支出也只分别占到全国的 16.67% 和 26.06%，人均国内生产总值、财政收入和财政支出分别为 5006.84 元、356.88 元、939.03 元，分别比全国水平低 37.1 个百分点、27.8 个百分点、14.9 个百分点。有关专家根据绿色库兹涅茨曲线进行了分析，目前西部地区尚处于低收入水平和环境恶化的左边阶段，需要外界给予财政支持治理环境和开展生态保护。因此，增加中央对西部地区生态建设和环境保护的财政转移支付就成为重要的手段之一。中央政府必须加大对西部地区财政转移支付的水平，尤其是环境保护和生态建设方面的财政转移支付水平，主要用于流域综合治理和实施"退耕还林还草、封山育林、以粮代赈、个体承包、天然林保护、自然保护区建设与保护"等重要生态措施与政策的实施。中央政府还应设立西部环境保护与生态治理专项资金，将三江上游的综合治理、牧区草原的"三化"治理、黄土高原的水土保持建设列入国家重点工程项目。同时，建议中央政府对江河下游受益地区征收水资源税，并将其中的 70%—80% 的税收收入返还给西部上游省区，用于江河源头和上游地区的水土治理。①

再次,在保证国家财政投资到位的情况下,积极拓宽西部建设资金渠道,充分利用地方政府、企业、社会各方面的资金,多渠道、多元化地增加环保投入。以陕西省为例,从 1997 年起,省政府从每年新增财力的可用部分中安排 10% 作为省级环保专项资金,累计安排财政资金 1.3 亿元;积极争取国家债券 10.8 亿元;积极开展国际双边、多边合作与交流,共接受外方赠款 1685.66 万美元;利用亚行贷款 1.56 亿美元,总投资 25.5 亿元。"九五"期间全省完成环境保护投资达 100 多亿元,超过同期 GDP 的 1%。又比如,云南省 2004 年全年环境保护直接投资总额已达 36.76 亿元,占云南省 GDP 的比重由 2000 年的 0.78% 上升到 1.24%。这为西部其他地区起到了良好的示范作用。②

最后,各级政府要建立完善的监督体制,对环保资金的运用实行严格的监督,禁止任何单位和个人挪用环保建设资金,并建立奖惩机制,要做到环保资金直接从政府财政预算中划拨,减少中间环节,杜绝环保资金的漏出,确保资金专款专用以及资金的及时到位。

4. 建立可持续发展的环境保护体系

(1) 合理利用水资源。水资源不足问题现在已经成为了严重制约西部地区尤其是西北地区经济发展的一个"瓶颈"。为了实现西部的经济腾飞和社会的可持续发展,必须把合理开发利用西部有限的水资源放在突出位置上。关于这个问题,可以考虑从以下几个方面入手:①地方政府要继续严格实行水资源保护区制

---

① 郭松青、王丽、张新:《西部地区环境保护与生态治理有关政策研究》,载《林业经济》2003 年第 7 期。

② 陶晓燕、朱九龙、王世军著:《论西部大开发中的生态环境保护与可持续发展》,载《河海大学学报》,2005 年第 1 期。

度,依法严格划定保护区范围,推进水资源统一管理体制,要严格规定保护区内不得新建排污口,并要求原有的排污口必须达到排放标准并进行排放总量控制。②建立科学的水价体系,使市场在水资源定价中发挥基础性作用,从而达到用经济和市场手段调控水资源需求的目的。③全面规划节水,建立节水型社会(包括节水型农业和节水型城市)。④加大水利工程的投入和建设力度,借鉴发达国家的经验,开放水资源市场,放开水利工程投资市场,鼓励社会投资和有偿经营水利设施。

(2)切实加大退耕还林还草的力度。一是要选择适宜的退耕还林还草模式。退耕还林还草的可持续发展模式有许多种,比如林(草)—牧—农型发展模式、林(草)—牧—副型发展模式、林—农型发展模式、农—林—牧—副型发展模式等。各地应根据每种模式的适用条件及本地的实际条件,采取适合本地的模式。其中,农—林—牧—副型发展模式是西部地区退耕还林还草普遍采用的一种模式,主要是在有条件的地方适当发展一部分经济林,在自然条件较好、适宜发展草食牲畜的地方,采取林下种草、先草后林等措施,帮助农民种草养畜,还可以在林下种植药材、花卉、食用菌等,发展林下产业,这样不仅促使生态环境面貌发生变化,还解决了当地群众的收入问题。比如,1998年甘肃庄浪县以生物措施为主,按照"突出重点,兼顾全县,一次规划,分步实施"的总体思路和"山顶乔灌草戴帽,山间梯田果树缠腰,地埂牧草柠条锁边,道路林网地窖配套,沟底林草坝地穿草靴子"的生态治理模式,组织干部群众开展全方位、大规模的退耕还林。截至2002年,当地的林地面积已达317万公顷,林草覆盖率由治理前的12.6%提高到了现在的24.6%。[①] 二是要完

[①] 彭珂珊,谢永生:《退耕还林(草)工程发展模式的探讨》,载《世界林业研究》,2003年第3期。

善退耕还林还草的经济补偿机制,延长补助年限,维护农民利益,最终获得生态效益。

(3) 采取有效措施,努力控制人口增长。按照人口生态学的观点,如果不考虑其他因素,环境污染与人口密度成正比。我国是一个发展中大国,以占世界 7% 的耕地养活世界 22% 的人口,按人均数比较,我国已属于资源贫乏国,再加上相对落后的传统产业、以煤为主的能源结构以及粗放型经济增长模式的影响,我国目前已经面临结构性环境污染以及能源、水资源、矿产资源严重短缺的制约。因此,进一步采取措施,确实有效地控制人口增长,将有助于缓和环境恶化的局势,避免出现人口压力与生态退化的恶性循环,实现经济的可持续发展。

(4) 正确处理生态建设与富民增收的关系。可持续发展战略是我国西部大开发中要始终贯彻的最重要的战略之一,其关键是要实现生态建设与富民增收这两大任务,其中,生态建设是可持续发展的前提,应该放在非常优先的位置上来考虑,但提高收入又是生态建设的保障,只有有了足够的资金来源,生态建设才能顺利进行。因此,要使可持续发展战略落到实处,应遵循以下思路:以生态建设为中心,把恢复植被作为主攻方向,大幅度提高植被覆盖率,带动土地利用结构调整与优化,恢复生态系统的良性循环;同时,寓富民增收于生态建设之中,积极调整农业生产结构,开发替代产业和增加就业,发展特色经济,加快区域经济发展。

(5) 建立科学、合理、高效的生态环境建设利益补偿机制。我国目前采用的环境经济政策——污染者付费原则(PPP 原则)是目前发达国家和市场经济国家普遍采用的环境经济政策。这一政策在生态环境建设上的推广,就是受益者补偿原则,即谁在生态环境保护和建设中受益,谁就应该对生态环境保护的建设者予以补偿。[①] 要建立合理的生态环境利益补偿机制，应该注重和加强以下两个方面的工作：一是在经济受益地区征收生态环境调节税。为了建立生态环境的有偿使用制度，国家税务部门应对生态环境建设的受益者征收环境税。而对于西部地区而言，应按照"谁保护、谁受益"的原则，将全国的这部分税收收入主要用于西部地区尤其是民族地区的生态环境建设投入和补偿，这不仅可提高整个社会生态环境保护的意识，并减少中央财政支出的负担，又体现了"谁保护、谁受益"的原则。二是强化对资源占用和环境污染的收费。增加资源占用和环境污染的成本，是减少资源消耗和保护环境的有效手段。根据经济学原理，如果一个企业因环境污染所受到的处罚，明显高于其由此所获得的收益，企业或者将主动治理污染，或者将自动关闭。所以，必须强化这方面的制度安排，使环境破坏者无利可图而主动停止污染环境的行为。

（6）建立比较完善的环境监督、监管和检测保护体系。监督和监管体系包括三个方面：一是监管，主要指政府行为，具有强制性；二是监督，强调民间行为，要有一整套民间的监督体系，从媒体一直到各个层面都有一个监督体系；三是环境举报制度，倡导公众积极参与到环境保护中来，每个公民都应该有举报的义务和权利。我们要努力实现监管、监督、举报三大制度统一，这样才能构造一个良好的监督监管体系。具体措施包括：争取在有条件的城市都实行空气质量日报和预报，公布饮用水源的水质；加大披露重点污染企业环境信息力度，逐步扩大环境信息公开项目，让更多的环境行为、环境状况置于公众监督之下；加大投入，加快城市环境基础设施建设，增设污水处理厂和垃圾处理厂，及时有效地处理生活垃圾和污水，进行煤改气、集中供热，

[①] 王小刚：《西部大开发生态环境保护与建设的利益补偿机制》，载《天府新论》，2003年第2期。

减少污染源,等等。要在短期内完成一批对全国生态环境有重要影响的工程,尽快扭转生态环境恶化的势头。而加紧建立自然生态检测和保护体系,就要对全国生态环境建设做出长期规划,并要制定具体的执行措施。

第四节 民族地区财政投资资源指向的环境效应

一、民族地区财政投资呈现资源指向性

自上个世纪 50 年代以来,我国区域发展开始进入了一个新阶段,即以矿产资源开发为导向的经济发展阶段。[①] 在国家整个社会生产物质投入结构中,矿产资源的投入比重不断上升。据统计,2005 年我国矿产品产量快速上升,原煤产量达到 21.9 亿吨,原油 1.81 亿吨,铁矿石 4.21 亿吨,粗钢 3.52 亿吨,10 种有色金属 1635 万吨,磷矿石 3044 万吨,原盐 4454 万吨,水泥 10.60 亿吨。[②] 矿产资源的大规模开发,一方面可以促进矿产资源所在地区的经济发展,为当地经济的腾飞和社会的全面进步提供良好的物质基础;另一方面,通过地区之间的合作开发与产业关联,可以推动整个国家生产空间组织结构的演进,支持整个国民经济的全面发展。正是出于这样的考虑,国家为了充分发挥西部地区的资源优势,为整个国民经济提供能源和原材料,在西部建起了 2450 个大中型企业,其中大型企业 780 个,固定资产 4000 多亿元,形成了拥有一定实力的以资源为导向的产业部门和优势行业。

[①] 孟昌著:《区域经济转型期的西部资源开发研究》,兰州大学硕士学位论文,1999 年 4 月。

[②] 数据来源:《2005 年国土资源公报》,国土资源部,2006 年 4 月。

国内有关学者对陕西、甘肃、宁夏、四川、云南、贵州、青海、新疆和西藏等西部9个省区具有代表性的行业的区位商[①]进行了分析，结果如表1-6所示，西部地区在采掘业和中间投入品制造业上的高区位商行业较多，而在资本品制造业和消费品制造业上的高区位商较少，说明西部地区在全国地域分工中的专业化部门主要集中在资源型产业，西部地区具有资源开发主导型经济的典型特征。

表1-6 西部各省区主要行业区位商

省区	高区位商行业	低区位商行业
陕西	电子仪表2.7、医药工业2.5、仪器仪表1.9、其他制造1.8、印刷1.7	化纤0.2、文体用品0.2、塑料用品0.3、皮革皮毛0.3、服装0.4
甘肃	其他制造5.1、石油加工2.5、石油天然气开发2.2、化学工业1.5、炼焦煤气1.4	文体用品0.1、服装0.2、交通运输设备0.2、黑色金属采选0.3、纺织0.3
宁夏	橡胶制品5.3、煤炭采选4.5、石油加工2.9、炼焦煤气2.1、其他制造1.9	木材竹材采运0、黑色金属采选0、交通运输设备0.1、电子通信0.1、化纤0.1
四川	炼焦煤气9.8、木材竹材采运2.4、黑色金属冶炼1.9、饮料1.6、其他制造1.6	石油加工0.03、服装0.05、文体用品0.1、橡胶制品0.3、木材加工0.5
云南	烟草加工15.2、炼焦煤气4、其他制造1.2、印刷业1.1、黑色金属采选0.8	石油加工0.01、电子通信0.1、皮革皮毛0.1、服装0.1、纺织业0.2

---

① 区位商是指，一个地区特定部门的产值在地区工业总产值中所占的比重与全国该部门产值在全国工业总产值中所占比重之间的比值。它可以用来判断一个产业是否构成地区专业化部门，还可以用来反映某一行业在某地区相对集中的程度，表明该地区对这一行业的吸引力。

续表

省区	高区位商行业	低区位商行业
贵州	烟草加工 3.9、饮料 3、其他制造 2.7、煤炭采选 2.4、橡胶制品 2	石油天然气开采 0、石油化工 0.1、化纤 0.2、皮革皮毛 0.1、服装 0.2
青海	其他制造 5.1、非金属采选 4.1、石油天然气开采 2.2、电力蒸汽 1.8、黑色金属冶炼 1.7	化纤 0、炼焦煤气 0、石油加工 0.04、黑色金属采选 0.1、文体用品 0.1
新疆	石油天然气 7.2、石油加工 2.3、纺织业 1.8、炼焦煤气 1.7、食品 1.3	电子通信 0.01、仪器仪表 0.02、文体用品 0.03、化纤 0.1、电器 0.15
西藏	黑色金属采选 51.2、木材竹材采运 25.5、家具 7.2、非金属采选 5.3、印刷 5.1	仪器仪表 0、电子通信 0、电器 0、塑料制品 0、橡胶制品 0

资料来源：孟昌，《区域经济转型期的西部资源开发研究》，兰州大学硕士学位论文，1999 年 4 月。

在这样的大背景下，为了适应国家政策和当地经济发展的需要，西部民族地区的财政资金中用于经济建设的部分也大多流向了资源开发领域，财政投资呈现出典型的资源指向性特征。从西部各省区国有企业中采矿业所占的比重就可以很好地看到这一点。

表1-7　按行业分国有及国有控股工业企业主要指标（2004）

省份（区、市）	企业个数（个）			资产总计（亿元）		
	采矿业	国有企业总数	比重（%）	采矿业	国有企业总数	比重（%）
全　国	1900	31750	5.98	12549.72	101593.74	12.35
新　疆	74	617	11.99	957.53	1968.21	48.65
内蒙古	64	509	12.57	452.67	2160.62	20.95
广　西	95	1252	7.59	—	—	—
四　川	85	1065	7.98	335.98	3846.39	8.73
陕　西	118	1222	9.66	1048.21	3400.08	30.83

续表

省份 （区、市）	企业个数（个）			资产总计（亿元）		
	采矿业	国有企业总数	比重（%）	采矿业	国有企业总数	比重（%）
云南	47	648	7.25	70.58	1650.07	4.28
贵州	59	1037	5.69	210.79	1664.50	12.66
甘肃	76	709	10.72	201.57	1848.91	10.90
重庆	37	529	6.99	69.66	1849.04	3.77
青海	33	184	17.93	183.92	860.96	21.36

注：①其中广西、四川、云南、贵州和甘肃为2003年数据。
②采矿业包括煤炭开采和洗选业、石油和天然气开采、黑色金属矿采选业、有色金属矿采选业、非金属矿采选业和其他采矿业。
③由于资料限制，宁夏相关数据难以获得，故表中只列出西部11个省区市的情况。

资料来源：《中国统计年鉴2005》，中国统计出版社；西部各省区市2005、2004年统计年鉴，中国统计出版社。

表1-7是全国及西部11个省区市按行业分国有及国有控股工业企业的主要指标情况，主要是从企业的个数和资产总额两个方面反映了西部民族地区的采矿业在当地的国有经济中的地位。从企业个数来看，采矿业企业在全国国有企业中所占比重为5.98%，西部11个省区市中只有贵州低于这个平均水平，其余省区都远高于这一平均水平，最高的青海达到了17.93%，是全国平均水平的3倍还多；从资产总额上看，采矿业占国有企业的比重全国平均水平为12.35%，西部地区也都普遍高于这一水平，最高的新疆占到了48.65%，当地国有资产有一半左右都来源于采矿业。无论从企业个数还是企业的资产总额上来看，西部的国有企业行业分布都呈现出典型的矿产资源倾向性。因此，我们可以得出结论，西部民族地区的财政投资活动呈现出明显的资源指向性。

民族地区财政投资资源指向结果必然是形成了一系列的资源型产业，不可否认，这些资源型产业对西部民族地区的经济发展做出了巨大的贡献，但是它也存在着许多问题。

首先，西部地区的资源型产业基本上都是高耗能产业，资源利用效率低，造成很大的浪费。据有关调查表明，我国单位产出的能耗和资源消耗水平明显高于国际先进水平，比如火电供电煤耗高出22.5%，大中型钢铁企业吨钢可比能耗高出21%，水泥综合能耗高45%，乙烯综合能耗高31%；工业万元产值用水量是世界先进水平的10倍。国家发展与改革委员会主任马凯在循环经济会议上也指出，2003年，中国GDP约占世界的4%，但重要资源消耗占世界的比重却很高，石油为7.4%、原煤31%、钢铁27%、氧化铝25%、水泥40%。在经济相对落后的西部民族地区，由于资金投入不足和技术水平低下，这种情况就更为严重，就水泥综合能耗一项来说，据重庆市经济委员会的统计，2004年重庆市为每吨183千克标准煤，分别高出国内先进水平133千克标准煤和国际平均水平126千克标准煤37%和45.6%。另外，在资源利用方面，我国绝大部分矿床伴生的多种有用成分由于技术水平低和观念意识等原因未能得到开采利用，只有20%的矿床综合利用效率达到了70%；废旧矿物质的利用率极低，据专家测算，按目前的技术水平，每回收1吨废钢铁可以炼钢850公斤，利用率在80%以上。近年来，通过技术进步，我国冶金行业每年回收废铁已达到250万吨，但还有300万吨没有回收利用，大部分废金属的回收利用率只有40%左右。

其次，由中央大规模投资植入的现代化大中型企业与当地经济缺乏相互联系与有机融合。国家对西部民族地区的大规模投资，在西部地区建立起了许多现代化大企业，这无疑对民族地区工业起到了一定的带动作用，大大提高了当地的经济活动水平。然而，那些大企业与地方的前向关联与后向关联都很微弱。在过去的计划时代,整个国民经济都在中央政府的严格控制之下,大企业所用的包括一部分原材料在内的投入品都由国家计划调拨直供,初级制成品、中间产品和制成品都由国家统购包销,紧俏物资也有中央直接调控。在这样的情况下,民族地区资源型工业的成长发育存在着严重的畸形和强烈的反差:拥有相对雄厚的资金和先进技术水平的现代化大企业与设备简陋、资金拮据和技术力量奇缺的地方工业并存。这种状况,就使得民族地区工业对当地自然资源的开发利用水平长期停留在很低的层次上,从而在全国区域分工体系中处于以原材料输出为主的不利格局之中。

再次,西部地区资源型产业的产品结构不合理。(1)产品品种单一。许多急需的品种还不能生产或产量很少,导致生产成本高,资源浪费严重。国外大石化公司一般都有几千个品种规格,国外合成纤维差别化率已达30%~40%,而中国只有10%。(2)合成材料替代金属和天然材料等的工作开展得不够。20世纪80年代末,世界塑钢比由1:125变为1:9,合成纤维与棉花比由1:54变为1:1,合成橡胶与天然橡胶比由1:2变为2:1,而中国到90年代初,塑钢比只有1:25,合成纤维与棉花比为1:3.5,合成橡胶与天然橡胶比为1:1.1,亟待提高。[①] 3.初级产品与深度加工产品的比例不尽合理。西部地区资源型产业生产的产品基本上都是以直接出口为主,初级产品所占比例较大,产品附加值低。

最后,西部地区的资源型产业高污染、高破坏,给民族地区的环境带来了严重的破坏,影响了当地人们的生活和工作。关于这一点,我们在后面的内容中还将具体分析,在此不作赘述。

---

① 张凌、陈洪彬、原海滨:《资源型产业结构现状及合理化策略的思考》,载《科技与管理》,2001年第2期。

二、民族地区财政投资资源指向的成因分析

资源主导是西部经济的典型特征,这是西部民族地区自身所处的发展阶段、国家区域发展战略和西部的自然资源禀赋共同作用的结果。

(一) 民族地区财政投资资源指向的必然性

首先,财政投资于资源开发领域,发展资源型产业是由西部民族地区处于工业化的初期阶段这一客观历史条件决定的。国内魏后凯、陈耀等学者按照美国经济学家 H·钱纳里等的划分方法对西部民族地区相关指标的研究结果表明,我国西部地区至今仍处于工业化的初期阶段(见表1-8)。

表1-8 中国各地区工业化阶段的比较

主要指标		全国	东部地区	中部地区	西部地区
经济发展阶段		下中等收入阶段	下中等收入阶段	低收入阶段	低收入阶段
工业化阶段	人均GDP	初期后半阶段	中期前半阶段	初期后半阶段	初期前半阶段
	产业结构的变化	中期阶段	中期后半阶段	中期前半阶段	初期后半阶段
	农业从业人员比重	初期阶段	中期阶段	初期阶段	起始阶段
	工业结构高级化	中期阶段	中期阶段	初期阶段	初期阶段
	总体判断	中期前半阶段	中期后半阶段	中期前半阶段	初期阶段

资料来源:魏后凯、陈耀主编:《中国西部工业化与软环境建设》,中国财政经济出版社,2003年12月第1版,第2—8页。

一个地区在不同的工业化阶段会根据自身的发展状况选择不同的产业作为主导产业,从而呈现出不同的工业内部结构。根据

国际经验，在工业化的初期阶段，一个地区的工业结构具有以原料工业为中心的重工业化的特征。我国的西部地区选择发展资源型产业正是符合这一国际经验的。

其次，从国家不同时期的发展战略来看，发展资源型产业也是西部地区必然的选择。第一，国家在"三五"和"四五"时期的发展战略奠定了西部资源型产业的基础。20世纪60年代中期，中国周边面临多方面的战争威胁和军事压力，导致国家安全环境急剧恶化，因此从国防及备战的角度出发需要对工业布局进行调整，即进行"三线建设"，在中国西部纵深地区建立比较完整的战略后方工业基地。在这期间，国家先后在西部地区新建、续建和迁建了一大批煤炭、电力、石油、机械、化学和国防工业项目，这可以算是西部民族地区资源型产业的开端。第二，近年来，我国提出了区域经济协调发展战略，为西部资源型产业的发展开拓了空间。一方面，由于生产要素价格不断上涨，东部地区只能通过产业结构升级来扩大发展空间，即由能源密集型产业向资本、技术密集型产业升级，那些以开发资源为主的产业就不得不向西部地区转移；另一方面，从全国资源分布状况来看，西部地区在土地资源、矿产资源、能源资源上具有相对的优势，但由于过去交通条件、运输条件和区域之间经济贸易联系的制约和限制，当地的资源型产业没有得到较好的发展。现在，在区域经济协调发展的要求下，国家提出了西部大开发战略，为了使西部地区经济得到快速的发展，国家和东部地区给予了很大的资金和技术支持，这就使由于资金不足、技术落后而发展相对滞后的西部资源型产业获得了良好的发展机会。

另外，从需求层次的角度来看，西部发展资源型产业也有其必然性。美国社会心理学家亚伯拉罕·马斯洛的需求层次理论把人类的需求分为生理上的需要、安全上的需要、感情上的需要、尊重的需要和自我实现的需要五个层次，人们在不同的时期表现出来的各种需要的迫切程度是不同的,只有人的最迫切的需要才是激励人行动的主要原因和动力。就目前来说,我国西部民族地区的经济发展水平还很落后,需求层次还停留在"初级阶段",有的地方还仅仅处在生理需求的层次,温饱问题才是对当地人民影响最大、最直接的,在这样的情况下,动用一切资源、不惜一切代价解决一点基本需要是在所难免的。

(二)民族地区财政投资资源指向的可能性

西部丰富的自然资源,为西部民族地区投资于资源开发领域、发展资源型产业提供了可靠的物质保证,使西部资源型产业的发展成为可能。

1. 矿产资源丰富

(1) 矿产资源优势突出

表1-9是2004年西部各省区主要能源、黑色金属矿产基础储量情况。西部几种重要的矿产储量合计在全国储量中都占有很大的比例,其中,西部的天然气、锰矿、铬矿、钒矿和原生钛铁矿在全国中都占有绝对优势,占到了全国储量的70%以上,铬矿和原生钛铁矿比例高达99.2%和97.4%;比例最小的铁矿也占到了全国的28.6%,可以看出,西部地区在矿产资源上是具有突出优势的。

表1-9 各地区主要能源、黑色金属矿产基础储量(2004年)

地区	石油 (万吨)	天然气 (亿立方米)	煤炭 (亿吨)	铁矿 (矿石,亿吨)	锰矿 (矿石,万吨)	铬矿 (矿石,万吨)	钒矿 (万吨)	原生钛铁矿 (万吨)
全国	249097.9	25292.6	3373.4	217.6	29658.5	537.1	1304.9	21385.0
内蒙古	4975.1	3969.4	740.2	13.6	14.0	143.7	0.0	0.0
广西	128.8	8.5	8.2	1.0	14869.5	0.0	153.1	0.0
重庆	0.0	1127.3	17.3		1791.9		0.0	0.0
四川	243.8	3147.8	46.1	31.1	40.4	0.0	762.6	20782.3

续表

地区	石油（万吨）	天然气（亿立方米）	煤炭（亿吨）	铁矿（矿石，亿吨）	锰矿（矿石，万吨）	铬矿（矿石，万吨）	钒矿（万吨）	原生钛铁矿（万吨）
贵州	0.0	10.4	149.1	0.5	2596.3	0.0	0.0	0.0
云南	10.5	14.7	157.2	4.6	1257.2	0.1	0.1	0.0
西藏	0.0	0.0	0.1	0.3	0.0	199.5	0.0	0.0
陕西	16245.1	4692.1	284.9	4.2	350.1	1.1	1.5	0.0
甘肃	8328.6	83.8	48.8	4.1	18.3	127.3	80.9	0.0
青海	3833.0	1544.4	17.5	0.1	0.0	2.1	0.0	0.0
宁夏	103.6	0.8	68.1	0.0	0.0	0.0	0.0	0.0
新疆	39782.7	5675.4	120.7	2.9	473.1	59.3	0.2	48.8
合计	73651.2	20274.6	1657.9	62.3	21410.8	533.0	998.4	20831.1
比例	29.6	80.2	49.1	28.6	72.2	99.2	76.5	97.4

资料来源：《中国统计年鉴2005》，中国统计出版社。

（2）矿产资源潜在价值高

西部地区矿产储量潜在价值（即探明的可利用储量按其初级产品价格折算的价值）远高于东部和中部地区。西部地区全部矿产资源保有储量的潜在价值总计达61.9万亿元，占全国总额的66.1%，分别是东部、中部地区的7倍和2.7倍；人均潜在价值分别是东部地区和中部地区的9倍和3.1倍。西部地区有7省（区）矿产保有储量潜在价值的排位处于全国的前十名，人均矿产保有储量潜在价值有9省（区）进入全国前10名。[①]

（3）矿产资源潜力大

近10年来，由于勘探技术的进步以及勘探工作的进一步深入，西部地区的新增矿产资源储量呈现出快速增长的态势，按矿

---

① 徐国弟、陈玉莲主编：《西部大开发战略的理论基础和实施对策》，中国计划出版社，2002年第1版，第105页。

产储量潜在价值增幅统计，从 1994 年到 1999 年，每年的矿产储量潜在价值增值由 2040 亿元扩大到 5054 亿元，远高于东、中部地区。据全国第二轮油气资源远景评价，目前西部地区累计探明的石油、天然气地质资源储量分别只占预测量的 12% 和 7%；据金属矿产预测，目前西部地区累计探明的铜、镍和金的储量仅分别占预测量的 33.1%、39.7% 和 18.5%。这都说明西部地区具有扩大矿产资源储量的良好前景，当地的资源型产业有很大的发展空间。①

2. 水能资源充足

我国水能资源理论蕴藏量为 6.89 亿千瓦，技术可开发量 4.93 亿千瓦，占全世界的 20.75%，年平均总发电量 2.26 万亿千瓦时，居世界首位。西部可开发量占全国的 82%，已开发量不足 10%。长江干支流总落差 5800 米，水能蕴藏量 2.68 亿千瓦，占全国的 38.89%。可开发量 19724 万千瓦，年平均发电量 10275 亿千瓦时，占全国可开发量的 40.00%。西南地区水能蕴藏量 2.67 亿千瓦，可开发量 0.9 亿千瓦，年平均发电量 5067 亿千瓦时，占全国的 18.26%。②

三、财政投资资源指向对环境的影响

由于过去环境保护意识淡薄以及监管不力，在西部民族地区财政投资资源指向引导下形成的资源型产业大多采取的大都是传统的粗放式经营，掠夺式开采，在给当地经济带来发展的同时，也给民族地区生态环境造成了严重的破坏。这里，我们主要分析

---

① 徐国弟、陈玉莲主编：《西部大开发战略的理论基础和实施对策》，中国计划出版社，2002 年第 1 版，第 107 页。

② 王儒述：《西部水资源开发与环境保护》，载《中国三峡建设》，2003 年第 11 期。

以开发矿产资源为主的资源型产业对西部地区环境的影响。

1. 以矿产资源开发为主的资源型产业会对矿区及流域水资源造成严重污染。矿区的水资源主要以地表水（河流、池塘、水库）和地下水（孔隙水、裂隙水和岩溶水）为主。我国矿业活动产生的各种废水主要包括矿坑水，选矿、冶炼废水及尾矿池水等。其中煤矿、各种金属、非金属矿业的废水以酸性为主，并多含大量重金属及有毒、有害元素（如铜、铅、锌、砷、镉、六价铬、汞、氰化物）以及悬浮物等；石油、石化业的废水中尚含挥发性酚、石油类、苯类、多环芳烃等物质。矿产资源所在地附近的地表水体常作为废水、废渣的排放场所，众多废水未经达标处理就任意排放，据统计，全国每年因采矿而产生的废水、废液的排放量总量约占全国工业废水排放总量的10%以上，处理率仅为4.23%，[①]有的甚至直接排入到了江河湖海等地表水体中，使土壤或地表水体受到严重的污染。另外，由于排出的废水入渗，使地下水受到污染。当地下水和地表水的均衡系统遭到严重破坏时，将造成大面积疏干漏斗、泉水干枯、水资源逐步枯竭、河水断流、地表水入渗或经塌陷灌入地下，影响了西部民族地区的生态环境。

2. 矿产资源开发会加快水土流失和土地荒漠化趋势。由于矿区周边地区的水系结构遭到了严重的破坏，仅依靠大气降水和地表径流来补充由于破坏消耗的水资源是远远不够的，水资源不能实现有效的循环，当地的植被和山坡土体就会遭到严重的破坏。矿产资源的开发还会产生废石、废渣等多种松散物质，这些都极易促使矿山地区水土流失。我国矿山大多地处干旱、半干旱丘陵山区，雨季常引发洪流，大量土壤被冲蚀，水土流失严重。

[①] 陆成武著：《中国西部资源型城市工业发展研究》，甘肃人民出版社，2002年9月版。

而矿山开采直接破坏地表植被，露天矿坑抽排地下水使矿区地下水位大幅度下降，造成土地贫瘠、植被退化，最终导致矿区大面积人工裸地的形成，极易被雨水冲刷；由于挖掘和排土场尾矿占地，形成地面的起伏及沟槽的分布，增加了地表水的流速，使水土更易移动、坡面冲刷强度加大；而新移动的岩土在风雨作用下极易风化成岩屑，则为水土流失提供了丰富的物质来源。因此，矿山开采往往导致水土流失的加剧。据不完全统计，截至1996年，生态脆弱的中西部矿区每年增加水土流失面积0.2万公顷。如位于鄂尔多斯高原的神府东胜矿区，由于气候及人为因素的影响，已使该区生态环境非常脆弱，土地沙化、荒漠化的面积已超过4.17万平方公里，占全区面积的86%以上。

3. 目前来说，我国矿产资源的开发基本上都采用地下开采方法，当矿层被采空后，上覆岩层的应力平衡被破坏，矿层以上一定范围的岩层发生冒落，继之引起其上岩层的断裂、塌陷，直至地表整体下沉，造成矿坑积水，诱发了开裂、崩塌、滑坡、泥石流等众多的地质灾害。仅采矿塌陷危害就存在以下几个方面：一是破坏地下资源及其开采环境，甚至造成资源枯竭；二是损毁矿区地面构筑物，致使城市功能失调；三是污染水源，导致用水危机；四是毁坏土地资源，土壤质量下降，土地面积缩减；五是威胁生物生存，甚至造成物种灭绝；六是破坏旅游景点、名胜古迹，损毁人文、自然景观；七是次生其他灾害，如因塌陷造成山体滑坡等灾害。据不完全统计，中国地面塌陷的直接经济损失，每年为4.39亿元，而且塌陷灾害对生态环境和社会等方面造成的"隐形"损失和潜在危害是无法估量的。

4. 矿产资源开采会造成大气污染。一是采矿、爆破、运输、冶炼等过程中造成的烟尘、粉尘等物理污染。据测定，一个大型尾矿场扬出的粉尘可以飘浮到10—12千米之外，降尘量达300吨/公顷，粉尘污染可使谷物损失达27—29%，土豆、甜菜减产5—10%，人畜也受粉尘之害；二是采矿、炼焦过程中有机、有毒、有害及酸性气体物质释放造成的化学污染，易引发温室效应、酸雨、光化学烟雾等一系列大气环境问题。如煤炭采矿行业废气排放量占全国工业废气排放量的 5.7%，其中有害物排放量为每年 73.13 万吨，主要是烟尘、二氧化硫、氮氧化物和一氧化碳，使矿山地区遭受不同程度的污染。因二氧化硫污染导致的酸雨区面积占国土面积 30% 以上。① 此外，矿山植被破坏常导致地表干燥、热容量降低和反射率增加，形成区域热岛和干热风害，导致矿区微气候的恶化。

5. 矿产资源开发还会带来土地资源的破坏与占用。一方面，由于技术落后，管理不善，露天采矿剥离的表土，井工采矿由井下运到地面的废土石，以及选矿后的尾矿石等多数未利用，占用和破坏农田的问题很多。据统计，我国每年工业固体废物排放量中 85% 以上来自矿产资源的开采，各类尾矿（矿渣）约 70 亿吨，并以每年 3 亿吨的速度增加。② 另一方面，露天采矿会挖损大量土地，井工开采则会导致大面积的土地沉陷、地面沉降、塌陷等又会引起一系列地表变形和破坏，造成表土性状改变，加速土壤侵蚀，将连续成片的耕地分割成破碎的地块，地表高低起伏，坑穴众多，致使耕作机械、甚至人畜无法作业，不少农田被迫弃耕。

四、对策建议：发展循环经济

前面已经分析过，由于西部民族地区自身所处的发展阶段的限制，以及国家区域发展战略、西部自然资源禀赋的影响，民族

---

① 彭建、蒋一军、吴健生、刘松著：《我国矿山开采的生态环境效应及土地复垦典型技术》，载《地理科学进展》，2005 年第 2 期。

② 陆成武著：《中国西部资源型城市工业发展研究》，甘肃人民出版社，2002 年 9 月版。

地区的财政投资呈现出资源指向的特征是有其必然性和合理性的，我们不应该也不可能在短期内从根本上扭转这一趋势。因此，我们只能从资源型产业内部的改革来弱化财政投资资源指向性对环境的影响，使资源开发带来的环境负效应降至最低。

我们承认，任何资源的开发肯定都会对资源所在地的环境造成一定的影响，但并不是说资源型产业就等于高污染、高破坏的产业，西部民族地区资源型产业给当地环境带来的上述各种严重的污染和破坏，主要是由于其采用的不合理的开发方式和发展模式造成的。因此，我们要按照新发展观的要求，切实转变西部民族地区资源型产业的发展模式，也就是说，要走新型工业化条件下的可持续、可循环、低污染的路子，以降低资源型产业对西部地区环境的破坏，推动资源型产业步入良性循环的轨道，使其在民族地区的国民经济中更好地发挥作用。

首先，建立健全绿色 GDP 核算体系，使西部资源型产业的外部化消耗转化为内部化的企业成本。

人类的经济活动会给社会带来两个方面的影响：一方面在为社会创造着财富，即所谓"正面效应"，但另一方面又在以种种形式和手段对社会生产力的发展起着阻碍作用，即所谓"负面效应"。这种负面效应集中表现在两个方面：其一是无休止地向生态环境索取资源，使生态资源从绝对量上逐年减少；其二是人类通过各种生产活动向生态环境排泄废弃物或砍伐资源使生态环境从质量上日益恶化。而我国现行的国民经济核算制度只反映了经济活动的正面效应，而没有反映负面效应的影响。也就是说，在 GDP 的核算中，各种生产造成的环境污染等外部化成本被忽略了，这样在某种程度上就不合理地提高了我国的经济发展水平。据北大光华管理学院副主任雷明计算，在 20 世纪 90 年代中国国内生产总值中，至少有 3%－7%的部分是以牺牲自然资源和环境取得的，属"虚值"或者说"环境欠账"。全国政协委员、中国科学院可持续发展战略研究组首席科学家牛文元也说，多年计算的平均结果显示，中国经济增长的 GDP 中，至少有 18% 是依靠资源和生态环境的"透支"获得的。在这样的核算体系背景下，一方面，西部资源型产业所造成的环境破坏和污染的成本并不需要其自身来承担，而是由社会因素来承担，资源型产业就不存在保护环境的内在约束；另一方面，西部民族地区的政府为了追求当地 GDP 数值的"飙升"（资源型产业是西部地区主要的经济支柱），也会放弃对西部地区的资源型产业在环境方面的外部监督。这样，西部地区的资源型产业就会以牺牲社会生态环境效益为代价，来获取企业的经济效益。

现在，西部地区的生态环境由于资源型产业的不合理发展，已经遭到了严重的破坏，甚至影响了当地居民的日常生活，因此，有必要对资源型产业的发展进行约束，其中一个有效的措施就是，改革现行的国民经济核算体系，建立健全绿色 GDP 核算体系。

绿色 GDP，也就是绿色国内生产总值，它是对 GDP 指标的一种调整。具体说来就是，在 GDP 的核算过程中要对环境资源进行核算，要从现行 GDP 中扣除环境资源成本和对环境资源的保护服务费用。绿色 GDP 这个指标，实质上代表了国民经济增长的净正效应。绿色 GDP 占 GDP 的比重越高，表明国民经济增长的正面效应越高，负面效应越低，反之亦然。如果我们能切实做到用以绿色 GDP 为代表的绿色国民经济核算指标来衡量一个地区或者产业的发展水平，那样，无论是产业自身还是对于地方政府而言，保护环境就成了"分内之事"，这样才能从根本上改变资源型产业无人监督的状况。

像所有一切新生的事物一样，实施绿色 GDP 指标体系也存在着许多困难。首先，从观念上来看，绿色 GDP 是建立在以人为本、协调统筹、可持续发展的观念之上的，一旦实施绿色

GDP，人们心中的发展内涵与衡量标准就需要发生变化，扣除了环境损失成本，当然会使一些地区的经济增长数据大大下降。一旦实施绿色GDP，必将带来干部考核体系的重大变革。过去各地区干部的政绩观，皆以单纯的GDP增长为业绩衡量标准，而现在要将经济增长与社会发展、环境保护放在一起综合考评，许多干部会一时接受不了，会因此而形成诸多阻力。其次，从技术角度来说，绿色GDP核算方法还不成熟。到目前为止，虽然在一些发达国家取得了一些成绩和经验，许多资源耗减成本和环境损失代价的估价都处于探索过程之中。这主要是因为市场供求规律所决定的自由市场价格是GDP权威性的唯一来源，而环境要素并没有进入市场买卖，并没有市场价格，也没有货币符号，就没有准确的数据来确定它们的价值。因此，尽管专家学者们开发出若干估价方法，但很多方法都还不成熟。然而，不管面临多大的困难，为了实现对资源型产业在保护环境方面的内部约束和外部监督，使环境污染的状况在国民经济发展中得到反映，实施绿色GDP指标体系势在必行。

其次，提高矿产资源综合利用水平，降低资源浪费，切实转变西部资源型产业的"高能耗"特征。

1. 加强宣传教育工作，切实转变群众观念。一直以来，我们的国家都是以幅员辽阔、地大物博、资源丰富的形象出现在国人心中，国人们看到了我国多种矿产资源总储量在世界上名列前茅，就会错误地认为我们国家的资源是"取之不尽，用之不竭"，而没有意识到矿产资源的不可再生性和耗竭性，更没有意识到一味地浪费资源会带来资源危机。实际上，我国资源人均储量是很少的，有的甚至还没有达到世界的平均水平，我国又是一个能源和资源的消耗大国，再加上过去一些年的不合理开采，我国现在已经在一定程度上表现出了资源和能源的短缺。所以，有必要加大宣传教育工作力度，使人们意识到矿产资源的有限性，培养全体国民的资源危机感，提倡节约消费资源，为资源的合理消费和有效利用奠定良好的思想基础。当然，这是一个长期的、渐进的过程，需要我们的不懈努力。

2. 制定政策，积极鼓励矿产资源的综合回收。中国地质科学院全球矿产资源战略研究中心在 2002 所作的《全球矿产资源战略研究 2001 年报告》中，就已经提到我国应该把节约资源和资源回收利用作为一项基本国策。报告指出，目前发达国家钢、铜、铝等大宗金属回收再利用量已经达到消费量的 30%—50%，随着我国工业化过程中矿产资源累计投入的不断增加，社会物质财富的不断积累，资源回收和循环利用的比例必然会不断增大。对于中国来说，这样的比例意味着资源回收利用每年不仅可达数千万吨计，同时可以节约数量巨大的能源和极大地保护生态环境。毫无疑问，这种资源必将成为我国未来资源供应的重要来源之一。另外，我国还应该制订长期稳定的资源综合利用财税优惠政策，鼓励矿产资源的回收利用。虽然在实行新税制后，国家先后出台了资源综合利用减免所得税、部分资源综合利用产品和废旧物资回收企业减免增值税的优惠政策，但其中有些问题仍然没有得到解决，这些政策应当在符合税法规定的原则下，进一步以适当的形式固定下来。

3. 改进矿产开发技术，有效提高资源利用效率。在过去很长的时间内，我国矿产资源利用效率低都是由于技术落后造成的，因此，要彻底改变西部地区资源型产业高耗能的特征，最根本的就是要提高资源型产业的生产技术。第一，建立多渠道、多层次的科技投入体系，加大研发投资力度，为资源型产业的进步奠定扎实的物质基础。第二，积极建立以企业为主体、产学研联合的技术创新体系来推进矿产资源技术的开发和科技成果产业化；积极培育技术市场，利用市场机制促进新技术、新工艺、新产品、新设备的推广和应用。第三，拓展国际交流与合作，借鉴国外开发利用矿产资源的经验和做法，同时做到引进、消化、吸收、创新的有机结合，不断提高我国自身的技术水平和管理水平，打造具有自主知识产权的核心技术和主导产品，建立有利于引进技术和装备国产化的政策管理体系、资金支持体系和质量保证体系。第四，重视低品位难选矿石、再生资源及尾矿资源的回收利用。据介绍，我国尾矿的利用量还不到10%，回收潜力很大，企业应加强尾矿资源的回收利用研究工作。

最后，"变废为宝"，延长产业链，走循环经济之路。

从资源流程和经济增长对资源、环境影响的角度考察，增长方式存在着两种模式：一种是传统增长模式，即"资源—产品—废弃物"的单向式直线过程，其特征是高开采、低利用、高排放。在这种经济中，一方面人们源源不断地从周围的环境中索取能源和资源，另一方面又把大量的污染物排放到生态环境中去，这意味着创造的财富越多，消耗的资源就越多，产生的废弃物也就越多，对资源环境的负面影响就越大。在这种模式下，人们对资源的利用是粗放的和一次性的，通过把资源持续不断地变成废弃物来实现经济的数量型增长。另一种是循环经济模式，即"资源—产品—废弃物—再生资源"的反馈式循环过程，其特征是低开采、高利用、低排放。这种模式可以使所有的物质和能源在这个不断循环的经济活动体内得到合理和持续的利用，以尽可能小的资源消耗和环境成本，获得尽可能大的经济效益和社会效益，从而使经济系统与自然生态系统的物质循环过程相互和谐，促进资源永续利用。概括地说，循环经济是一种以资源的高效利用和循环利用为核心，以"减量化、再利用、再循环"为原则（即3R原则），以低消耗、低排放、高效率为基本特征，符合可持续发展理念的经济增长模式，是对"大量生产、大量消费、大量废弃"的传统增长模式的根本变革。具体到西部地区以开发矿产资源为主资源性产业，要发展循环经济就应该从以下几个方面入手：

1. 借鉴外国经验，建立和完善资源型产业的循环经济法律体系。矿业开发包括勘查、开发、利用、消费等诸多方面的内容，关联到的民事主体也很多，其中涉及的经济关系也错综复杂，因而需要建立配套的法律、法规，来规范各民事主体的行为，为西部地区的资源型产业走循环经济之路提供法律依据和保障。

2. 在理论方面，要加强研究，构建资源型产业的循环经济理论体系。要从资源经济学的角度对资源的勘查、开发、利用及矿业产品消费等多个环节的行为进行深入研究，在遵循"3R"原则的基础上，构建矿业开发特有的循环经济理论体系。

3. 在技术层面上，要加大科技投入，提高技术装备水平，构建资源型产业的循环经济技术体系。循环经济必须依靠科学技术进步，要加大科技投入，积极研究新技术、应用新工艺、选用新设备，将上游产业的污染排放物作为原材料进行加工，生产出下游产品，延长产业链，"变废为宝"，让物资循环利用，物尽其用。这样，既有了经济效益，也有了环境效益，环境容量资源的生产率当然也就得以大幅度地提高。

另外，在产品结构方面，西部地区的资源型产业要大力发展产品的深加工工业，提高产品附加值，积极发展原材料合成产业，用合成材料代替天然材料，扭转原材料和粗加工产品大量出口而精加工制品大量进口的不协调状况，改变西部在全国分工体系中以出口初级产品为导向的不利格局。

第二章 民族地区能矿资源开发投资活动的环境效应

　　资源开发是经济发展的基础形式,也是经济结构高级化的必要前提。世界经济发展史表明,处于工业化初期的国家或地区,经济增长更多地需要依靠资源密集型工业的发展来推动。相对于其他地区,西部民族地区的能源、矿产资源占绝对优势。随着经济的进一步发展,西部成为21世纪中国能源、矿产的供应基地已成定局,这一趋势使得西部许多少数民族地区纷纷将能矿资源开发确定为当地现在和未来经济发展的支柱和扶持重点,从而使民族地区能矿资源面临更加广泛而高强度的开发压力。如果环境保护措施跟不上,民族地区能矿资源禀赋优势就极可能转化为生态环境恶化的劣势,资源开发型的投资活动和经济形态也就难以引致民族地区的经济振兴。本章以能矿资源为典型,通过对能矿资源开采过程中对植被和土地资源的破坏,加工、冶炼过程中的"三废"污染,能矿资源开发投资主体多元化过程中的滥开滥采、遍地开花、全面破坏以及能矿投资布局对环境的影响等方面的分析,揭示民族地区资源开发型投资活动对生态环境产生的冲击,分析其成因并提出相应的解决措施。

第一节 民族地区能矿资源开发投资的状况

　　我国是世界上矿种比较齐全的少数国家之一,矿产资源总量丰富，品种齐全。截至2002年底，我国已发现171种矿产，查明资源储量的矿产158种，包括：10种能源矿产，54种金属矿产，91种非金属矿产，3种水气矿产。我国已探明的矿产资源总量约占世界的12%，居世界第2位。煤、钛、钨、钼、锑、稀土、菱镁矿、萤石、重晶石、膨润土、芒硝、锶、石墨、硅藻土、硅灰石等15种矿产储量居世界一二位，在数量或质量上具有一定优势，有较强的国际竞争能力。能源矿产是我国矿产资源的重要组成部分。我国探明能源总量为8320亿吨标准煤，探明可采储量1392亿吨标准煤，占世界总量的10.1%。能源探明总储量的结构是：原煤87.4%，原油2.8%，天然气0.3%，水能9.5%；能源剩余可采总储量的结构是原煤58.8%，原油3.4%，天然气1.3%，水能36.5%。据1997年中国煤炭地质总局所作的第三次全国煤炭资源评价，我国煤炭资源总量5.57万亿吨，其中1000米深度内资源量为2.86万亿吨。截止2002年底，全国查明煤炭储量为10190.59亿吨，其中基础储量3317.61亿吨，储量1886.44亿吨。[①] 在世界探明可采储量中中国居第三位。据1993年底完成的全国油、气资源预测评价，我国石油总资源量为940亿吨，天然气总资源量为38万亿立方米。截至2002年底，累计探明石油地质储量227.1亿吨，可采石油储量63.95亿吨，剩余可采储量25亿吨。从已探明的石油储量来看，截至2002年底，全国平均石油可采资源探明程度47.4%，居世界第11位。[②]

截止2002年底，我国累计探明天然气地质储量4.49万亿立

---

① 周宏春、王瑞江、陈仁义等著：《中国矿产资源形势与对策研究》，科学出版社，2005年版，第31页。
② 牟书令：《加快油气发展 稳固资源基础》，载《中国石油石化》，2003年第12期。

方米,可采天然气储量 2.57 万亿立方米。① 天然气剩余可采储量 1.5 万亿立方米,世界天然气剩余可采储量 143.95 万亿立方米,中国约居世界第 18 位。我国天然气资源较丰富,但探明程度低,可采天然气资源尚有 80% 以上待发现,勘探潜力大。

据 1977—1980 年第 5 次全国水能资源普查结果显示,我国水能资源理论蕴藏量 6.67 亿千瓦,年发电量 5.92 亿千瓦时,可开发装机容量 3.78 亿千瓦,年发电量 1.92 万亿千瓦时,占世界可开发水能资源量的 16.7%,居世界首位。

我国的近代工业是在遭受多年战争破坏、一穷二白的基础上建立起来的,在发展的初期就必然选择立足于本国禀赋优势,大力发展资源产业,为工业提供原料和动力;随着工业化进程的不断深入,能矿资源在经济发展中的作用更加突出,因此,能矿资源开发投资一直是国家投资的重点。

一、民族地区能矿资源开发的历史回顾

1949 年中华人民共和国建立以前,我国还是一个落后的农业国,资源开发以土地为主,对能矿资源的勘探程度和开发程度都比较低。新中国成立后,为了满足大规模经济建设的需要,我国进入了史无前例的资源开发高潮。

1. 国民经济恢复和"一五"计划时期的能矿资源开发

20 世纪 40 年代长期的战乱,我国的工业遭受了前所未有的破坏,大量工业生产设备遭到直接的破坏,工业生产能力急剧下降:发电量只有 43 亿度,仅为最高年份 1941 年的 72.3%;原煤产量降至 3200 万吨,为最高年份 1942 年的 50.1%;生铁产量下降到 25 万吨,为最高年份 1943 年的 23.9%;钢产量只有 15.8

---

① 牟书令:《加快油气发展 稳固资源基础》,载《中国石油石化》,2003 年第 12 期。

万吨，为最高年份 1943 年的 17.2%。[①] 为了尽快转变这一落后局面，国家采取了一系列措施努力恢复国民经济。1949 到 1952 年三年是我国国民经济恢复时期，这一时期一项主要的任务就是恢复旧中国遗留下来的能矿工业生产，并进行必要的改造，这就必然伴随着能矿资源的大规模开发。经过三年的恢复和建设，全国煤产量从 1949 年的 3200 万吨增至 1952 年的 6600 万吨，原油产量由 12 万吨增加到 44 万吨，发电装机容量由 185 万千瓦增加到 196 万千瓦，发电量由 43 亿千瓦时增加到 73 亿千瓦时。

三年的恢复时期使我国国民经济恶化的状况有了很大程度的缓解和好转，然而，从整体上来看，到 1952 年底我国的经济发展水平还是相当落后的，国家的经济基础还十分薄弱。为了尽快建立起完整的工业体系，推动国民经济的快速发展，国家制订了第一个五年计划，决定优先发展重工业，相应地发展农业和轻工业。对此，国务院副总理李富春在《发展国民经济的第一个五年计划的报告》中作了精辟的说明。他指出："社会主义工业化是我们国家在过渡时期的中心任务，而社会主义工业化的中心环节，则是优先发展重工业。只有建立起强大的重工业即建立起现代化的钢铁工业、机器制造业、电力工业、燃料工业、有色金属工业、基本化学工业等等，我们才可能制造现代化的各种工业设备，使重工业本身和轻工业得到技术的改造，我们才可能供给农业以拖拉机和其他现代化的农业机械，供给农业以足够的肥料，使农业得到技术的改造。我们才可能生产现代化的交通工具，如火车头、汽车、轮船、飞机等等，使交通运输业得到技术的改造，我们才可能制造现代化的武器，来装备保卫祖国的战士，使国防更加巩固。同时，只有在发展重工业的基础上，我们才能显著地

---

① 刘国良：《中国工业史——现代卷》，江苏科学技术出版社，2003 年版，第 2 页。

提高生产技术，提高劳动生产率，才能不断地增加农业和消费品的生产，保证人民生活水平的不断提高。由此可见，优先发展重工业的政策，是使国家富强和人民幸福的唯一正确的政策，实行这个政策，将为我国建立起社会主义的强大的物质基础。"①

在这样的国民经济发展战略指导下，我国的投资严重向重工业领域倾斜，"一五"期间轻重工业投资比例达到了1∶7.4。其中，资源型产业又是发展重工业的基础，优先发展重工业的政策必然导致能源、金属矿产、非金属矿产等资源的优先开采，在《发展国民经济的第一个五年计划的报告》中提到的钢铁工业、机器制造业、电力工业、燃料工业、有色金属工业、基本化学工业等几个重点发展部门都直接取材于能矿资源的开发。因此，为了支持重工业的发展，政府投资就主要向资源采掘、初级原料加工等基础工业倾斜。从表2-1中就可以看出，在工业内部的11个行业中，投资最多的是冶金工业，达46.61亿元，占工业总投资的18.6%；其次是机械工业，占15.4%；第三位是电力工业和煤炭工业，各占11.9%。

表2-1 "一五"期间工业投资的行业结构

行　业	投资额（亿元）	投资额比重（%）	新增固定资产（亿元）	固定资产交付使用率（%）	全部建成的大中型项目个数
工业合计	250.26	100.0	200.64	80.2	351
1.冶金工业	46.61	18.6	38.13	81.8	16
其中:钢铁工业	29.59	11.8	23.92	80.8	
有色金属工业	17.02	6.8	14.21	83.5	
2.电力工业	29.78	11.9	24.63	82.7	80

① 《中华人民共和国发展国民经济的第一个五年计划》，人民出版社，1955年版，第164—165页。

续表

行　业	投资额（亿元）	投资额比重（%）	新增固定资产（亿元）	固定资产交付使用率（%）	全部建成的大中型项目个数
其中：水电	5.23	2.1			
火电	19.75	7.9			
3. 煤炭工业	29.68	11.9	24.33	81.5	
4. 石油工业	11.98	4.8	8.22	68.6	8
5. 化学工业	13.61	5.4	8.75	64.3	10
其中：化肥和农药	4.65	1.9	3.42	73.5	
橡胶和塑料	0.97	0.4			
6. 机械工业	38.47	15.4	30.25	78.6	53
其中：农机制造及修理	2.70	1.1	1.67	61.9	
7. 森林工业	6.16	2.5	5.69	92.4	23
8. 建材工业	6.33	2.5	5.42	85.6	17
其中：水泥	2.73	1.1	2.34	85.7	
9. 纺织工业	15.98	6.4	13.80	86.4	49
10. 造纸工业	3.79	1.5	3.02	79.7	}37
11. 食品工业	10.15	4.1	8.85	94.7	
其中：制糖	4.09	1.6	3.17	77.5	
制盐	0.80	0.3	0.67	83.8	
12. 其他工业	37.72	15.0	29.55	77.1	58

资料来源：国家统计局固定资产统计司编：《中国固定资产投资统计资料》，中国统计出版社，1987年版，第88、90、126、128、156页。

"一五"期间国家集中力量进行基本建设，奠定了我国能矿工业的初步基础。先后在山西、河南、宁夏等地建设了一批新矿区，在东北、山西、陕西、河南、四川、华东等地新建了一批电厂。经过这一时期的建设，全国煤产量达到1.31亿吨，原油产量达到 146 万吨，装机容量达到 463 万千瓦，发电量达到 193 亿千瓦时。

国民经济恢复时期和"一五"时期，同时也是西部民族地区矿产资源得到大规模开发的时期。这一时期，西部地区基本建设投资占全国基本建设投资总额的 18%，建成了全国九大煤矿区之一的陕西王石凹煤矿，先后发现了新疆克拉玛依、玉门鸭儿峡、青海冷湖等油田，并相应建起了几个石油生产基地和兰州炼油厂；建设了西安、兰州、西固、户县、乌鲁木齐、重庆、开远、个旧等电站，这标志着西部能矿资源大规模开发时代的到来。

2. "大跃进"和国民经济调整时期的能矿资源开发

1958 年 8 月 17 日，在北戴河召开了中央政治局扩大会议，会议上指出，工业生产必须首先保证重点，工业的中心是钢铁和机械生产，而机械生产又决定于钢铁生产。在会议期间，毛泽东多次讲话和指示都突出了钢铁生产的重要性，要求工作重点转移，各地区第一书记要立即把工作重心转移到工业上来，抓工业就是抓钢铁；强调要大搞群众运动；强调铁的纪律，完不成生产任务和调拨计划的要严肃处分，等等。至此，以全民大炼钢铁为中心的工业"大跃进"运动全面展开，大炼钢铁的高指标成为全国上上下下、方方面面毋庸置疑的硬任务，成为衡量每一位领导干部是否跟紧中央的试金石。

在"以钢为纲，带动一切"的号召下，各行各业都把支援和保证大炼钢铁作为首要任务来抓，参加钢铁冶炼的劳动力最高时达到了 9000 万人，新建了上百万个炼钢炼铁土炉。为了完成生产任务，全国各地还集中力量赶制土法冶炼设备，用最快的速度传播土法冶炼技术，1958 年 9 月，参加"小土群"钢铁生产建设的人数激增到了 5000 万人，建成小高炉、土高炉 60 万座；与此同时，"小洋群"也在全国遍地开花，截至 1958 年底，全国正常生产的"小洋群"达到了 1300 多个，这些"小洋群"拥有高炉约 6 万立方米，转炉 600 余吨，矿山 1000 多个，炼焦炉 400 多个。①为了生产这些土钢土铁，我国过量开采矿石，砍伐了大量树木，破坏了矿产和森林资源以及生态环境，影响了人们的正常生活。没有燃料就挤生产和生活用煤，没有焦炭则就地挖坑，用土办法炼焦，没有煤的地方就砍树林来炼钢。在湖南省的邵阳地区甚至形成了"把地球挖穿，也要挖出矿来"的错误观念，仅一个湘乡县，在这一期间就发动了 7 万多人找到了 120 个矿。成都地区部队在战备训练的同时，还抽出大批人力参加各个钢铁工业基地的建设和开赴矿山采石炼铁。

然而，这样大规模建设并没有带来经济效益大幅度的提升，相反还带来了很大的负面效应。这主要是因为很多投资和建设都是盲目的，严重缺乏科学性，造成很大的资源浪费，项目的报废损失也很严重。据统计，1958 年至 1961 年煤炭工业报废的矿井就有 1440 多万吨能力，加上由于资源勘探不清，建成后不能移交生产或达不到设计标准的有 1840 万吨能力。同期钢铁工业的报废和不能利用的固定资产有 50 亿元，占投资总额的 39% 左右，如果加上小钢铁补贴，损失和浪费更严重。②

除了煤炭和钢铁生产大幅度增长以外，同期石油资源、电力资源也得到了大规模的开发。1959 年，全国石油供应十分紧张，在这样的背景下，1960 年 4 月开始了著名的大庆石油会战，这成为我国石油工业发展史上的一个里程碑；1963 年，建成了年产 600 万吨的生产能力。1964 年，又开展了华北石油会战，开发

---

① 刘国良：《中国工业史——现代卷》，江苏科学技术出版社，2003 年版，第 411 页。

② 刘国良：《中国工业史——现代卷》，江苏科学技术出版社，2003 年版，第 421 页。

山东胜利和天津大港油田。到 1965 年，全国原油产量达 1131 万吨，石油产品实现自给。1958 年到 1965 年，我国发电设备容量从 629 万千瓦增至 1508 万千瓦，发电量从 275 亿千瓦时增至 676 亿千瓦时，改善了电力工业布局。

这一时期国家对西部的部署是积极开展对西南、西北及陕豫交界的三门峡地区分别以钢铁、有色金属和大型水电站为中心的新基地建设；继续建设新疆的石油、有色金属工业；加强西藏的地质勘探工作等。这一时期是西部建设相对较快的时期，西部投资在全国的比重不断上升，达到 24%（其中西北 9.5%，西南 14.5%），这是继 "一五" 计划之后，西部民族地区能矿资源开发的另一个高潮。

3. "三线" 建设时期的能矿资源开发

这一时期由于对世界战争形势的悲观估计，使得我国经济发展出于为国防战略考虑，将生产力布局大规模向西推进。

"三五" 时期主要是以西南为重点开展 "三线" 建设。煤炭工业重点建设了贵州的六枝、水城和盘县等 12 个矿区；石油工业重点开发四川省的天然气；电力重点建设四川省的映秀湾、龚咀、甘肃的刘家峡等水电站和四川省的夹江、湖北省的青山等火电站。经过 "大三线" 建设，在我国中西部地区基本建成了以国防科技工业为重点，能源、重化工、交通、电子为先导的综合工业体系。这一时期 "三线" 地区的投资为 482.43 亿元，占全国基本建设投资总额的 52.7%。

"四五" 时期三线建设的重点转向 "三西"（豫西、鄂西、湘西）地区，同时继续进行大西南的建设。这一时期 "三线" 地区的投资为 690.98 亿元，占全国基本建设投资总额的 41.1%。

"三线" 建设时期，我国煤产量由 1966 年的 2.52 亿吨增至 1976 年的 4.83 亿吨；主力油田全部投入开发，产量达 5030 万吨；电力工业由于推行极 "左" 路线造成很大损失，出现严重缺

西部地区固定资产投资占全国比例

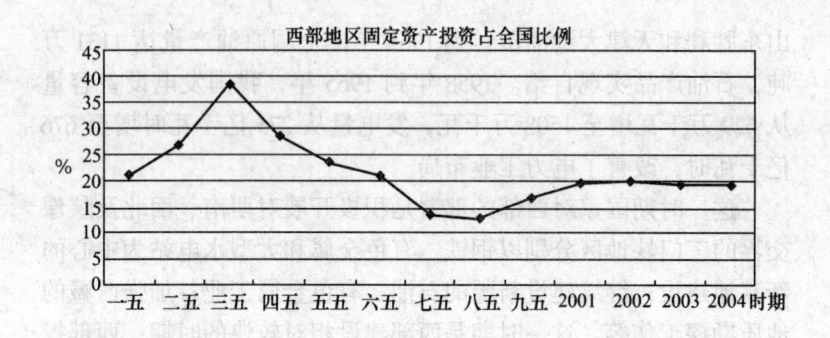

图 2.1
资料来源：根据《中国统计年鉴》(1981—2005 年) 计算并绘制。

电局面。

我国西部地区在"三线"建设时期建成了西南贵州六盘水、四川渡口和西北贺兰山、渭北等 60 多个统配煤矿区，煤炭生产能力占全国的 27%；开发了 8 个油气田，到 1976 年底，仅四川省就累计铺设天然气集输管道 2000 多公里，当年产气 42.8 亿立方米；电力方面建成了刘家峡、龙羊峡、夹江等大中型水、火电站 68 座，电力装机容量占全国的 30%，形成了黔西等大型煤炭、电力基地。除此之外，矿业方面还形成了相当规模的硫铁矿、磷、铝土、铜、铅、锌、稀有金属等几十种金属矿的开采和冶炼业，有色金属的冶炼能力占全国的 50%。

4. 改革开放时期的能矿资源开发

80 年代初，我国能源供应严重短缺。邓小平提出要将能源作为经济的首要问题来抓，国家相继出台了一系列鼓励能源建设的政策措施，如鼓励集体和个人办矿、原油产量包干制、集资办电等，促进了能源工业的高速发展。原煤生产从 1979 年的 6.35 亿吨增长到 1996 年的 13.97 亿吨，后因需求减少，1999 年降至 10.45 亿吨；发电量由 1979 年的 2820 亿千瓦时增至 1999 年的 12393 亿千瓦时。我国已成为世界上第三个能源生产大国。

第二章 民族地区能矿资源开发投资活动的环境效应 73

由于自1978年实行改革开放政策以后，国家的政策目标由追求区域平衡发展转向"效率优先、兼顾公平"的非均衡发展，经济开发的重点由内地转向沿海地区，投放到西部地区的投资在全国固定资产投资中的比例也就逐步下降。"五五"时期为23.8%，"六五"时期为21.3%，"七五"时期为13.5%，"八五"时期为12.7%，1998年为14.76%。但这一时期，西部能矿工业还是取得了很大的发展。

"六五"期间，西北重点扩建了陕西渭北煤田、宁夏的石嘴山、石炭井；西南进一步扩大了对六盘水煤田的开发，并都相应配置了矿区电站。"七五"、"八五"时期开发了陕蒙接壤的神府与东胜煤田以及与之配套的电站，同时加大了西部水能开发力度，到20世纪90年代中后期，不少工程先后竣工并网发电，还向两广等地输送电能。在西藏还先后建成了羊八井地热发电站和羊卓雍湖抽水蓄能电站。20世纪80年代以来，新疆和陕甘宁地区石油、天然气勘探取得了可喜的成绩，在扩建准噶尔、延长、柴达木和长庆等老油田的同时，新开发了远景储量可观的塔里木、吐哈和陕甘宁盆地的油气田，兴建了从陕甘宁至京、津和西安等城市的输气管道。同时，西部富藏的有色与稀有金属矿也得到了进一步开发。

二、民族地区能矿资源开发的现状分析

改革开放以来，国家一直将开发投资的重点放在了东部地区，加之良好的经济基础，有利的地理位置，以及国家的优惠政策，使得东部经济和社会发展突飞猛进。西部地区由于受历史、自然和区位等诸多因素的影响，总体发展水平与东部相比，存在着较大的差距，而且，这种差距一直在不断拉大。

在国家非均衡发展战略的背景下，我国陆上投入开发生产的油田中，特大型、大中型油田多位于东部油气区。这些油田资源品位好、投产历史长，在我国石油工业中做出了巨大贡献。但是，它们经历了20—40多年的开发历史，大都已经进入或即将进入可采储量的采出程度大于60%、综合含水率大于80%的"双高"时期，达到稳产临界阶段，其产量已经或将陆续出现总递减。以中国石油天然气股份公司管辖的油田为例，东部和西部的产量占中国石油天然气股份公司总产量的78.1%和21.9%。其中大庆油田的年产量占中国石油天然气股份公司年产量的50%以上，占全国所有油田年产量的43.7%，它的可采储量的采出程度已达到75%，综合含水率也高达88%。而西部地区石油资源丰富，随着东部老油田的逐渐枯竭，西部必然要成为石油这一最重要战略资源的主要接替区。加快西部和近海油气区油气资源的勘探和开发工作，做好东部油区产能的接替工作也是保持我国石油产量稳产、增产的关键。

为了缩小经济发展差距，促进和带动西部经济发展，也为了解决东部地区的能源短缺和环境保护问题，我国于1999年提出并启动了西部大开发战略。西部地区再次成为能矿资源开发投资的热点。

西部大开发以来，基于西部地区的能矿资源优势，国家安排建设了西气东输、西电东送、煤炭液化、青海钾肥等一批重大项目。2000年新开工的重点工程有：柴达木盆地涩北—西宁—兰州天然气输气管道、四川紫平铺和宁夏黄河沙坡头水利枢纽、青海钾肥工程；2001年新开工的重点工程有：广西百色水利枢纽、内蒙古尼尔基水利枢纽、西电东送南通道、青海公伯峡水电站、兰州—重庆输油管线工程；2002年新开工的重点工程有：西气东输、小湾水电站、西电东送北通道、涩北气田开发。

西气东输管道工程是中国西部大开发的标志性工程，是中国石油天然气发展战略的重要组成部分，是国家"十五"重点工程之一。该工程以新疆塔里木气田为主气源，以长江三角洲为目标市场，以干线管道、重要支线和地下储气库为主体，连接沿线用户，形成横贯西东的天然气供气系统。管道全长4000千米，西起新疆塔里木盆地，向东经新疆、甘肃、宁夏、陕西、山西、河南、安徽、江苏，至上海市西郊白鹤镇。该项工程2000年3月25日正式启动，2002年7月4日全线开工。西气东输工程静态总投资约为1400亿元人民币，其中气田勘探开发的全部、管道投资的67%都集中在中西部地区。从供气总量上分析，"西气东输"工程建成后，年供气量120亿立方米，比利用煤炭可节约能源437万吨标准煤。若每吨标准煤按300元计算，则每年可节约燃料价值13亿多元，减少排放27万吨粉尘，使我国一次能源结构中天然气消耗增幅达50%，比重提高1—2个百分点。2004年9月西气东输工程全线贯通。

西电东送工程主要是把贵州、云南、广西、内蒙古等西部省区的电力资源输送到电力紧缺的广东省和京、津、溏地区。建设从2001年至2010年的项目总投资预计在5200亿元以上。惠及全国的西电东送不仅能够解决东部电力供应不足的矛盾，促使东部地区产业结构的不断升级，而且对于经济相对落后的西部地区来说，通过能源开发带动西部地区发展，也是一条效益好、见效快的开发之路。西电东送将形成三条大通道：

南部通道——将贵州乌江、云南澜沧江和广西、云南、贵州三省交界处的南盘江、北盘江、红水河的水电资源以及贵州、云南两省坑口火电厂的电能送往广东。2000年11月，标志着西电东送工程全面启动的南部通道工程项目正式启动。到2004年底，形成向广东输电1150万千瓦的能力。

中部通道——将三峡和金沙江干支流的水电送往华东地区。中部通道将沿长江展开，可开发20多座水电站。世界上最大的水电工程三峡工程是中部通道的关键工程，三峡工程总装机容量1820万千瓦，年平均发电847亿千瓦时。三峡电力将通过15回

500千伏电力送出线，主送华中、华东和广东。在三峡工程附近已建成和在建的水电工程有长江葛洲坝、清江隔河岩、高坝洲、水布垭水电站，预计2020年前共可投产水电总容量2437万千瓦。位于金沙江流域四川、云南交界处的溪洛渡、向家坝电站目前已经立项，这两个工程共计装机1860万千瓦，发电量相当于一个三峡工程。上述工程全部建成后，中部通道将成为世界上输电规模最大、直流线路最密集的输电通道。

北部通道——将黄河上游公伯峡、拉西瓦等水电站的水电和"三西"（内蒙古西部、山西、陕西）煤电基地的火电送往京津唐地区。2002年8月正式开工建设。至"十五"期末，内蒙古和山西每年可向京津唐输送333亿千瓦时电量，相当于运送1665万吨原煤。

表2-2 "西电东送"工程规划规模（万千瓦）

年 份	2005年	2010年	2020年
北部通道	800	2000	4000
中部通道	600	2000	4000
南部通道	1000	2000	3000

资料来源：《2003中国能源发展报告》，中国计量出版社，2003年版，第164页。

"十五"期间西部地区12省、自治区、直辖市新开工电力项目约2920万千瓦，占全国电力总开工规模的37.4%，其中水电1484万千瓦，占50.8%。到2005年，西部地区装机总容量9817万千瓦，占全国的26.9%。西部大开发实施以来至2005年，中央在西部地区累计投入财政性建设资金5500亿元、财政转移支付资金7500亿元、长期建设国债资金3100亿元，总计1.61万亿元。① 促进了西部地区经济快速发展，西部地区经济增长率与全国同口径经济增长率的相对差距有所缩小。

三、民族地区能矿资源开发的趋势判断

就目前来看，国际能源形势的紧张已不容忽视，全世界一次性能源，像煤、石油、天然气、核燃料等都将在未来30年左右消耗殆尽。而中国是一个能源更为紧缺的国家，中国石油能源储备只够开采10年，2004年全国范围的电荒、煤荒集中爆发，半年之内27个省，国家电网拉闸限电80多万次。2004年中国成为仅次于美国的第二大石油消费国，而煤炭的消耗量占全世界总量的40%。

随着经济的快速发展和工业化进程的不断推进，工业对能矿资源的依赖程度也在不断加深，对能源的消耗量不断增大，再加上过去粗放型增长方式的影响，我国在未来20年能源领域将面临一系列挑战。《全球矿产资源战略研究2001年报告》的预测表明，2010年我国一次能源消费需求总量将从2000年的8亿吨左右（实际可能达到11亿吨，预测中对统计数据进行了评估和调整）达到18.6—20.1亿吨油当量，2020年达到24—28亿吨，2030年将达到29—34亿吨。未来10年累计能耗152—159亿吨油当量，20年累计为370—400亿吨，30年累计达640—720亿吨。若按照现有煤炭占70%、石油占23%、天然气占3%的能源消费结构，2010年和2020年我国石油的消费需求将从2000年的2.32亿吨增长到4.3—4.6和5.5—6.4亿吨。由于不断深化的工业化进程对油气资源的持续快速需求，这样低比例油气的能源消费结构很难满足经济发展的需要。如果没有新能源的突破和大规模补充，未来实际石油需求量可能更大。然而，我国现有的能源勘探

---

① 中华人民共和国政府门户网站，2006年2月5日。

和开采能力是远远不能满足这样巨大的需求的。而且,由于勘探和开采技术相对比较落后,中国能源可开采储量也是远远满足不了这么巨大的需求的。据了解,中国人均能源可采储量远低于世界平均水平。2000年人均石油可开采储量只有2.6吨,人均天然气可采储量1074立方米,人均煤炭可采储量90吨,分别为世界平均值的11.1%、4.3%和55.4%。

西部民族地区作为我国能矿资源的富集区,在全国出现能源短缺甚至是能源危机以及东部能矿资源已经面临枯竭的情况下,将会面临更大的能矿开发压力,全国基础工业的进一步发展都将依赖于西部能矿资源的开发。为此,国家也出台了一系列的措施和政策,强调要不断加大西部能矿资源开发。

《国务院关于进一步推进西部大开发的若干意见》指出,实施西部大开发,是关系国家经济社会发展大局,关系民族团结和边疆稳定的重大战略部署。在今后的开发过程中,要加强综合能源体系建设,发挥西部地区作为全国石油天然气生产和加工基地的作用,建设一批大型高产、高效、低排污煤炭生产基地。大力开发水电,合理配置火电,建立合理的西电东送电价机制,对水电的实际税赋进行合理调整,支持西部地区水电发展。并提出要密切结合西部地区资源特点和产业优势,以市场为导向,积极发展能源、矿业、机械、旅游、特色农业、中药材加工等优势产业。严格整顿矿业秩序,对重要矿产资源实行强制性保护,提高资源综合利用率,有序推进矿业市场改革和开放,逐步将西部地区建设成为全国能源、矿产资源主要接替区。①

《中国能源发展战略重大问题研究》中对未来我国能源发展的战略这样定位:能效为先,内外并举,环境协调;以煤炭为主体、电力为中心,油气和新能源全面发展;用能源可持续发展支

---

① 中华人民共和国政府门户网站。

持经济社会的可持续发展,满足工业化和现代化的能源需求。这个战略定位的基本思想是:根据世界能源资源本身的稀缺性和不可再生性,以及我国能源资源人均赋存水平低的基本国情,把提高能源开发利用效能、降低能源消耗,作为13亿(直至16亿)人口大国首要的能源发展战略;在合理开发利用国内能源资源的同时,积极开拓国外能源资源和能源市场,用两种资源两个市场确保能源安全;把环境保护的意识、责任、资金、成本和费用等纳入能源生产、消费、管理预算之中;根据中国富煤、贫油、少气的能源资源赋存情况,确立煤电油气及新能源的结构多元、重点突出、全面发展的能源格局,从而推动国民经济社会的可持续发展。

国土资源部也在新近表明,为了加强西部地区的国土资源调查评价,新一轮国土资源大调查资金继续向西部地区倾斜,重点加强关系国计民生和国家安全的战略性矿产资源、地下水资源和国家重大工程建设前期地质勘查,加强地质环境勘查和灾害防治。①

各个民族地方也从自身的资源条件出发,制定了相应的政策和措施来推进能矿资源的开发和利用。云南省委、省政府就决定以磷化工和有色金属为重点的矿业确定为云南"九五"和2010年需着力培育的四大支柱产业之一。新疆维吾尔自治区制定了《2004—2010年新疆石油化学工业发展规划》,规划中提出,要进一步确立新疆在我国石油和石化工业中的战略地位,进一步提高新疆石油化学工业在国内外的竞争实力,进一步发挥石油化学工业在加速新疆工业化进程中的主导作用,巩固和提高石油化学工业在新疆经济发展中的支柱地位。《广西壮族自治区"十一五"规划纲要》也指出要大力发展资源型工业和现代制造业,着力抓

---

① 中华人民共和国政府门户网站。

好制糖、铝工业、汽车和工程机械、钢铁、石化、建材、林浆纸、锰业、医药、食品等优势产业。《贵州省"十一五"煤化工产业发展规划》座谈会上也指出，贵州要建设五大煤化工产业带，即依托六盘水焦煤资源和大型煤炭企业，建设六盘水煤焦化产业带；依托织纳煤田无烟煤和磷矿资源，建设毕节煤磷化工产业带；依托安龙、兴义煤炭资源，建设以乙炔化工、化肥为主的黔西南煤化工产业带；建设以乙炔化工、现代煤化工为主的黔北煤化工循环经济带；建设以磷、煤化工为主的黔中磷煤化工循环经济带，其中，六盘水煤焦化产业带到"十一五"末，要新增焦炭1200万吨、焦炉气制甲醇80万吨、焦油加工45万吨、合成氨30万吨、醋酸20万吨，并进一步做好深碳化工和焦油精加工，等等。

从以上政府决策和研究可以看出，能矿资源开发已经成为民族地区地方发展规划的重点领域，是国家能源战略的有机组成部分，国家正着力要将西部地区打造成为中国未来的能矿基地，由此，西部民族地区将迎来能矿资源开发的另一个高潮。

四、结论

从新中国成立初期一路走来的能矿资源开发历程告诉我们，由于能矿资源是国民经济发展的基础所在，我国经济的快速发展，离不开这几十年来能矿资源开发投资规模的不断扩大及其开发强度的不断增强。而且，随着我国经济的增长，我国对能矿资源的需求还将持续快速增长，民族地区作为我国资源富集区域以及未来能源矿产的后备供应基地，在未来很长时期内，能矿资源开发的投资规模和开发强度都会不断提高。

第二节 民族地区能矿资源开发
强度不断增强的原因

一、资源禀赋的比较优势

西部的能矿资源比较丰富,种类齐全。在全国探明储量的矿产中,西部拥有 138 种,其中 8 种矿产占全国探明储量的 90%(如钠盐、钾盐、芒硝等),4 种矿产(如镍、铬、锶)储量的 80%—90% 在西部,重晶石和锡的 70% 在西部,天然气、煤、锌、锰等 6 种矿产的 60%—70% 在西部,钴、磷、铅等 6 种矿产的 50%—60% 在西部。西部水能装机总量占全国 80% 以上,水资源总量占全国 54.6%。[①]

表 2-3 西部各省区矿产资源的基础储量

地区	石油(万吨)	天然气(亿立方米)	煤炭(亿吨)	铁矿(矿石亿吨)	锰矿(矿石万吨)	铜矿(万吨)	菱镁矿(矿石万吨)	硫铁矿(矿石万吨)	玻璃硅质原料(矿石万吨)
内蒙古	3950.8	3967.2	734.4	12.1	14.0	92.1	—	8600.7	4673.3
广西	135.7	8.6	8.3	1.0	6776.7	15.4	—	5169.2	86.0
重庆	—	1043.3	16.3	0	1791.9	—	—	1907.1	1592.0
四川	215.9	2032.8	45.2	31.2	26.3	85.7	26667.8	39058.6	3718.6
贵州	—	11.1	149.2	0.5	2433.4	0.4	—	5460.3	2176.5
云南	10.5	15.0	157.0	4.7	1268.5	262.5	—	8212.4	1204.0
西藏	—	—	0.1	0.3	—	220.5	123.5	—	—
陕西	15104.4	3611.7	285.6	4.2	360.8	16.6	—	663.8	2597.0
甘肃	6716.1	67.3	48.9	4.1	18.4	203.0	—	4.0	899.0
青海	3579.2	1260.2	17.4	0.1	—	50.8	—	96.8	1949.0

[①] 王汉杰主编:《西部开发与生态建设》,中国林业出版社,2001 年版,第 3 页。

续表

地区	石油（万吨）	天然气（亿立方米）	煤炭（亿吨）	铁矿（矿石亿吨）	锰矿（矿石万吨）	铜矿（万吨）	菱镁矿（矿石万吨）	硫铁矿（矿石万吨）	玻璃硅质原料（矿石万吨）
宁夏	91.6	0.7	68.4	-	-	-	-	-	1949.0
新疆	36362.5	5554.8	100.0	2.9	473.1	82.8	49.9	7.9	716.4
西部	66166.7	17572.7	1622.5	61.1	13163.1	1029.8	26841.2	69180.8	21560.8
西部占比	27.21	78.84	48.80	28.77	63.56	34.29	17.88	35.29	18.43

资料来源：中国社会科学院工业经济研究所编：《2005 中国工业发展报告——资源环境约束下的中国工业发展》，经济管理出版社，2005 年版，第 419 页。

煤炭。西部地区已探明的煤炭资源保有储量为 3882 亿吨，约占全国已探明保有储量的 39%。西部地区也是煤炭资源富饶的地区，地质部门预测，贵州省煤炭的总储量有 2000 亿吨。云南省的煤炭储量占全国总储量的 3% 左右，第三纪褐煤蕴藏量有 126 亿吨之多。新疆已探明的煤炭资源有 180 亿吨，远景储量 16000 亿吨，占全国 1/3 以上。宁夏的煤炭资源也很可观，从垂深 600 米至 2000 米的煤炭预测蕴藏量达 1914 亿吨，已勘探查明的储量有 308 亿吨，煤质优良，品种齐全。陕西省煤田地质局 186 队新近在陕西省西部地区，发现新的煤炭资源。地质局在探煤钻孔的 358 米深处发现 7.9 米的厚煤层。技术人员据此圈定煤炭储量 10 亿吨。[①]

石油和天然气[②]。西部石油资源的理论资源量较大，为 316 万亿吨，占全国石油资源总量的 33.6%。西部累计探明可采储量为 9.52 万亿吨。石油保有储量，新疆为 53938 亿吨，青海为

---

① 中国矿产资源网。

② 本部分数据来源：国家发改委能源研究所课题组：《西部可持续发展的能源战略》，载《经济研究参考》，2003 年第 50 期。

10928 亿吨，甘肃为 23804 亿吨，宁夏为 3823 亿吨。其中，柴达木盆地是我国大型内陆沉积盆地之一，生油量达 100 亿至 140 亿吨，油田 15 个，气田 5 个，已建成原油开采能力年 30 万吨、原油加工能力 20 万吨的企业。

西部天然气资源丰富，理论资源量为 23.4 万亿立方米，约占全国天然气理论资源总量的 62%。西部天然气资源累计探明储量约为 2.6 万亿立方米，探明率仅为 8.77%，剩余探明可采储量为 1.6 万亿立方米，占全国陆上总量的 78.7%。陕甘宁盆地、四川盆地、云南曲靖盆地是中国发现天然气储量潜力最大的地区。

另外，经过科研和地质勘查人员的艰苦努力，近年来新疆塔里木盆地天然气勘探获得重大进展，发现了一批很有前景的天然气资源富集区，现已累计探明天然气地质储量 4190 亿立方米。现已探明"一大四中"五个气田，即克拉玛依大型气田和牙哈、英买力、羊塔克-玉东、吉拉克等四个中型气田，探明天然气地质储量 3110 亿立方米。据估计，塔里木盆地石油资源量占全国的 1/7，天然气占全国的 1/4。

表 2-4 我国陆上主要含油气盆地石油及天然气资源情况

盆地名称	渤海湾	松辽	塔里木	准噶尔	鄂尔多斯	柴达木	吐哈	四川
石油总资源量（亿吨）	188.41	128.88	107.6	85.87	80.0	41.7	15.75	11.35
探明地质储量（亿吨）	83.07	64.61	3.96	17.07	10.92	2.29	2.5	0.69
探明程度（%）	44.1	50.1	3.68	19.9	13.7	5.5	15.9	6.1
天然气总资源量（亿立方米）	34200	17700	53100	20900	28700	4700	83900	73600
探明地质储量（亿立方米）	2005	662	2423	576	1472	277	3415	6369
探明程度（%）	5.9	3.7	4.6	2.8	5.1	5.9	4.1	8.7

资料来源：国土资源部矿产开发管理司编：《中国矿产资源主要矿种开发利用水平与政策建议》，冶金工业出版社，2002 年版，第 45 页。

水能。西部水电资源理论蕴藏量约 55749 万千瓦，占全国的

82%，可开发水电资源约 27434 万千瓦，占全国的 72%。西部地区经济可开发水能资源的电站装机规模构成中，主要为大型水电站，占 82.8%，主要分布在川渝和云南。西部已开发的水电装机只有 3320 万千瓦，占经济可开发资源量的 15%，低于全国的 24.8%。[①] 西部地区（主要是西部民族地区）的水能资源约为全国水能资源的 80%。全国 10 大水电基地有 8 个在西部地区，年开发的水能资源达 3.8 亿千瓦。其中四川省的水能资源理论蕴藏量为 1.5 亿千瓦，年发电量 4.95 亿千瓦时，居第一位，可建 1 万千瓦以上的水电站 200 多处，建 100 万千瓦以上的水电站 20 余处。西藏可以开发的水能资源有 6000 万千瓦。云南省水能资源理论蕴藏量为 1.04 亿千瓦，贵州省水能理论蕴藏量为 1874 万千瓦。西北地区黄河上游的水能资源也很丰富，自青海省海南藏族自治州龙羊峡，经甘肃，到宁夏的青铜峡水电站，全长 918 公里的河床，天然落差 1324 米，可建 15 座梯级水电站，年平均发电量达 500 亿千瓦时。新疆共有大小河川 570 条，已查明的水能资源理论蕴藏量 3355 万千瓦，占全国第四位。

表 2-5 全国分地区水能资源理论蕴藏量及可开发水能资源

地区	水能资源理论蕴藏量			可开发水能资源		
	万千瓦	亿千瓦时	占全国比重%	装机容量 万千瓦	年发电量 亿千瓦时	占全国比重%
全国	67604.71	59221.8	100.0	37853.24	19233.04	100.0
华北地区	1229.93	1077.4	1.8	691.98	232.25	1.2
东北地区	1212.66	1062.3	1.8	1199.45	383.91	2.0
华东地区	3004.88	2632.3	4.4	1790.22	687.94	3.6
中南地区	6408.37	5613.8	9.5	6753.49	2973.65	15.5
西南地区	47331.18	41462.1	70.0	23234.33	13050.36	67.8
西北地区	8417.69	7373.9	12.5	4193.77	1904.93	9.9

资料来源：周凤起、王庆一主编：《中国能源五十年》，中国电力出版社，2002 年版，第 333-334 页。

① 国家发改委能源研究所课题组：《西部可持续发展的能源战略》，载《经济研究参考》，2003 年第 50 期。

此外，新疆的油页岩资源居全国之首。喜马拉雅山一带的地热资源丰富，主要分布在西藏和云南两个地区。太阳能也是我国的一项巨大财富，以西部民族地区的蕴藏量最多，开发利用潜力很大，如拉萨、日喀则，平均日照数在 8 小时以上，有"日光城"之称。风能、生物燃料、核燃料等在西部地区的储量可观，具有广阔的开发前景。①

西部地区 45 种主要矿产已探明其工业储量潜在价值为 28246.91 亿元，占全国的 49.31 %，而矿业产值仅占全国的 20.12%。②

西部地区虽然自然资源极为丰富，但由于受社会、经济、技术、历史和自然条件等因素的制约，开发利用程度很低。尤其是改革开放以后，国家的开发建设重点放在了东部地区，使得西部的能矿资源开发因投资不足而进展缓慢，经济发展也逐步与东部地区拉开了差距，使西部地区面临着前所未有的发展压力。

表 2-6 东西部地区经济发展对比

		1978	1980	1985	1990	1995	2000	2002	2003	2004
GDP 占全国比重	东部	50	50.2	52	51.5	64	57.29	57.86	58.89	69.63
	西部	16	20.05	16	20.24	15	17.13	17.01	16.94	20.15
人均 GDP 占全国比重	东部	1.23	1.34	1.29	1.37	1.58	1.47	1.53	1.54	1.94
	西部	0.7	0.7	0.71	0.71	0.66	0.61	0.59	0.59	0.74
	东部/西部	1.76	1.92	1.82	1.92	2.39	2.42	2.59	2.61	2.62

资料来源：根据《中国统计年鉴》各年相关数据计算。

依据波特的《竞争优势理论》，区域竞争力的发展要经历四个阶段：要素驱动阶段、投资驱动阶段、创新驱动阶段和财富驱

---

① 李含琳编著：《资源经济学》，甘肃人民出版社，2003 年版，第 306—307 页。
② 孟祥舟：《西部资源经济发展问题思考》，载《西部论坛》，2002 年第 10 期。

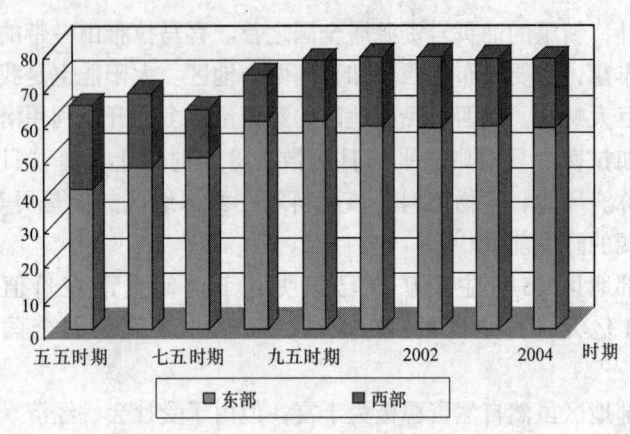

图 2.2 东西部地区全社会固定资产投资比较

资料来源：根据《中国统计年鉴》(1981—2005)相关数据计算并绘制。

动阶段。西部地区的竞争力尚处于要素驱动阶段，西部地区要加快经济发展、追赶东部的工业化步伐，充分利用本区域资源禀赋的比较优势，大力进行资源开发就成为必然选择。

从现在到 21 世纪中叶，是我国能源原材料消耗增长率最高的时期，巨大的能源、矿物原材料需求主要靠进口是不行的，国家的产业政策必须确保能源原材料工业的优先发展。因此，从长远来看，我国西部地区能源、矿产资源"两源兼富"，将是一个独立存在而又能支援全国的能源基础。

二、能矿产品需求强势

能矿资源是经济发展的重要物质基础，是社会、经济发展的必要条件。10 多年来我国经济持续高速增长，对能矿产品的需求也不断增加，我国能矿产品的供求逐渐开始出现缺口。

从能源生产消费曲线不难看出，从 1992 年起，我国能源的消费量已经开始超过生产量了。

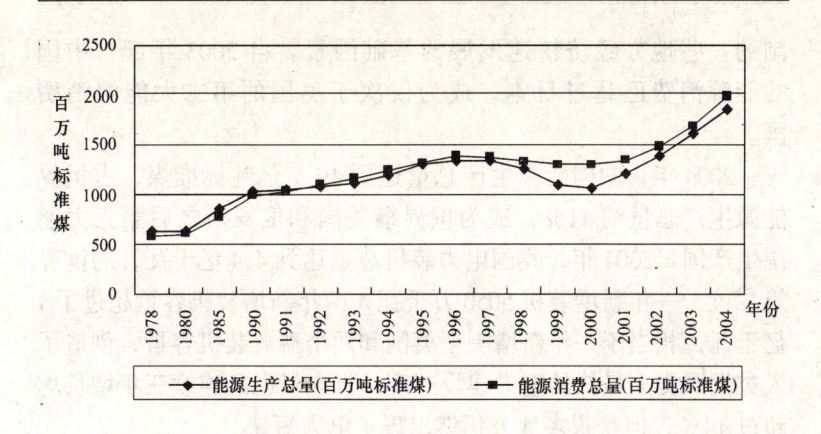

第二章 民族地区能矿资源开发投资活动的环境效应　87

图 2.3　能源生产量与消费量对比曲线
资料来源：根据《中国统计年鉴 2005》数据绘制。

据统计，我国的石油产量在 20 世纪 70 年代的年均增长率为 13%，20 世纪 80 年代降到 2.7%，20 世纪 90 年代只有 1.5%。"七五"至"九五"期间，我国石油消费需求增长迅速，目前已成为世界上仅次于美国和日本的第三大石油消费国。"八五"期间，我国石油消费年均增长率为产量年均增长率的 4 倍以上，分别为 6.7% 和 1.6%，这期间从 1993 年起，石油供应出现缺口，我国由石油净出口国变为净进口国，2000 年石油进口量已超过 7000 万吨。2002 年，我国石油生产量为 1.68 亿吨，而消费量则达 2.45 亿吨。从预测结果来看，到 2005 年，我国石油净进口量将在 8600 万吨以上，进口依存度达到 33% 左右。"十五"期间，石油产量年均增长 1.7%，消费量年均增长 4.2%，净进口量年均增长 3.4%。

伴随着中国城市化进程的加速，中国的能源消费量迅速上升。从 2002 年下半年起，由于国民经济快速发展，全国出现了大范围电力紧张，很多地方实行拉闸限电。电力紧张已成为制约一些地方经济快速发展的基础因素。自2003年起，中国的能源消费已超过日本，成为仅次于美国的第二大能源消费国。

2004年，中国能源生产总量达到19.7亿吨标准煤，占世界能源生产总量约11%，成为世界继美国和俄罗斯之后第三大能源生产国。2004年，我国电力装机总量达到4.4亿千瓦，居世界第二位，一年新增装机5050万千瓦，两年新增装机容量超过了1亿千瓦，相当于一年新增一个英国和两个瑞典装机容量，创造了人类发展史上最快的电力建设速度。发电量已经连续三年增长均超过14%，但是很多地方仍然出现了电力短缺。

表2-7 中国能源生产、消费与国民经济增长速度

	1991	1995	2000	2001	2002	2003	2004
GDP增长速度（%）	9.2	10.5	8.0	7.5	8.3	9.3	9.5
能源生产增长速度（%）	0.9	8.7	-2.0	13.0	14.4	15.6	15.4
电力生产增长速度（%）	9.1	8.6	9.4	8.6	11.5	16.5	14.5
能源消费增长速度（%）	5.1	6.9	0.1	3.5	9.9	15.3	15.2
电力消费增长速度（%）	9.2	8.2	9.5	8.6	11.6	16.5	14.5
能源生产弹性系数	0.1	0.83	-	1.73	1.73	1.68	1.62
电力生产弹性系数	0.99	0.82	1.18	1.15	1.39	1.77	1.53
能源消费弹性系数	0.55	0.66	0.01	0.47	1.19	1.65	1.60
电力消费弹性系数	1.0	0.78	1.19	1.15	1.40	1.77	1.53

资料来源：中国能源年鉴编辑委员会编：《中国能源年鉴》2004，中国石化出版社，2005版，第426页；中华人民共和国国家统计局：《中国统计年鉴2005》，中国统计出版社，2005版，第259页。

2001到2004年中国能源消费年均增速高达10.98%，2003年和2004年分别达到15.3%和15.2%；《BP世界能源统计2005》

的数据表明，中国能源消费目前已占世界总量的13.6%。

我国矿产资源形势严峻。到2010年，严重短缺、主要依靠进口的矿产有：铬、钴、铂族、钾、金刚石；到2010年，不能保证需要、部分需要进口的矿产有：石油、天然气、铁、锰、铜、镍、金、银、硼、硫铁矿；到2010年，可基本保证需要的矿产有：铀、铅、锶、磷、石棉、耐火黏土；到2010年，可保证需要、尚可部分出口的矿产：煤、锌、钨、锡、钼、锑、稀土、菱镁矿、石膏、重晶石、滑石、钠盐、水泥原料、玻璃原料、石材、硅灰石、硅藻土等23种。①

国家发改委能源研究所所长周大地指出，近年的能源消费高速增长出乎意料，增加了能源需求预测的难度。他预测，2020年能源需求可能超过36亿吨标准煤，其中，煤炭31.8亿吨，石油6.5亿吨，天然气1700亿立方米，一次电力1.58万亿千瓦时。如果按目前的趋势，能源需求将高于50亿吨标准煤。电力需求将持续增长，电力消费弹性系数有可能长期接近1。

面对如此严峻的能矿资源形势，为了顺应国民经济发展的需要，缓解能矿资源供应的瓶颈制约，我国不得不加大能矿资源勘查及开发力度。

三、投资体制改革与投资主体多元化

以前，国家几乎是唯一的投资主体，随着社会的进步，社会、经济、生活的方方面面都提出了更高的要求，国家财政已没有力量也不可能将投资的触角伸至经济社会发展的各个角落。改革开放以后，我国能源供应十分紧张，建设资金严重短缺。为加快能矿资源领域的发展，国家开始逐步施行投资体制改革。

1984年，我国开始实行鼓励乡镇集体和个人投资办矿的政

---

① 中国矿产资源网。

策；1985 年，基本建设投资由拨款改为贷款，并实行差别利率来激发投资者的积极性；1990 年，国家计委放宽基本建设和技术改造项目投资的审批权限，由 1000 万元放宽到 5000 万元，外商投资项目审批限额放宽到 3000 万美元；1994 年，国家组建国家开发银行，作为政策性融资机构，为国家重点建设项目提供稳定的资金来源；1997 年，国家能矿企业开始实行股份制改造。

近年来，我国少数民族地区也纷纷开放矿业开发市场，采取各种优惠政策和措施吸引国内外各种资本进入能矿资源开发领域。从 2002 年开始，新疆维吾尔自治区范围内国家出资形成的探矿权、采矿权，都打破地域、部门、行业和所有制的界限，实行公开招标，吸引有实力的单位参与勘探开发。国内外投资者勘探、开采矿产资源，对涉及的探矿权和采矿权使用费实行优惠，优惠幅度最高可达 100%。探矿权人投资探明可供开采的矿产后，可依法优先获得采矿权，其地质勘探费用，在该矿产进入商业性开采后可作为递延资产于税前逐年分期摊销。云南省红河哈尼族彝族自治州绿春县制定出台了《绿春县矿产资源管理办法》，积极推进矿业开发投资主体多元化，建成了日处理 100 吨的曼洛河坝铁合金冶炼厂和日处理 100 吨的大马尖山铜砷矿选化厂；龙土金矿、大马尖山铜砷矿、真龙铁矿初具开采规模；另外还充分利用国外资金，引进了加拿大迈特公司等 15 家企业对 41 个项目进行勘探，勘探面积 1066 平方千米。云南省丽江市玉龙纳西族自治县是全国唯一的纳西族自治县，当地政府采取了政府引导、企业为主、竞价上网、市场调节运作的机制，全面开放水电电源市场，整合现有的水电资源，实行"谁建设、谁享有、谁受益"，通过招商引资、社会融资、民营开发和电力企业职工集资入股等形式，积极开发多样化、投资主体多元化的办电格局，兴起全民办电热潮。国家发改委能源研究所所长周大地和国土资源部油气资源战略研究中心副主任张大伟在接受上海证券报记者采访时也表示,"十一五"规划纲要对石油天然气未来的发展规划主要体现为投资主体多元化和资源品种多元化两个方面,而投资主体多元化就是要让民营资本进入石油天然气勘探开发领域。

这一系列引进外资、扩大内资的政策措施促使能矿资源开发开创了多种经济成分并存、多种所有制并存的局面,形成了投资来源增多、渠道拓宽,逐步实现了投资主体多元化、投资决策分层化、融资渠道多元化的新格局,为能矿资源开发提供了充足的资金支持,有力地推动了能矿资源的快速发展,从而带动了当地乃至全国经济的飞速发展。但是,从另一方面来看,由于有了充足的资金,许多原来没有资金开发的项目就可以上马了;有了资金的保障,勘探和开采的技术也会得到相应的进步和提高,这一切都必然会带来能矿资源开发规模的扩大和开发力度的增强。另外,由于我国正处于经济建设突飞猛进、经济增长高速稳健的非常时期,高额的投资回报率、巨大的财富效应使得一些投资者(尤其是外方和个体投资者)力求在其核准开发期间网罗尽可能多的收益,他们就会通过一些不合理的开发方式来提高开发强度从而实现其利益的最大化,这样将对能矿资源所在地的国土资源造成极大的破坏。因此,投资主体多元化、资金来源充沛,在促进能矿资源产业快速发展带动经济增长的同时也会造成能矿资源开发力度的不断加大,给民族地区能矿资源带来更大的压力。事实上,相对于庞大的人口规模来说,我国的矿产资源本来就是贫乏的,再加上过去很长年份的过度开采,我国的多数矿产资源已趋近枯竭。下表是根据联合国《矿业制品统计年鉴》、《能源统计年鉴》、世界金属协会《金属统计》的数据综合整理而成的我国矿产资源可开采年限的统计表。(表中的金属矿可开采储量的数值为金属净含量,可开采年数由可采储量除以 1999 年或 1997 年的当年生产量求得。)

表 2-8　我国主要矿产品的可采年限

品种	储量	年产量	可续采年数
煤	602 亿吨	10 亿吨	60
石油	32.65 亿吨	1.6 亿吨	20.4
铁矿砂	149 亿吨	1.39 亿吨	106.7
铝矾土	20 亿吨	950 万吨	209.2
锰	1 亿吨	530 万吨	18.9
锌	8000 万吨	54.9 万吨	145.7
锡	340 万吨	8 万吨	42.4
钨	120 万吨	2.5 万吨	48.6
钼	100 万吨	3.3 万吨	30
锑	190 万吨	4.4 万吨	43.2

资料来源：胡春力：《我国资源开发型经济的形成与对策》，载《战略与管理》，2003年第2期。

从表中我们可以看到，在所列举的 12 种矿产品当中，只有 3 种矿产品的开采可以继续维持 100 年以上，其他矿产品，包括在我国矿产资源当中储量最大的煤炭在内，可续采年限都仅有 50 年左右。这是在 1999 年统计的结果，现在随着投资来源的多样化，投资规模的扩大，矿产资源开发力度不断增强，这些主要矿产资源的可开采年限还将大大缩短。

四、粗放型增长方式的影响

在过去很长的时间内，我国的经济增长方式都是粗放型的。粗放型增长方式主要表现为外延式的扩大再生产，即高投入、高消耗、低产出、低效率。从前面我国能源生产、消费与国民经济增长速度的对比表可以看出，我国的经济增长是通过资源的高消耗来实现的。而从经济增长与投资增长的对比关系中，我们可以看到，全社会固定资产投资以远大于国内生产总值增长率的速度增长，才换得了我们今天所"骄傲"的经济高速持续增长。从这里，经济增长的粗放型可以得到验证。

表 2-9　经济增长与投资增长对比表　　　（单位：%）

年份	1991	1995	2000	2001	2002	2003	2004
GDP 增长率	9.2	10.5	8	7.5	8.3	9.3	9.5
全社会固定资产投资增长率	23.86	17.46	10.26	13.05	16.89	27.74	26.83

资料来源：根据《中国统计年鉴 2005》相关数据计算。

在粗放型增长方式的影响下，我国的基础工业都在不同程度上表现出典型的高耗能特征，这是导致我国能矿资源开发力度不断增强的最直接的原因。由于粗放型的经济增长方式，到 2005 年底，我国能源消耗总量为 21.1 亿吨标准煤，每万元 GDP 所消耗能量比"十五"计划指标上升了 27%，比"九五"期末上升了 7%。从国际的横向比较来看，我国的能耗水平也是相当高的，每单位国民生产总值的能耗和矿物原料消耗都比发达国家高 2—4 倍。如中国生产每吨钢的煤耗是日本的 4 倍，料耗比日本多 53 千克，油田总热耗效率仅为发达国家的 2/5，生产每度电耗煤比主要发达国家高 1.25 倍。每亿元国民收入能源综合利用率仅为 25%，比欧洲平均低 26%。每生产 1 美元的 GDP 中，中国的能耗相当于德国的 4.97 倍，日本的 4.43 倍，英国的 2.97 倍，美国的 2.1 倍，印度的 1.65 倍。[1]

另外，还有统计表明，中国 11 个高耗能产业的 33 种产品能耗比国际先进水平平均高出 46%；全国能耗支出费用占 GDP 的总量达到 13.5%，超出美国 6.5 个百分点。2003 年全国耗竭矿产资产储量价值近 1 300 亿元，如将耗竭矿产资源价值扣除，当年全国 GDP 将下降 1.1%，工业总产值下降 0.91%，工业增加值下降 3.07%，矿业总产值下降 21.22%，矿业全行业增加值下降 31.97%。[2] 可以看出，我国社会经济发展付出了沉重的资源代

---

[1] 李含琳编著：《资源经济学》，甘肃人民出版社，2003 年版，第 131 页。
[2] 曹新元、陈丽萍、张丽君、徐曙光：《中国国土资源可持续发展研究》(2004) 综述，载《国土资源情报》，2005 年第 1 期。

价。

从上面的两项统计可以看出，粗放的经济增长方式是引致能矿资源开发强度增强的原因之一。

五、能矿资源利用效率低，浪费严重

1. 主资源丢弃

目前，我国大中小型矿井采掘方法和其机械化程度差异较大，大中型矿井的采掘技术和机械化程度较高，且矿井的回采率均在50%以上；而小型采矿企业资金投入不足，技术人员短缺，技术落后，机械化程度低，经营管理薄弱，加之许多企业领导短期行为严重，采取了采易不采难、采肥不采瘦、采浅不采深，过分追求近期效益，资源回收率大都很低，甚至在20%以下，造成了能矿资源的严重浪费。

有关数据显示，陕西、新疆等地煤炭采收率平均仅为30%左右，而中国《煤炭工业技术规范》明确要求煤炭矿井回采率最低不应少于75%。这意味着，从储量上能够开采上百年的煤矿，实际上仅30年就会开采殆尽。据专家初步估计，从新中国成立到2003年，中国累计生产原煤约350亿吨，但煤炭资源消耗量却已超过1000亿吨，扔掉的资源几乎是被利用资源的两倍。如宁夏的"太西煤"是宁夏主要的换汇产品，到1992年末，累计开采量为0.52亿吨，而各类损失量则达0.92亿吨，采损比为1：1.8，平均回采率仅有36%。[①] 其实这样的浪费现象并不只是存在于民族地区，在我国产煤大省山西，浪费现象同样严重。山西的大部分小煤矿对1.3米以下煤层基本上弃采；对极厚煤层（10米以上）一次采全高，不分层开采，普遍使用房柱镐落式采煤，

[①] 段联主编：《中国西部资源环境与社会可持续发展问题研究》，西安地图出版社，2001年版，第31页。

留顶煤和底煤，采 10 米留 5 米煤柱。朔州市下窑煤矿开采 9 号煤层，煤厚 17 米，采用一次采全高，留顶煤 4 米和底煤 3 米，一次采 10 米，采一丢四，回采率只有 20%左右。①

民族地区煤层较厚，应采取分层采掘的方法，但在陕西北部和内蒙古的煤炭矿区，高达 4.8 米的综采支架随处可见。这种简陋的设备只能开采出煤层"大蛋糕"中间很小的一部分，其余部分则被"揉碎"混合在地层中无法取出。对于煤层较厚的西部地区来说，这种低技术开采模式对煤炭资源的浪费非常严重。在煤炭开发热火朝天的内蒙古鄂尔多斯地区，很多 10 多米厚的大型煤田就这样被掏空了。

新疆一般油井的采收率能达到 40%，而陕北一些油井的采收率连 20%都难以达到，这意味着埋藏于地下的原油每吨仅能开采出 100 多公斤，其余 800 多公斤的原油全部流失了。

2. 共伴生资源、尾矿综合利用程度低

在矿物资源的开采方面，我国绝大部分矿床伴生多种有用成分未能开采利用，或采主弃副，或采副弃主，只有 20%的矿床综合利用率达 70%。

在我国含煤地层中，分布着极为丰富的共生和伴生矿产资源。在我国煤系中已经发现有开发价值和出口前景的共、伴生资源有耐火黏土、高岭土、膨润土、硅藻土、硫铁矿、油页岩、菱镁矿、重晶石、滑石、沸石、珍珠岩、海泡石、石膏、长石辉绿岩等几十种。同时还伴生着有综合回收价值的矾、铀、钼、钴、金、银、磷、硫、钾等二十多种元素以及煤层气。其中石煤中的

---

① 国土资源部矿产开发管理司编：《中国矿产资源主要矿种开发利用水平与政策建议》，冶金工业出版社，2002 年版，第 34 页。

元素矾最为丰富，其储量是世界其他国家储量综合的五倍。[①] 我国煤系地层中的硫铁矿探明储量丰富，（按矿石量计算）约为16.1亿吨，占全国硫铁矿探明储量的1/2；煤系中独立赋存的硫铁矿远景储量有171.43亿吨。我国的煤层气储量丰富，其分布结构与煤炭资源分布基本一致。根据最新一轮资源评估结果，我国陆上煤田在埋深2000米范围内的煤层气储量达到31.46万亿立方米。但由于体制原因，以往在煤炭勘探中对共生和伴生矿产资源没有综合勘探和综合评价，综合利用程度很低，造成巨大浪费。

石嘴山及呼鲁斯太地区的耐火黏土是优良的耐火材料和陶瓷原料，但由于缺少统一规划，单一采煤，使得宝贵的黏土资源储量随着煤矿采空而逐年报废。[②] 尽管经过十几年的努力，我国煤层气开发利用已经起步，到2000年，我国矿井煤层气抽放能力达到了10亿立方米。但我国每年因采煤而排放的煤层气就约有100亿立方米，每年还是有90亿立方米左右的煤层气被排放至大气中。

在我国陆上石油天然气的开发过程中，陆续发现一些具有可利用价值的油气伴生资源。在这些伴生资源中，具有元素种类多、含量丰度高、埋藏深度大等特点。因此对我国陆上油气开发过程中发现的伴生资源进行综合利用，不仅可以增加油气田的产值，提高油气田的经济效益，生产一些化工产品和化工原料，而且还可以通过油田水的处理减少污水对环境的污染，从而获得显著的经济、社会效益。我国目前陆上部分开发的油气伴生资源有

[①] 国土资源部矿产开发管理司编：《中国矿产资源主要矿种开发利用水平与政策建议》，冶金工业出版社，2002年版，第25页。

[②] 段联合主编：《中国西部资源环境与社会可持续发展问题研究》，西安地图出版社，2001年版，第31页。

四川的平落坝气田卤水矿、威远气田卤水矿、河南油田的天然碱矿、江汉油田的卤水矿、中石油田的特大型岩盐矿、辽河油田平原盐卤水资源、铀矿、辽河曙北古潜山地热资源等，都具有较大价值。① 但目前进行综合利用的只是一些较大规模的油气田，且刚刚起步，尚不甚成熟，大部分油气田开发中的共、伴生资源还是白白浪费掉了。

另外，在我国，与煤炭资源开发利用紧密相关的淡水资源成逆向分布，秦岭、大别山以北地区煤炭储量占总储量的 90.7%，而其水资源仅占全国水资源的 21.4%。其中晋、陕、内蒙古、新疆四省（区）已查证煤炭资源占全国 71.1%，而其水资源仅占全国 1.6%。西部及北部地区水资源的短缺，已经制约着煤炭资源的开发利用。

煤炭洗选加工业的兴起和发展推动了我国煤炭产品综合利用和资源节约。1999 年，我国原煤产量 10.45 亿吨，共入选原煤 3.28 亿吨，选出后商品煤排出矸石量 5000 万吨，节省铁路运量 300 亿吨·公里，运费 20 亿元，同时脱除 50—70% 的黄铁矿硫，约减少二氧化硫排放量 230 万吨。我国在煤炭生产过程中煤矸石的排放量比较大，约占煤炭产量的 10—15%，全国每年因采煤排放煤矸石约 1.3 亿吨，目前已经积存 30 多亿吨，煤矸石的大量积压，不仅侵占耕地，而且污染环境。因此，发展煤矸石的综合利用意义重大。煤矸石的利用途径主要有：发电、供热、筑路造地、生产建材、改良土壤、矿井回填、回收有用成分等。② 但是由于我国富矿区水资源的短缺，使得原煤入洗率相对较低，目

---

① 国土资源部矿产开发管理司编：《中国矿产资源主要矿种开发利用水平与政策建议》，冶金工业出版社，2002 版，第 69 页。
② 国土资源部矿产开发管理司编：《中国矿产资源主要矿种开发利用水平与政策建议》，冶金工业出版社，2002 年版，第 23 页。

前只有30%左右（美国原煤入洗率55%，德国95%，澳大利亚75%，波兰50%，俄罗斯60%，英国75%，日本100%），导致了我国煤炭资源综合利用方面的浪费。①

我国油气资源利用效率不高，浪费严重。直接燃烧原油现象仍然普遍存在，油田每年直接燃烧掉的原油近千万吨；我国炼厂数量多，炼油工艺落后，装置规模小，原油炼制效率低。综合回收利用不够，每年仅点"天灯"烧掉的天然气就达9亿立方米。②

尽管我国资源开发利用强度大，但大部分资源的有效利用率都较低，加上管理水平低，生产技术、设备落后，矿产资源总回收率仅30%—50%，大部分乡镇企业资源回收率不到30%。

3. 再生产效率低

在20世纪，我国处于工业化的初级阶段，能源消费边际效应递增，能源消费弹性系数小于1，能源以较高的效率推动经济增长；进入21世纪以后，由于能源工业投资粗放，没有将科学技术改造投资放在应有的地位，大多沿用早期的技术手段进行生产，导致能源消费边际效应不断下降，能源消费弹性系数不断增大并逐步大于1，即能源消费以大于GDP增长的成本换取经济增长，引致能源需求日益增长（见表2-10）。

另一方面，第二产业是高资源消耗的产业，我国第二产业比例偏高的重型经济结构也决定了能源消费偏高，能源利用效益低下（见表2-11）。

据《2006中国可持续发展战略报告》对世界59个主要国家的资源绩效水平的调查排序，中国资源绩效居世界倒数第6位。

---

① 中国可持续发展油气资源战略研究课题组：《中国可持续发展油气资源战略研究》，载《国土资源通讯》，2003年第2期。
② 李含琳编著：《资源经济学》，甘肃人民出版社，2003年版，第141页。

我国的能源利用效率为33%，比发达国家低约10个百分点。我国一吨煤产生的效率仅相当美国的28.6%，欧盟的16.8%，日本的10.3%。另外，我国矿产资源的总回收率大概是30%，比国外先进水平低了20个百分点。[1]

表2-10　1978—2004年我国能源消费弹性系数

年份	能源消费增长率（%）	GDP增长率（%）	能源消费弹性系数
1978	9.2	11.7	0.79
1980	2.9	7.8	0.37
1985	8.1	13.5	0.60
1989	4.2	4.1	1.02
1990	1.8	3.8	0.47
1995	6.9	10.5	0.66
1996	5.9	9.6	0.61
1997	-0.8	8.8	-0.09
1998	-4.1	7.8	-0.53
1999	-1.6	7.1	-0.23
2000	0.1	8.0	0.01
2001	3.5	7.5	0.47
2002	9.9	8.3	1.19
2003	15.4	9.3	1.66
2004	15.2	9.5	1.60

资料来源：施发启：《对我国能源消费弹性系数变化及成因的初步分析》，载《统计研究》，2005年第5期。

表2-11　各部门能源消费比重

年份	1985	1990	1995	2000	2002	2003
农业	5.27	4.92	4.20	4.44	4.39	3.86
工业	66.60	68.47	73.49	68.79	68.94	69.98
建筑	1.70	1.23	1.02	1.10	1.09	1.04
交通	4.84	4.60	4.31	7.61	7.48	7.45
商业	1.00	1.26	1.54	2.22	2.34	2.41
生活	17.37	16.01	12.00	11.44	11.49	11.27
其他	3.22	3.52	3.44	4.39	4.27	3.99

资料来源：中华人民共和国国家统计局：《中国统计年鉴》1991年、2005年，中国统计出版社。

---

[1] 董少广、王淮海：《我国能源结构与资源利用效率分析》，中国电力新闻网，2006年4月21日。

另外，资源开发区域化、地方产业结构单一化也导致我国西部民族地区矿产资源开发力度的不断增强。近年来，我国地区之间的竞争力差距进一步显现，在此竞争格局下，在相对于采掘业更需要产品开发和市场开拓能力的加工工业、消费品工业领域，西部地区的竞争劣势进一步显露。而消费品工业、加工工业由于产业链条长，对众多产业的关联、带动作用更强劲，需求弹性大，市场前景更为广阔，因而这些产业对经济增长的带动作用会更加明显，但在这些产业领域中西部地区竞争力不强，使这些地区发展的路子变窄，造成进一步依赖资源开发产业，这就在一些地区出现结构单一的资源开发型经济。这样必然会进一步加剧西部地区对自然资源的掠夺式开采，造成一些地区的资源提前枯竭。由于资源开发产业向西部集中，这就意味着我国矿产品产量的急剧增加、生产规模的扩大仅仅是由部分地区来支撑、实现的。同时，西部地区采掘业对经济增长的支撑地位越来越强，经济结构单一化趋势日益明显，这些地区经济增长只能靠扩大对自然资源的开发规模来实现。这样，资源开发区域化、地方产业结构单一化的结果，会使过度开采进一步加剧，局部地区资源提前枯竭不可避免。

可见，中国每年利用的矿产、能源资源量虽然相当可观，但其效率却不高，其结果是造成了资源的浪费。也正是因为资源的浪费，引致需求增加，进而促使资源开发强度提高，最终使能矿资源开发陷入"开发——浪费——开发"的恶性循环。

第三节 能矿资源开发投资对环境的影响

改革开放 20 多年来，我国在坚持以经济建设为中心的思想指导下，经济社会发展进入了快车道，但是这种以高污染、高消耗和高排放的粗放式的经济增长方式是以牺牲环境为代价来实现的，同时，这种增长仅仅是 GDP 在数量上的增长，经济质量并未提高。另外，在经济高速增长的同时，人民生活质量、社会发展并没有实现同步，反而出现了大量的环境问题、资源枯竭和不合理利用等等不利于社会稳定发展的问题，严重地影响了我国经济社会的可持续发展。

一、能矿资源高强度开发的环境效应

实现资源可持续利用，要求不超过资源生态供给阈值（维持生态功能持续性的最低存量水平）。对于不可再生资源来说，就是要使不可再生资源的耗竭速度不超过寻求作为替代用品资源的速度；对于不可再生资源来说，就是使其耗竭速度保持在其承载能力之内。然而，我国多年以来的矿产资源开发却没有遵循可持续发展这一原则，对能矿资源的开发强度远远超过了环境的承载能力，给环境带来了极大的破坏。

一是不可再生资源枯竭。作为不可再生资源，矿产资源只能越用越少。对不可再生资源应该合理利用，就是在考虑环境和人类福利最大化的前提下，确定开采资源的期间配置。但是，有的地方在不可再生资源开发中没有制定或没有遵守资源开发规划，在利益的驱使下，奉行"有水快流"的原则，对当地资源进行高强度开发，导致矿山在早于服务年限时就被挖空，资源枯竭。

个旧市就是一个典型的例子。个旧市是因锡矿开发而兴起的矿业城市，2002 年采选业产值占全市工业总产值高达 75%，全市近 60% 的从业人员分布在矿产资源采选冶加工业。近年来，以锡为主的矿产资源面临枯竭，锡金属资源保障年限不足 10 年。采空区、采矿废石、冶炼渣及尾矿占地面积近百平方公里，复垦率 0.1%—0.2%，远低于全国 12% 的水平，人地矛盾突出。由于小煤窑干扰破坏，矿区资源严重浪费，靖远煤业有限责任公司所属 7 个矿井中,3个矿井资源已枯竭,且无任何后备资源补充。

二是可再生资源再生条件破坏。对于可再生资源来说,合理利用就是在保证国内资源永续利用的前提下,使资源利用收益的最大化。若开发利用强度超过了其再生承载能力,可再生资源就会遭到破坏甚至枯竭。地处石油开采区的靖边县青阳岔镇,自从1991年打出第一口高产量油井后,石油开采量逐年增大,目前全镇油井达到930口。全镇面积225平方千米,而采油区域就有180平方千米。由于高强度开采,该地区地下水和地表水受到严重污染,后来发展到连衣服都不能洗,全镇要靠买水度日。又如川南叙永大树区硫矿,由于过度开发,引发了工矿型荒漠化。矿区附近30.6%的耕地丧失生产力;26.6%的耕地生产力下降了90%;另外的42.8%的耕地生产能力仅为原来的30%—50%。①

二、多元投资主体缺乏有效监督的环境效应

尽管多种经济形式下的资源开发为我国的经济建设做出了不小的贡献,但由于缺乏有效的监督和管理,投资者普遍存在不顾一切追求利益的短期行为,因为不合理开发利用所引起的地质环境灾害相当严重。采矿引起的塌陷、崩塌、滑坡、泥石流、水源污染、水土流失等地质灾害,严重威胁了矿区居民生命财产安全,恶化了矿区周边生活、生产环境。

在煤炭开采过程中,矿井水、洗选过程中的煤泥、洗煤水无序排放,会污染地表水;矿区地表发生裂缝、坍塌、下陷,使地表水、浅层水渗漏地下,地下水被污染,使地下水位下降,造成小溪、小河断流。以全国最大的无烟煤基地阳泉为例,由于采煤破坏了原有水资源,被迫采取从下游娘子关提水的办法解决水荒

---

① 国家环境保护总局宣传教育办公室编:《中国生态环境警示》,中国环境科学出版社,2003年版,第7页。

问题,供水成本比使用地表水加大 5 倍以上,每吨水成本多达一元以上,且这种损失是永久性的,按现有科技水平尚无解决办法。又如延安市饮用水源地——王瑶水库上游长庆油田杏子河矿区,820 平方千米水源保护区内,个体小油井密布,曾一度造成该水库严重污染。①

侵占土地严重。开采煤炭排放的煤矸石,需要占用土地堆放,按 15% 的比例计量,若每年开采 10 亿吨煤,就要排放 1.5 亿吨煤矸石,需要占用土地 3 万多亩,使人们赖以生存的土地遭到破坏;如果要使这些土地恢复耕种,则需要大量的资金和土壤。

据行业内部的估计,水电开发的年回报率一般可稳定在 8%—10% 之间。在电力需求大幅度增加、电价上升的情况下,西部地区的水电热陡然升温,出现了典型的"圈水运动"。川滇两省的怒江、澜沧江、金沙江、大渡河、雅砻江、岷江,已规划的装机容量 15 万千瓦以上的水电站就有 104 座,5—15 万千瓦的 72 座,而小于 5 万千瓦的水电站,数量之多难以计数。新近仅由四川省地方电力局查出"四无"(无立项、无可行性研究、无环评、无验收)小水电就有 128 座。有的河段,一公里河道就建几个小水电站。② 过于密集地布设水电站,会使河流因多次被截断流动不畅而大大减弱污染物扩散能力,水体自净能力下降甚至丧失。河流被截断后流速降低,会因泥沙淤积而抬高河床,使上游河道截面缩小;而下游因屡受冲刷,导致河道改变。此外,河流被截断后会改变地下水流量和方向,导致土壤盐碱化,甚至形成沼泽。

---

① 中国地质调查局:《生态环境地质调查论文集》,地质出版社,2003 年版,第 430 页。

② 中国社会科学院工业经济研究所编:《2005 中国工业发展报告——资源环境约束下的中国工业发展》,经济管理出版社,2005 年版,第 426 页。

三、投资粗放的环境效应

在我国能矿资源投资中，低水平重复建设现象非常突出。例如，在2004年，煤炭领域共完成投资702亿元，在建项目2945个，规模达到4.06亿吨。但是长期以来普遍存在于煤炭开采中的回采率低、安全事故发生率高、废弃物随意排放、综合利用欠缺等问题，并没有因开采企业利润大幅上升而有所改善。目前煤矿矸石山占地已超过4700公顷，矿井水外排已突破17亿吨，采煤过程中排放的甲烷约占世界的1/5。我国二氧化碳排放密度比世界平均水平高出26%，占世界排放量的10%。我国受酸雨影响的面积已超过国土面积的1/3。

地质结构遭到严重破坏。煤炭是从地下开采的，煤层离地面一般都在数十米、乃至百米以下，大规模开采以后，顶板坍塌、地表层断裂、地表水渗漏，使地层表面成为极不稳定的构造，形成很大隐患。由于地质结构破坏，在采空区内，不能修建高层建筑，不能修建水库，不能修建大型工厂和铁路、公路；低层建筑也需对基础进行复杂的加固处理，需要增加巨额投资。即使这样处理以后，若发生大的地震，也可能造成难以避免的额外破坏，使矿区人民的生命财产失去可靠的保证。这种损失是永久性的，使得采空区土地的使用价值大大降低，损失数额十分巨大。

2003年中国生态环境地质调查显示：几乎所有精工采煤矿区均存在程度不同的地面塌陷，80%以上的国有大中型煤矿区存在严重的地面塌陷。部分矿区塌陷面积超过了开采面积，如石嘴山矿区开采面积5.15平方千米，而塌陷面积已达6.97平方千米，地面塌陷率为135.34%，地表塌陷形成深达8—12米的凹地，地裂缝宽达1米，地面塌陷导致矿区铁路垫路费每年高达100万元，穿越矿区的109国道被迫改道。

据统计，中国因矿产采掘产生的废弃物塌陷等损坏土地面积达2万平方千米，现每年仍以250平方千米速度发展。这些废弃物严重地污染了地下水和地表水体。[①] 另外，地面塌陷和地裂缝会加速水土流失和土地荒漠化，还会诱发滑坡、泥石流和山体开裂等，威胁矿区附近居民的生命财产安全。以内蒙古为例，由于煤炭开发受扰动的土地面积达687平方千米，每年还以20平方千米的速度递增，全区荒漠化土地面积达60%。

油气资源的勘探开发，从早期的区域性调查、并查到地震施工、钻探及测试，从大量开发井的钻探到油田地面工程建设、油气长距离输送等，都会对环境带来破坏和影响。[②] 陆上油气资源开采过程中，油井气放空的情况大量存在，污染大气；油气开采造成地面凹陷，以及含挥发酚类、石油类、苯类、多环芳烃等物质的废水排放污染土壤或地表水体，致使土质严重酸碱化，同时在污水迁移过程中污染地下水等。

位于鄂尔多斯高原的神府东胜矿区，由于气候及人为因素的影响，已使该区生态环境非常脆弱，土地沙化、荒漠化的面积已超过4.17万平方千米，占全区面积的86%以上。据对全国1173家大中型矿山调查，产生水土流失及土地沙化所破坏的面积17.07平方千米及7.44平方千米，治理投资的费用已达2393.3万元。[③]

四、投资结构失衡的环境效应

我国是一个煤炭资源丰富、油气资源相对短缺的国家。因此，长期以来存在着以煤为主的能源生产和消费结构。在2004年能源生产、消费总量构成中，煤炭分别占75.6%、67.7 %；石油分别占

---

① 李含琳编著：《资源经济学》，甘肃人民出版社，2003年版，第213页。
② 张大伟：《我国油气资源发展战略若干问题》，2002年国土资源可持续发展高级论坛，2002年6月。
③ 刘志钧：《矿区生态环境质量评价理论及预警方法研究》（硕士论文），山东科技大学，2005年6月。

13.5%、22.7%；天然气分别占3.0%、2.6%，煤炭占绝大比重。这种能源结构仅大体相当于发达国家上世纪中叶的水平。而且，这种以煤为主的能源结构将难以在短期内改变。中国的能耗强度(即单位初级能源消耗所创造的GDP)是世界上最低的国家之一。经计算，如果不考虑汇率、能源结构、气候条件等不可比因素，中国能耗强度为0.36美元/千克标准煤，而日本高达5.28美元/千克标准煤，印度也达0.72美元/千克标准煤。①

表2-12 1978—2004年中国能源生产与消费总量与构成

年份	能源生产总量(Mtce)	能源生产总量构成(%)				能源消费总量(Mtce)	能源消费总量构成(%)			
		原煤	原油	天然气	水电		原煤	原油	天然气	水电
1978	627.70	70.3	23.7	2.9	3.1	571.44	70.7	22.7	3.2	3.4
1980	637.35	69.4	23.8	3.0	3.8	602.75	72.2	20.7	3.1	4.0
1985	855.46	72.8	20.9	2.0	4.3	766.82	75.8	17.1	2.2	4.9
1990	1039.22	74.2	19.0	2.0	4.8	987.03	76.2	16.6	2.1	5.1
1991	1048.44	74.1	19.2	2.0	4.7	1037.83	76.1	17.1	2.0	4.8
1992	1072.56	74.3	18.9	2.0	4.8	1091.70	75.7	17.5	1.9	4.9
1993	1110.59	74.0	18.7	2.0	5.3	1159.93	74.7	18.2	1.9	5.2
1994	1187.29	74.6	17.6	1.9	5.9	1227.37	75.0	17.4	1.9	5.7
1995	1290.34	75.3	16.6	1.9	6.2	1311.76	74.6	17.5	1.8	6.1
1996	1326.16	75.2	17.0	2.0	5.8	1389.48	74.7	18.0	1.8	5.5
1997	1324.10	74.1	17.3	2.1	6.5	1377.98	71.5	20.4	1.7	6.2
1998	1242.50	71.9	18.5	2.5	7.1	1322.14	69.6	21.5	2.2	6.7
1999	1091.26	68.3	21.0	3.1	7.6	1301.19	68.0	23.2	2.2	6.6
2000	1069.88	66.6	21.8	3.4	8.2	1302.97	66.1	24.6	2.5	6.8
2001	1209.00	68.6	19.4	3.3	8.7	1349.14	65.3	24.3	2.7	7.7
2002	1383.69	71.2	17.3	3.1	8.4	1482.22	65.6	24.0	2.6	7.8
2003	1599.12	74.5	15.1	2.9	7.5	1709.43	67.6	22.7	2.7	7.0
2004	1846	75.6	13.5	3.0	7.9	1970	67.7	22.7	2.6	7.0

资料来源：中华人民共和国国家统计局：《中国统计年鉴2005》，中国统计出版社。

以煤为主的能源生产和消费结构就必然要求以煤矿开发投资

---

① 赵纪新、孟祥华：《我国的能源结构及能源战略构成探讨》，载《煤炭经济研究》，2005年第6期。

为中心的投资结构作保证，而我国的实际情况并非如此。1984年前，煤炭供不应求，为了安排地方生产，地方政府还愿意向煤矿投资，1985年后，供求缓和，地方政府对煤矿的投资明显减少，各地的煤矿专项资金逐年减少；同时，环境问题越来越引起全世界的广泛关注，而煤炭又是环境污染的主要来源，据估算，全国烟尘排放量的70%、二氧化硫排放量的90%、氮氧化物排放的67%、二氧化碳排放量的70%都来自于煤炭燃烧，燃煤电厂排放的二氧化硫和氮氧化物是造成酸雨污染的主要原因。[①] 因此，中央政府更是缩减了对煤炭和火电的投资，转而大举投向水电开发。另外，由于煤炭供求逐渐缓和，煤炭价格也不断回落。再者，税赋制度改革使矿业企业的税费负担提高了三倍，且现行资源税赋制度不分开采难易和品位高低，调节资源级差收益的力度很小，使贫矿开发企业愈发不堪重负。投资减少、煤价低迷再加上税负沉重，使煤炭企业一方面为获取经济利益而不顾一切地滥开滥采，造成资源的大量浪费；另一方面采用早期的采煤技术和装备以降低成本，并且"三废"任意排放，对环境的污染愈发严重。如山西省大同市左云县鹊儿山煤矿，是一个年产原煤90万吨的综合机械化矿井，先后荣获"省级文明矿井"、"部级质量标准化矿井"、"部级高产高效矿井"、"全国煤炭工业优秀企业"等荣誉称号。但由于市场煤价低迷加之税费负担沉重等原因，使企业生产经营举步维艰。为了降低成本，打算放弃综采，恢复炮采；大同、朔州的很多小煤矿，在20世纪80年代后期，大巷运输已装备电机车和无极绳铰车，而在世纪之交却改为畜力运输，骡子、毛驴下井拉煤，出现技术与装备水平倒退，同时给安全生

[①] 钱春弦：《我国将努力实现能源发展与环保双赢》，中国电力新闻网，2006年4月18日。

产带来隐患。①

投资失衡加上负担沉重，使得煤炭、火电生产企业自顾不暇，更无力在安全、环保方面投入足够的财力和关注，对环境污染的控制也就陷入被动。环保总局有关负责人也指出，能源消费超常规增长，是导致二氧化硫排放总量失控的首因。"十五"期间，因为国家未能在国债和环保补助金上对火电脱硫项目给予足够的支持，火电行业脱硫改造的任务只完成约70%，造成老机组脱硫建设缓慢和运行效率低下，二氧化硫排量控制目标没有实现。仅2005年一年全国的能源消费量即达到22.2亿吨标准煤，比2000年增长了55.2%，其中煤炭消费21.4亿吨，增长了近9亿吨，增加量超出规划8倍；同期中国二氧化硫排放总量为2549万吨，超过总量控制目标749万吨，比2000年增加了约27%。如果按照目前的趋势发展，到2010年、2020年，二氧化硫的排放总量将可能分别达到3100万吨、3900万吨，氮氧化物产生量分别达到2800万吨、4000万吨，届时将远远超过环境容量。2020年我国二氧化碳排放量在13—20亿吨，人均碳排放水平在0.9—1.3吨，接近世界的平均水平。要求我国减排和限排温室气体的国际压力将越来越大，2020年以后我国将难以回避温室气体排放限制的承诺。据我国和世界银行专家估计，仅大气和水污染造成的直接经济损失就达国内生产总值的4%—8%。②

另外，资源类产品处于市场产业链的前端，消费品对资源的需求波动引发的超值利益由于信息不完全、地理分割等原因大都留在了流通环节，加重了资源开发企业和地方的财政矛盾。例

---

① 国土资源部矿产开发管理司编：《中国矿产资源主要矿种开发利用水平与政策建议》，冶金工业出版社，2002年版，第35页。

② 魏晓平、付兴方：《矿产资源的可持续利用及其界定》，载《中国矿业》，2001年第5期。

如，2005年春节前，天津港港口的煤炭车板成交价为410元/吨，秦皇岛的市场价也在400元/吨以上，但是在内蒙古的鄂尔多斯，煤炭的价格却只有100元/吨。① 利益分配的不公平也导致资源开发企业技术、环保、安全等投资不足。许多矿山都存在着安全设施投资不足、设备更新缓慢、环保投资严重不足甚至缺省等问题，一些矿主甚至存在采矿业"死得起伤不起，预防成本高，死亡成本低"的心理，在山西、广西、贵州、内蒙古等省区近年来相继发生严重的矿山安全事故就是例证。在这样的心理下，资源开发企业更无暇顾及其开发行为对环境的影响了。

产业链环投资失衡也是引发环境问题严重的因素之一。在前期的开发投资中，由于缺乏长远的规划，只将目光放在了供求关系和利益上，没有以循环经济的理念来合理安排投资，而关联产业的缺失就意味着放弃了对污染消化能力的培养，环境问题也就愈演愈烈了。陕西黑猫焦化有限责任公司正在建设一个年产120万吨焦炭的项目，如果按照以往的生产理念，他们必然是一心扑在焦炭生产上，生产中产生的洗煤水、煤气、煤泥、煤渣等都一并排放掉，这势必造成环境的污染。但现在，该公司为充分利用资源，减少环境污染，按照循环经济的模式，又投资建设了甲醇厂、煤泥发电厂、制砖厂等多个项目。炼焦过程中产生的煤气用来制取甲醇，洗煤厂的煤泥和甲醇厂尾气用于发电，连煤渣等各类废渣都被砖厂所利用，整个生产过程中形成的产业链条实现了"零废料"。② 可见，产业链投资失衡与环境污染关系密切。

---

① 中国社会科学院工业经济研究所编：《2005中国工业发展报告——资源环境约束下的中国工业发展》，经济管理出版社，2005年版，第427页。
② 《陕西日报》，2005年7月26日。

第四节　能矿资源开发投资活动环境效应的控制与引导

资源开发利用与环境保护是相互促进、相互影响的两个方面，资源开发利用一方面给环境带来一定程度的破坏，另一方面也因为有力地推动着经济的发展而使得环境的保护以及进一步改善成为可能；反过来讲，环境在一定程度上所遭到的破坏，必将对资源的进一步开发利用提出更严格的要求，从而制约资源的开发利用。在资源与环境矛盾日益突出的今天，要真正实现资源开发利用的可持续性，就要充分利用二者之间的联系，通过资源的合理开发利用促进环境保护与生态建设，以良好的生态效应促进经济社会效益的提高，从而推动资源开发利用方式和生产方式与工艺的革新，最终实现资源开发利用与环境保护的良性互动。就我国目前的状况来说，就是要通过资源的综合利用、资源效率的提高、结构的优化来实现资源与环境的双赢。

一、选择合理经济增长模式，大力发展循环经济

在当前世界经济发展一体化的过程中，我国进一步的经济发展不应以生产能力的粗放扩张为目标，而应以新经济发展观为指导，使社会生产在环境发生可逆变化的限度内进行。新经济发展观要求：(1)形成人与自然界双向互动的新关系，不能把人与自然的关系单纯理解为人向自然索取，把生产看成是对自然资源破坏的"单向式"发展过程。(2)采取新的生态生产方式，把对环境的危害降低到最小程度。(3)改变单纯追求经济效益而忽视生态效益和社会效益的观念，把生产与生态有机地结合起来，形成符合现代人发展需要的生产模式。即把生态与经济结合起来的生

态经济。[①]

《国家中长期科技发展规划纲要》强调，要引导和支撑循环经济发展。大力开发重污染行业清洁生产集成技术，强化废弃物减量化、资源化利用与安全处置，加强发展循环经济的共性技术研究。循环经济通过"资源消费→产品→再生资源"的闭环型物质流动来实现资源消耗的减量化、再利用和资源再生化。其核心是利用新的生产方式和生产工艺，提高资源环境的利用效率，从而降低资源需求压力，保护环境。循环经济这种经济发展模式能很好地处理经济发展、资源开发利用与环境保护之间的关系。

归根结底，循环经济就是建立产业链，产业链是闭路物质流动的载体，通过产业链的运行实现从废物、污染到资源再到产品的转化，减少对一次资源的需求和对环境的污染。现在，西部地区和企业也已开始认识并尝到了循环经济的甜头，开始以循环经济的理念引导运营。

内蒙古太西煤集团就是以循环经济理念打造的新型焦化企业。它在生产中先将原煤入洗，洗选后的精煤炼焦，固体废弃物煤泥、矸石用来发电，副产品煤焦油、粗苯、硫胺进行精细化工，这样不仅延伸了产业链条，而且形成了一个完整的循环经济体系。一吨原煤经过洗选、炼焦、发电、生产水泥等一系列深加工后，可增值几十倍，而且其副产品煤泥、矸石、炉渣、焦油和煤气都成了宝贝，资源全部得到了充分利用，真正实现了煤炭资源的综合利用和对环境的最小污染，真正实现了对工业固体废弃物的零排放。

新兴能源城市榆林市计划以煤电为平台，着力打造"三大产业链"：实施煤向煤电转化，发展载能工业产业链；实施"煤+煤电"向"煤制油+煤化工产品"一体化开发，形成煤电油化工

[①] 李含琳编著：《资源经济学》，甘肃人民出版社，2003年版，第116—177页。

产业链；实施煤、石油、盐化工产品综合开发，形成煤油盐化工产业链。

二、加强能源的综合利用，努力提高能源使用效率

未来我国能源发展战略六大方针之一是节能优先，效率为本。因此，在能矿资源开发和生产过程中应该大力挖掘和实现节能潜力。

实际上，我国政府自1980年以来就在积极推进节能工作，并取得了显著成效。按1981—1998年累计节能量和1995年排放系数计算，提高能源效率和节能减排二氧化碳碳5.26亿吨，减排二氧化硫1510万吨。根据世界银行对中国大气污染损害经济评估数据（1997）推算，减排1510万吨二氧化硫所避免的损失（包括大气污染和室内污染导致生病和早亡，以及酸雨对作物和森林的破坏，对材料和生态系统的损害）达1060亿元（人力资本法）到2600亿元（支付意愿法）。①

我国经济增长方式粗放，能源综合利用效率比发达国家低10个百分点。据统计，我国仅通过改造耗能的装备，节能潜力就能达到26%。按2003年能源消费水平，就减少能源消耗4.36亿吨标准煤。所以，我国节能的潜力相当大。研究表明，到2020年，有效的节约将会使能源消耗减少四分之一（32亿吨标准煤降至24亿吨标准煤）。

资源的节约表现为资源开发利用的不浪费、无污染和资源利用水平的提高，主要是靠资源综合利用来实现，靠科学技术的进步来推动。加强资源综合利用包括两方面的内容：

1. 加强共、伴生资源的综合利用

---

① 周凤起、王庆一主编：《中国能源五十年》，中国电力出版社，2002年版，第97页。

从前面的分析我们知道，我国能矿资源的共、伴生资源非常丰富，但综合利用率很低。如煤层气，据了解，我国是世界第三大煤层气储量国，埋深2000米以浅的煤层气资源量达31.46万亿立方米，相当于450亿吨标准同煤，350亿吨标准油，与陆上常规天然气资源量相当。中国煤炭信息研究院专家刘文革等指出，煤层气实际上是中国常规天然气最现实可靠的替代能源，应该将"祸害"瓦斯利用为新能源，一举多得。2004年，我国煤矿通风瓦斯的排放达140亿立方米，超过我国天然气"西气东输"一年120亿立方米的输气量。① 遗憾的是，它们大都经瓦斯抽放系统被排入大气了。在今后的能矿资源开发工作中，要提前做好综合勘探和评价，在此基础上制定详细可行的资源开发规划，以引导资源的综合开发和利用。

2. 余热、余气回收利用

生产中可供回收利用的余热、余气大量放空，是造成我国工业企业能耗高的一个重要原因。为此，一批大型企业提出，以能源的梯级利用提高综合能效。国家"九五"重点节能示范工程济钢干熄焦工程项目，通过利用煤气、余热蒸汽发电，取得年发电量2800万千瓦时、年收入1100万元的经济效益。扬子石油化工有限公司通过用废气做溴化锂制冷设备的动力，用烟做作主风机动力，回收火炬气做自备电厂锅炉燃料或其他锅炉燃料，也取得了明显的节能降耗、减少污染排放效果。②

此外，城市民用能源优质化也有很大的节能效益和环境效益。使用燃气与直接燃煤相比，可节能20%—30%；集中供热

---

① 刘菁、林艳兴：《合理开发利用瓦斯 确保煤炭供应和煤矿安全生产》，中国能源网，2006年1月27日。

② 《电力需求侧管理——节能降耗事关企业竞争力》，（中国能源网）经济日报，2005年8月3日。

与分散锅炉房相比,可节能 10%—20%;从而大大减少大气污染物排放。特别是民用部门用天然气代煤,其节能效益、环境效益和社会效益是所有部门中最高的。如北京市民用部门用 1 亿立方米天然气代煤,可替代煤 42 万吨,节煤 30 万吨,减排二氧化硫 7470 吨,减排烟尘 5930 吨,减少市内运输 200 万吨·千米,节省家务劳动 2130 万个工作日。[①]

三、推进新能源和可再生能源的应用,转变能源开发结构

《"十一五"发展规划纲要》强调,要大力发展新能源和可再生能源,改善一次能源结构。以煤为主的能源结构是导致我国环境问题日益严峻的主要原因。2002 年以来的电荒,更说明了中国寻找煤炭替代能源、调整能源结构的必要性。

专家对煤炭和天然气在相同能耗下排放污染量作过对比,两者排放灰粉的比例为 148:1,排放二氧化硫比为 700:1,排放氮氧化合物比为 29:1;100 亿立方米天然气如分别用于发电、化工、工业燃料、城市燃料等行业,与煤相比,每年可减少二氧化硫排放量约 20 万吨,氮氧化合物排放量约 12 万吨,二氧化碳排放量约 2500 万吨。[②] 天然气将成为中国改善能源结构、寻找煤炭替代能源的主要选择。国家发展和改革委员会能源所副研究员杨青指出,作为清洁、高效能源的天然气的大规模利用将有利于中国能源结构的优化。

我国具备发展新能源和可再生能源资源条件:水力资源蕴藏量丰富,经济可开发总量 3.78 亿千瓦,居世界首位;陆上 50 米

[①] 周凤起、王庆一主编:《能源五十年》,中国电力出版社,2002 年版,第 567 页。

[②] 刘虹:《"西气东输"工程对我国能源系统发展的影响》,载《经济研究参考》,2001 年第 21 期。

高度可开发的风力发电量达 5 亿多千瓦,主要分布在华北、东北和西北地区,近海地区可开发量 7.5 亿千瓦,总的可开发量超过 12.5 亿千瓦;太阳能资源以西北地区最为丰富,年辐射能在 586.04＊106 焦耳/平方厘米以上,具有巨大的开发潜力和前景,10 平方千米的沙漠或戈壁可以建设一个 100 万千瓦的光伏发电系统;我国非常规气资源也十分丰富,开发利用程度很低,2000 米以浅的煤层气资源量与常规气相差不大,加上深部气,已超过了常规气的资源量。水溶气、泥页岩气等均有极大的资源潜势。① 油页岩是一种潜在的、储量巨大的能源,我国油页岩的储量大约为 2 万亿吨,相当于 800 亿吨页岩油,仅次于美国、巴西、俄罗斯,居世界第四位。油页岩的开发和利用是世界石油资源的有益补充和替代。我国铀储量超过 10 万吨,可以满足国家核电较长期需要。地热资源是能够为人类经济地开发利用的地球内部的热资源,也是一种清洁能源。中国地热资源分布较广,资源也较丰富。我国地热资源总量在 32 亿千瓦,发电潜力约为 10 亿千瓦以上。生物质能约占世界一次能源供应的 12%,发达国家占 3%,发展中国家占 33%。生物质能资源分布广,可再生,成本低,有许多技术可以把它转化为现代能源,特别是生物质能的生产利用不会增加二氧化碳排放。生物质能有可能成为未来可持续发展能源系统的主要能源。

在国家政策支持下,新能源和可再生能源开发利用取得很大进展。到 2003 年底,我国水电总装机容量达 9390 万千瓦,年发电量达 2813 亿千瓦时,生物质燃料年消费量 2.8 亿吨标准煤,地热发电容量 3 万千瓦,太阳能热水器保有量 5000 多万平方米(集热面积),光伏电池累计容量达 5 万千瓦,风力发电装机容量达 56.7 万千瓦,年发电量 12 亿千瓦时。另据专家估测,若我国农村居民中有 1/4 利用沼气作为生活能源,每年可节约能源 1200

---

① 李含琳编著:《资源经济学》,甘肃人民出版社,2003 年版,第 237 页。

万吨标准煤；若酿酒、养殖、食品加工业生产过程中产生的沼气也能够有效加以利用的话，每年可节约能源共 2000 万吨标准煤。①

在推行能源多样化方面，日本、法国、德国是我们可以借鉴的榜样。20 世纪的两次石油危机对日本经济造成重大冲击。此后，日本决定调整能源战略，实施能源多样化方针，增加液化天然气的使用，发展核能和水力发电，并加强对风力发电、太阳能发电、燃料电池以及其他新能源和替代能源的开发利用。到 2001 年，天然气在日本能源消费构成中占的比例已经从第一次石油危机时的 1.5% 提高到 13.8%，核电占日本能源消费的比例则达到 14.1%。法国是全球第五大经济体，但石油储量仅有 3000 多万吨。法国的能源消费主要靠的是核电，核电占法国总发电量的七成以上，而中国则仅约 3% 左右。德国则有别于法国，15 年前决定废核政策，30 年内停止所有核能电厂的运转，以大力发展清洁能源来取代核能，目前已在风能、太阳能、沼气能等方面取得了技术上的明显突破。②

在能源多样化发展过程中，水力发电走在了前面，尤其是实施"西电东送"以来，西部地区的水电开发增长迅速，成效显著。但其他能源的商业化发展和推广应用由于成本、价格以及技术等方面的制约，还没有形成规模。以发电技术为例，如以燃煤发电成本为 1，则小水电发电成本约为 1.2，生物质发电（沼气）为 1.5，风力发电成本为 1.7，光伏发电为 8—11，③ 从而大大削弱它们的经济竞争力。

---

① 编辑委员会编：《中国环境年鉴 2004》，中国环境科学出版社，2004 年版，第261—265 页。

② 李卫平：《我国能源安全战略构思框架》，载《经济研究参考》，2005 年第 49 期。

③ 张正敏、王革华、高虎：《中国可再生能源发展战略与政策研究》，载《经济研究参考》，2004 年第 84 期。

因此，在未来较长的一段时期内，政府一方面要花大力气进行技术研究，提供技术支持，另一方面要采取税收优惠或补贴等政策来扶持新能源和可再生能源的发展和成熟。

四、设立针对性的准入门槛，逐步转变投资结构

多年以来，我国政府对矿业生产一直采取鼓励政策，由于矿业生产进入门槛低，使得乡镇集体矿业企业、民营企业、个体企业发展迅速。到 2001 年底，我国小型矿山的矿石产量已占全国矿石产量的 63% 以上，小型煤矿的原煤产量已占全国煤矿产量的 40% 以上。而小型矿山资源浪费非常严重，采收率低、综合利用程度低、安全设施缺乏、甚至无证开采现象极为普遍，无序开发导致我国很多矿山服务期缩短，提前进入衰竭期。为了合理高效地利用资源，对资源实现保护性开发，我国必须设立针对性的准入门槛，并以此来调节投资结构，引导投资流向。

对于不可再生资源，由于其环境成本高，且存量有限，要提高准入门槛，对开采企业的规模、回采率、环保等指标进行严格要求，使开采企业建立在较高的办矿技术水平上，这样就可以将达不到规范标准的小企业淘汰出去，从而大大减少由小企业造成的浪费现象。

在资源投入开发前，要对资源的开发价值进行近期和远期评估。近期评估是根据现行资源产品的市场价格与收益的相关性，来确定和调整资源开发规模、速度和重点，价格上涨加快开发，价格下跌减少开发。远期评估是根据资源存量的丰裕程度和开发条件的可能，有计划地实施开发战略。当远期开发收益等于或低于近期开发收益时，扩大近期开发；当远期开发大于近期开发收益时，抑制近期开发。[①] 做到理性开发。

---

① 李含琳编著：《资源经济学》，甘肃人民出版社，2003 年版，第 156 页。

在制定矿山资源开发规划的同时，制定矿山生态环境保护规划。充分考虑资源环境的承载力，建立资源开发利用全过程生态环境承载力评价标准体系，以环境容量来限制开发和建设的强度，控制污染总量，实行环境一票否决制；推行矿山环境保护与土地复垦履约保证金制度，构建多元化、多渠道的矿山环保投入；对新办矿山，要严格审查环境评估报告，对生态环境产生难以恢复的破坏性的影响的矿山项目不予发证，对生态环境破坏严重的矿业企业应限期提出整治方案，逾期不能达标的，实行限产、停产整顿或者强行关闭。严格限制高污染矿产的开采生产，禁止在地质灾害多发区、危险区开采矿产资源。

要求采矿企业提前做好塌陷区复垦、污染治理、生态恢复以及资源综合利用计划，坚持"谁开发、谁治理，谁破坏、谁恢复，谁受益、谁补偿"的原则，建立环境治理责任制。要督促开发业主坚持合理开发、科学开发、综合开发。

对于可再生资源（能源）的开发，要适当降低准入门槛，并制定优惠政策鼓励投资，使资金更多地流向新能源、可再生能源的开发项目。如我国在2003年，下发了"关于印发《资源综合利用目录（2003年修订）》的通知"——发改委环资［2004］73号文件，文件规定：凡生产加工提炼油页岩的企业免税，利用页岩灰生产水泥、陶粒、构件等的企业免税。

五、加大科学技术投资力度，提高能源利用效率

近20年来，以微电子技术和信息技术为先导的世界新技术成果迅速渗透到矿产行业，发达国家在实现矿业生产工艺综合机械化的基础上，正向遥控和自动化方向发展，矿业已成为资本和技术密集型产业。如美国，1980—1995年煤炭产量增加了25.4%，而职工人数减少了一半，矿井平均全员效率提高近2倍，事故死亡率下降70.6%，成本降低30%。

我国由于资源开采和使用的一些技术较为落后，导致资源利用效率低下。目前，全国煤矿采煤机械化程度仅为45%，远低于国际上80%–100%的先进水平。煤炭经济科技进步的贡献率不到30%，主要煤炭技术装备产品性能指标落后发达国家15年左右，还有许多先进能源设备需要进口。

中国环境科学研究院的《酸雨控制国家方案》研究表明，为了满足硫沉降临界负荷的要求，中国二氧化硫年排放总量水平应最终控制在1620万吨左右。但是，从能源发展的污染物排放量的预测来看，到2010年和2020年，二氧化硫产生量将远远超过达到环境目标所要求的环境容量。

据分析测算，在煤炭含硫量1%的情况下，只有当脱硫率达到75%的水平时，煤炭消费产生的二氧化硫才接近于2020年环境目标要求的环境容量。因此，从二氧化硫环境容量来考虑，中国要想增加煤炭的消费，只有两条路可走，一是提高脱硫效率，二是降低煤炭的含硫量。从2003年电力行业不足10%的脱硫率和中国煤炭的煤质条件来看，要实现上述目标是非常困难的。[①]

另外，"十五"期间，火电行业的脱硫改造等重点工程项目进展不理想，计划要求削减105万吨二氧化硫（约合新运行3500多万千瓦的火电脱硫机组）的任务只完成约70%，脱硫项目的安排大大滞后于总量控制目标的需求，主要是因为缺乏资金和政策支持影响了脱硫工作。"十五"期间，国家未能在国债和环保补助金上对火电脱硫项目给予足够的支持，在大部分地区也未能对现役火电机组脱硫的上网电价予以落实，造成老机组脱硫建设缓慢和运行效率低下。

另一方面，节约资源也需要科学技术的支持。资源节约是建

[①] 中国能源发展战略与政策研究课题组：《中国能源发展战略与政策研究》，经济科学出版社，2004年版，第528页。

立在科技进步的基础上的，资源节约本身蕴涵的就是在科学技术力量的作用下，资源开发的科学化、合理化和高效率。目前，我国科学技术对资源开发支持不力、贡献率低的原因主要在于：(1) 研发投入过低。2000 年我国能源研发投入占当年全国研发投入的 6.43%，为 57.59 亿元，占全国 GDP 的比重仅 1%。其中，政府能源研发资金的比重仅占 10.65%。这一比重远远低于多数发达国家 2000 年能源研发预算占 GDP 的比重。在绝对数量上，则几乎排在所有的发达国家之后，如仅仅为日本的 1.8%。(2) 国家能源研发的战略目标没有对提高能效的技术给予应有重视。"十五"国家高技术研究发展计划（"863 计划"）于 2002 年初完成了能源技术领域战略目标的论证。它的基本结论是，"为保障我国持续、高效、安全的能源供应提供技术支撑"，"发展煤炭高效洁净利用和煤基液体燃料关键技术，解决核能和可再生能源规模化利用中的技术难点和成本问题，积极开发新能源技术"。这基本表述了中国能源研发的战略目标。[1]

提高能源效率的先进技术的应用会有效地减少空气污染和温室气体排放导致的气候变暖，减少对石油进口的依赖，减轻居民和企业的能源消耗负担。采用新技术提高能源效率，对提高生产率、减少废物排放和降低成本具有重要意义。

根据统计数据分析，占全国研发项目经费 53.58% 的工业企业研发经费中仅有 2.0% 用于减小能源消耗的研发项目。忽视提高能效项目的研发也是中国当前能源工业企业的一个特征。

在今后的一段时期内，建设我国可持续发展的技术支撑体系的工作重点应放在：(1) 环境无害化技术。1997 年，中国组建环境无害化技术转移中心，1998 年 10 月，该中心全面运作，推

---

[1] 马驰、高昌林、吕永波：《能源研发政策研究》，载《经济研究参考》，2004 年第 84 期。

动环境无害化技术的转移和应用。(2) 在国家政策的鼓励与引导下，重点开发一批用量大、成本低、附加值高、效益好的技术。(3) 洁净能源技术、新能源技术和高能效技术。洁净能源技术主要是洁净煤技术和洁净核能技术。新能源技术主要包括太阳能、生物质能、风能、海洋能、地热能和氢能等，它们的研发与推广将为可持续发展提供广阔的前景。在能源利用效率方面，全世界有66%的能源被白白浪费掉，同时，我国的能源利用效率同发达国家比还有很大的差距，因此，高能效技术将是我国21世纪的重要技术。①

表2-13 中国及部分国家近年能源研发经费投入与 GDP 的比率（%）

年份	1991	1992	1993	1994	1995	1996	1997	1998	1999	2000	2001	2002
美国	2.72	2.65	2.52	2.43	2.51	2.55	2.58	2.6	2.65	2.72	2.82	2.82
日本	2.93	2.89	2.82	2.76	2.89	2.77	2.83	2.94	2.94	2.98	3.09	
英国	2.07	2.02	2.05	2.01	1.95	1.88	1.81	1.8	1.88	1.85	1.9	
韩国	1.92	2.03	2.22	2.44	2.5	2.6	2.67	2.55	2.47	2.65	2.96	
中国	0.74	0.74	0.72	0.65	0.6	0.6	0.68	0.7	0.83	1.0	1.1	1.2

资料来源：《中国科技统计年鉴2004》，第821页。

技术的进步、发展目标的实现，都要依靠资金的支持才能得以进行。因此，我国要加大对科学技术的投资，通过科学技术成果的转化来化解能矿资源开发中的矛盾和难题。

六、实行生态税收与利益补偿机制，减少能源开发对环境的污染

针对我国能矿资源开发中出现的严重的资源浪费和环境污染问题，我国《"十一五"发展规划纲要》特别强调要重点加强对水资源、土地资源和矿产资源的管理。为实现资源合理开发、永续利用，《纲要》明确提出要"实行有限开发、有序开发、有偿

---

① 李含琳编著：《资源经济学》，甘肃人民出版社，2003年版，第135—136页

开发，加强对各种自然资源的保护和管理"。实行有限开发，就是要设置开发禁地，制定开发规划，严禁乱采滥挖的行为。实行有序开发，就是要优先开发可再生资源、可循环利用资源、可综合利用资源，严格按照法律法规和规划进行开发。实行有偿开发，就是要在明晰产权的基础上，通过价格、税收等经济手段，健全各种资源有偿使用和合理补偿的机制，形成能全面反映资源状况的价格机制。

生态税收就是制止资源浪费、环境恶化的有效手段。生态税收通过制定污染税来规范企业行为的负外部性，使企业的外部成本内在化。企业出于利润最大化的考虑，定会潜心研究和开发治污的新方法、新工艺和新技术来降低污染排放量；生态税收同时又为政府筹集一笔环保专项资金，形成环保的经济支持，在奖优罚劣中激发人们的环保意识不断提高；生态税收还通过制定资源税来限制企业在资源开发中的浪费行为，鼓励资源节约，提高资源利用率；生态税收还有助于达成宏观经济主体与微观经济主体利益的帕累托优化。

生态环境补偿机制是资源输出与资源受惠地区之间的环境补偿。资源输出地因生产、输送资源产生了污染，这些活动带来的环境损失应由受惠地区予以补偿。据测算，随着西电东送的实施，从现在起到 2020 年间，广东可少排放二氧化硫 189 万吨，广西可少排放二氧化硫 149 万吨；作为电力输出省的贵州则要多排放二氧化硫 14 万吨，云南要多排二氧化硫 1 万吨。由于西电东送，两广受惠，二氧化硫排放量减少，城市环境得到改善；而电力生产地的贵州、云南则要承受更多的污染，云贵两地因西电东送造成的环境污染应由两广地区予以补偿，才能实现利益分配上的公平，最终实现发展的可持续性。

第三章　企业跨区投资活动
的西部环境效应

　　区域发展的梯度差异及各地区要素禀赋的不同，蕴涵着企业跨区投资和产业转移的客观基础。随着中国经济开放度的提高、产业结构的高级化调整以及民族地区投资环境的改善，进入民族地区的跨区投资企业会越来越多。企业跨区投资活动和产业转移在促进承接区域的资本形成、结构改善、经济增长、人力资本积累、制度创新的同时，发达国家和我国东部发达地区的高污染、高耗能、高耗物产业、企业和产品为延长其生命力，也会通过跨区投资活动转移到西部落后的少数民族地区，而民族地区富民强区的资金瓶颈又使得其很难在引资问题上有多少选择余地。民族地区要么抬高投资进入的环保门槛，相应承受外部资本引而不进的结果；要么降低投资进入的环保门槛，相应获得"垃圾企业"西进的后果。引资与环保的两难是民族地区可持续发展过程中无法回避的问题。本章从企业跨区投资（含外商直接投资和东部企业西进投资）的主体、规模、产业附着、投资动机等多方面就企业跨区投资活动对西部民族地区环境影响做出分析，并提出缓解西部地区引资与环保两难选择的对策建议。

第一节　企业跨区投资活动与区域资本形成

　　所谓跨区投资，从受资区域视角观察，是指外部企业

(包括外国企业或国内区外企业）对受资区域进行的各种直接投资活动。跨区投资活动在外延上既包括外商直接投资，也包括国内其他地区的跨区直接投资活动，在内涵上指的是直接投资而非间接投资，因而跨区投资能够弥补受资区域投资期望与地区储蓄资源之间的缺口，促进受资区域的资本形成和经济发展。

一、企业跨区投资与区域资本存量

企业跨区域的直接投资活动通常采取两种方式，一是在受资区域建设新企业的绿地投资方式，二是取得受资区域原有企业的全部或部分股权的兼并、收购方式。而其中的绿地投资方式可以直接增大受资区域的资本存量。

例如，20世纪70年代末期，香港制造业为缓解在港生产所面临的厂房场地紧张、廉价劳动力供给不足的矛盾，开始通过"三来一补"（来料加工、来件装配、来样制作和补偿贸易），将加工产地向珠江三角洲转移，后又通过建立"三资"企业等方式，将整条生产线、整个工序、整厂、甚至整个行业迁往珠江三角洲地区。据香港大学1987年的调查，香港有七成的大型工厂都在内地设有分厂，而其中大部分都集中在珠江三角洲地区。据统计，从1979年到1996年累计，香港商人在深圳投资项目16106个，协议引进港资为177.95亿美元，实际引进港资76.38亿美元，分别占全市利用外资项目、协议利用外资额和实际利用外资额的87.78%、77.05%和64.36%。珠海市1985年外商直接投资项目规定外资额为1.278亿美元，其中香港的外资额为1.028亿美元；1992年，珠海市实际利用外资额中，外商直接投资1.99亿美元，其中来自香港1.26亿美元，占63.3%；1995年，珠海市实际利用外资6.8亿美元，其中来自香港的资金为

4.7亿美元，占69%。①港资一直是这一地区最主要的外资来源，1987—1993年广东实际利用外资170亿美元，其中香港、澳门地区资金为146.9亿美元，占广东省实际利用外资总额的86.4%②，大大缓解了广东省工业化进程中的资金供求矛盾。

再如，20世纪60年代，我国为实现当时特定历史条件下的国家备战战略，沿海地区的许多战略产业特别是与国防工业有关的机械、电机、化工等重化工业部门的大批工厂从东部沿海地区跨区迁移到长城以南、京广线以西的四川、贵州、云南、陕西、青海和甘肃的大部分地区以及豫西、鄂西、湘西、粤西、桂西北、山西和冀西等所谓的"三线地区"。这一时期的资本西进方式主要有两种。一是由沿海向内地搬迁一部分项目，即将沿海地区有关企业"一分为二"，利用西北、西南已经投产的小厂或"大跃进"后的停、缓建工程为立足点，向三线地区搬迁了一批对口厂。1964年中共中央提出三线建设方针后的首批搬迁项目就有49个，像陕西的秦川机床厂、兰州的七里河通用机器厂、长江起重机厂等都是第一批内迁厂。1965—1966年间又组织了第二批内迁项目，像宁夏大河机床厂、贵州虹山轴承厂等，都属于这一时期的内迁项目。二是由沿海若干对口厂无偿在三线地区包建一批新的大中型项目，比如，地处鄂西的第二汽车厂就是在三线时期由32个单位包建而成的，其中，第一汽车厂包建了11个分厂，上海市包建了2个分厂，武汉市包建了1个分厂，像"二汽"这样的由许多单位支援建设的大型项目，1966年一年建成投产的就有18个。通过这两种方式，从1964年到1975年，共计从沿海搬迁到三线地区的工厂有241个，内迁职工6.27万人，

---

① 罗木生：《试论香港因素在广东省经济特区发展中的重要作用》，载《港澳经济》，1998年第1期。

② 《广东统计年鉴》，1994年，第323页。

搬迁设备 1.77 万台，安装新设备 2900 台，累计竣工面积 1720 万平方米，建成大中型项目 124 个，累计完成投资 69.44 亿元，极大地促进了三线地区的资本形成，并在西安、汉中、宝鸡、商洛等三线地区奠定了飞机、航天、电子等国防工业的基础，在汉中、德阳、重庆、鄂西、天水、贵阳、西宁等三线地区形成了新的工业基地。

二、企业跨区投资与区域投资诱导

1. 跨区投资的财富效应与投资诱导

跨区投资对受资区域的区内投资会产生影响，这种影响体现在转移产业对当地投资产生的挤出效应和挤入效应。挤出效应指的是由于跨区投资企业更强的竞争力而将当地企业挤出市场的现象；挤入效应指的是由于跨区投资企业的进入而诱导出更多当地投资的现象。通常，在具有较大的潜在市场前景和投资不足的落后地区，跨区投资的挤入效应相对都比较显著。[1] 根据陆建军所做的回归分析，1987—2001 年 FDI 对中国大陆地区的国内投资在整体上存在显著的挤入效应；FDI 对中国不同地区投资的影响强度由东向西渐次减弱；在东部沿海地区，FDI 对当地投资的挤出效应占主导地位，在中西部地区则是挤入效应占绝对多数。[2] 挤入效应的来源主要是因为跨区投资活动为受资区域的储蓄资源提供了更有吸引力的投资机会，从而促进当地储蓄资源向投资转化，成为引发受资区域进一步投资的催化剂，同时抑制当地剩余资金因找不到合适的投资机会而发生的外流现象。

---

[1] 外部投资对当地投资的挤入效应还取决于外来投资的本地购买倾向、外来投资的关联效应的类型、投资区位经济的响应能力等。

[2] 陆建军：《FDI 对中国国内投资影响的实证分析》，载《财经问题研究》，2003 年第 9 期。

2. 跨区投资的关联效应与投资诱导

跨区投资企业无论是投资到初级产品、中间产品还是最终产品，在迂回的生产链条中，总有一些工序是外在于该企业的，要由其他企业来提供，由此将推动资本投资，提高资本形成率，减少资本外流。这一投资诱导是通过跨区投资活动的关联效应实现的。一是后向关联效应，跨区投资活动会对各种资源及生产要素产生新增的投入需求，事先存在的市场需求最容易刺激相关投入品生产企业的生成和发展。二是前向关联效应，跨区投资活动因其更高的投资效率，可以向下游产业企业提供更为价廉物美的产品，进而削减下游产业的投入成本来促进下游产业的发展，或客观上为造成更大范围的经济活动提供可能。三是旁侧关联效应，跨区投资活动会引起它周围的一系列的变化，如促进有技术等级性和纪律性的劳动力队伍的建立，促进处理法律问题和市场关系的专业服务人员的培训，以及促进建筑业、各类服务业的发展等。总而言之，通过跨区投资活动的关联效应，能够在很大程度上促进受资区域的资本形成和经济发展。

3. 跨区投资的产业规模效应与投资诱导

累积性的跨区投资活动可以扩大受资区域相同或相关产业的规模，产生产业规模经济效应。产业规模经济是指由于一定区位的某产业企业数量增多，或产业在区位总产出中的比重增加，而给产业内的单个企业带来成本降低、收益递增的效果。产业规模经济的来源主要体现在：①较大的产业规模得以允许那些提供公共中间品投入的专业化生产企业获得规模经济，从而降低企业获得这些公共中间投入品的成本，否则，孤立的企业要维持生产的正常运转，必须自己提供这些中间投入品。②跨区投资引致的产业空间积聚，为在同一区域中生存的企业提供了"共享"该产业资源的机会，降低单个企业的生产要素存货水平。③产业规模扩大可以降低企业寻找与其产业有关的、经过特殊培训的工人的搜寻成本，因为在更大的劳动力市场中，搜寻和培训劳动力的成本会明显降低。④企业间的信息经济，即通过企业人力资源的互动，可以降低信息的传递时间或获得信息的机会成本，地理上的接近性可以加快企业间信息交流的速度，增加产业创新扩散和采用速度。

4. 跨区投资的城市聚集经济效应与投资诱导

跨区投资区位选择通常更偏好城市区域，据调查，进入云南省的东部企业大都集中在城市，其中，昆明市区占65%，昆明经济技术开发区占5%，昆明郊区、郊县占15%，玉溪、楚雄等地级市占10%，其他地、市、州占5%。① 跨区投资在城市的聚集有助于促进不发达地区的城市发展，提升城市功能，增强不发达地区城市的聚集经济效应。美国经济学家K.J.巴顿对城市聚集经济效应具体归纳为10个大类。② 摘录如下：

①扩大本地市场的潜在规模。当城市人口规模增长时，它促使这个城市更大程度的自给自足，反过来这又为当地的工商业增加了潜在市场。对于企业（或投资者）来说，扩大当地市场比发展外地市场更为可取，因为运输费用较低，反过来反映在生产与配给总成本的降低。它也有助于降低实际销售费用。因为在一个地区内有关各种产品消息的传播比在各地区之间要容易得多。

②大规模的本地市场能减少实际生产费用。因为它能促进较高程度的专业化，并使大规模生产获致的经济效益成为可能……处于大城市地区，生产者确信自己的商品有足够的市场，使他能采用较大的、效率更高的机器，并将生产效率与自动化程度更高

---

① 陆立军、郑燕伟等著：《东部企业"西进"的模式与行为》，中国经济出版社，2004年版，第82页。

② K.J.巴顿：《城市经济学——理论和政策》，商务印书馆，1986年版，第20—23页。

的技术引入自己的工厂。如果当地市场狭小，则这种经济效益只能从向其他城市地区的市场大量输出才能取得，而这往往只有支付高额运输费用才能办到。

③与规模经济效益有关的是，在提供某些公共服务事业之前，需要有人口限度标准，交通运输业更是如此。只有最大城市地区才适宜设置机场设施，而配置铁路干线也需要有一个最低限度的城市规模，在城际公路的建设中也有类似的规定……大城市一般能为全国性市场提供优越的交通条件；良好的城际交通运输增大了使企业得以经济地提供服务的潜在市场地区，同时降低"输入"本地区的原料及部件的费用。

④某种工业在地理上集中于一个特定的地区，有助于促进一些辅助性工业的建立，以满足其进口的需要，也为成品的推销与运输提供方便。就考文垂和牛津来说，随着巨大的汽车制造业的建立，许多生产部件的企业迅速迁入这两个城市，有关的专业运输行业也跟着出现了。在商业中心，如伦敦，除了原有的主要金融机构外，还不断发展和补充了辅助性的法律、保险等设施。在很多情况下，这些辅助性企业由政府扶助的一些机构协同，为当地工业重新培训劳动力，并提供情报。

⑤与同类企业在地理上集中特别相关联的更进一步的聚集经济效益，是日益积累起来的熟练劳动力汇聚和适应于当地工业发展所需要的一种职业安置制度。

⑥正如熟练劳动力的汇聚一样，有才能的经营家与企业家的集聚也发展起来。这不仅包括同工业直接有关的人员，还包括那些聘任人员如会计、工效研究专家等等。

⑦在大城市，金融与商业机构条件更为优越。他们更加适应当地工业专家的需要，因此在筹措资金与管理投资方面能提供很大的帮助。

⑧同小的中心相比较，城市的集中能经常提供范围更为广泛

的设施,如娱乐、社交、教育以及其他设施等等,而这些设施对于良好的经营管理是一个很大的吸引力。一个地区舒适的生活水平,经常和高薪一样能够吸引高级管理人员。

⑨工商业者更乐于集中,因为他们可以面对面地打交道。他们认为这样可以更为有效地进行经营管理,增进信任,并且使思想得以自由交流。尽管通讯条件有了很大的改进,但是这样的想法似乎还有相当程度的正确性,那就是:做生意的人喜欢亲自结识与他们打交道的人。

⑩聚集经济效益的一种相当有力的象征就是,处于地理上的集中时,能给予企业很大的刺激去进行改革……据记载,1900—1935年这段时期,在美国曾进行了600项重要革新,其中半数以上是发生在人口超过30万的城市中。有许多理由可以说明为什么革新与集中相关联。一大批生产同样商品的企业集中在一个城市里,必然引起竞争,这样反过来就促进了革新。地理上的集中本身就有助于在商品制造者、供给者与顾客之间产生一种更为自由的情报传播。相当数量的革新正是由于正确了解到顾客的需要,以及发现供应上的特殊问题而产生的结果。最后,通讯工具一般来说在大的集中地区是比较优越的,这意味着革新的消息相对来说传播比较迅速,这样就能使该地区所有企业很快采纳这种革新。

因此,受资区域聚集经济效应的大小影响产业转移的区位选择,同时,跨区投资在受资区域的聚集所增强的聚集经济效应又会吸引更多的外部投资和当地投资进入。并且,由于不发达区域经济活动量小,产业发展很不充分,跨区投资聚集还不足以使城市产生聚集不经济,换言之,不发达地区大多数城市的聚集经济效应潜力空间还很大,为追逐聚集经济效应带来的益处而诱发的投资行为就可能发生。

三、企业跨区投资与区域资本形成能力

资本形成能力从来比资本形成本身更为重要。与间接投资不同，直接投资是一种一揽子、全要素、组织化的投资活动，其本质不仅仅是资本形成，更是经营资源在空间上的重新配置。因此，伴随着企业的跨区投资活动，资本、人才、技术、管理、信息、品牌、文化等先进生产要素将向落后地区聚集，进而有助于改变落后地区生产要素配比严重失衡状态，全面提升受资区域的资本形成能力。

1. 影响和提升投资效率

相对于区内企业，跨区投资企业通常具有更高的资金密集性和技术密集性，以及更高的产业集中度和市场集中度，其劳动生产率和全要素生产率因而也都要高于受资区域的本地企业。企业以兼并收购方式进行的跨区投资活动，虽然并不直接增大区域社会资本总量，但可以促进不发达地区原来由于缺乏资金而形成的分散的、小规模的低效率生产逐步转化为高效率的规模化生产。伴随着跨区投资活动的大规模进行，发达地区的部分高级管理人员、技术人员会以各种方式流向受资区域，企业家精神以及符合市场经济要求的思想、观念、意识等新的社会价值观念也会通过各种渠道传播，受资区域内部市场因为外部企业进入而提高的竞争度，凡此种种都可以为受资区域经济发展注入持久的精神动力，从而有效提升不发达区域对外部资金的动员能力。

2. 促进结构调整和产业升级

累积性的跨区投资所引起的产业成长和产业分工，会引起产业结构转换，促进产业升级，进而改善不发达地区资本形成的基础。这一点对于不发达地区资本形成，意义深远。库茨涅兹对40个发展程度不同的国家在1948—1954年间的第一、二、三产业的比较劳动生产率所做的统计分析表明，不同产业的比较劳动

生产率是有差异的,第一产业的比较劳动生产率在大多数国家都低于1,而第二和第三产业的比较劳动生产率则大于1(表3-1)。比较劳动生产率越高意味着单位投入产出越多,资本利润率越高。而企业利润是社会储蓄的真正来源,企业利润规模越大,社会储蓄基础就越雄厚,资本形成的规模和速度就越大。并且,根据库茨涅兹的研究,随着工业化程度的提高,第二产业对劳动力的吸纳能力可能呈下降趋势,但制造业的比较劳动生产率却是诸产业中唯一持续上升的产业,在国民收入特别是人均国民收入增长上,第二产业的贡献率最大。这也就意味着,由于制造业相对于农业具有更高的需求收入弹性,工业投资相对于农业投资具有更大的报酬递增空间和成本下降潜力,因而由制造业企业跨区投资活动而导致的受资区域第一产业比重相对降低、第二产业比重相对提高的状况和趋势,对于受资区域国民收入水平、社会储蓄能力和资本形成能力的提高,进而打破不发达经济在资本形成问题上的纳克斯"贫困恶性循环"具有深远的意义。

表3-1 第一、二、三次产业比较劳动生产率的国际比较
(1948—1954年的平均值)

人均国民收入水平	国家数	比较劳动生产率		
		第一次产业	第二次产业	第三次产业
Ⅰ	7	0.86	1.03	0.86
Ⅱ	6	0.60	1.19	0.52
Ⅲ	6	0.69	1.15	0.62
Ⅳ	5	0.48	2.02	0.27
Ⅴ	5	0.61	1.48	0.42
Ⅵ	7	0.69.	1.72	0.45
Ⅶ	4	0.67	2.74	0.31

资料来源:引自西蒙·库茨涅兹:《国家经济增长的数量方面》。转引自杨治:《产业经济学导论》,中国人民大学出版社,1985年版,第51页。

3. 改善贸易条件

在现代经济中，区域发展不可能在自给自足的封闭环境中孤立进行，而是在与其他区域的开放互动环境中实现的。区域间互动方式及其变化会改变各个区域在总经济剩余中的实际分配比例，其中最为关键的影响因素是区域贸易条件。贸易条件可以用区域"出口"商品的价格指数与该区域"进口"① 商品的物价指数之比来表示。贸易条件与区域产业分工具有密切的联系，不发达地区与发达地区的贸易关系的典型特征是初级产品和制成品之间的交换，这一交换模式的贸易条件一般不利于不发达地区。因为不发达地区"出口"的产品大都是低附加价值产品或资源产品，需求的收入弹性和价格弹性都比较低，缺乏竞争力；而发达地区则相反，较高的产业比较收益、较强的机会占先优势使发达地区得以通过贸易掠取一部分不发达地区创造的经济剩余，使不发达区域的资本积累和经济增长变得更加缓慢。但是，这种发达地区输出深加工产品，不发达地区输出初加工产品（资源产品）的贸易格局并不是不可能打破的。以企业跨区投资为载体的产业转移可以加速改变区域对外贸易的基础，即产业区域分工，进而改变贸易格局，改善不发达地区的贸易条件，使不发达地区在社会总经济剩余中分享到更多的份额，加速不发达地区的资本积累和经济增长。

四、小结

以上关于跨区投资与区域资本形成关系的一般性讨论表明，企业跨区投资是加速不发达地区资本形成，提升不发达地区经济发展速度和质量的重要途径。作为中国的落后区域，西部少数民族地区要加速本地经济发展，同样离不开跨区投资活动的引入和

---

① 区域视角的"出口"包括对国际市场和国内区外市场的出口，"进口"包括对从国际市场和国内区外市场的进口。

展开。随着西部大开发政策的实施，跨区投资在少数民族地区不仅是一种必要，而且已经是一种事实和趋势。截止 2004 年底，世界 500 强在四川、陕西投资的企业分别达到了 97 家和 29 家，投资金额也增加到了 18.27 亿和 5.85 亿美元。① 在外资对西部地区关注度提高的同时，东资西进的步伐也明显加快。2004 年，在重庆市实际利用的 86.87 亿元内资中，来自东部地区的有 60.04 亿元，所占比重高达 2/3 以上。② 这些迹象表明，企业跨区投资正在成为西部少数民族地区经济发展的一支不容忽视的重要行动力量。

第二节 外商直接投资（FDI）的环境效应

一、FDI 的地区分布及其对西部环境的影响

自 1978 年实行改革开放政策以来，利用外商直接投资一直是我国对外开放政策的重要内容。截止到 2004 年底，我国累计实际利用外资达到 5621.01 亿美元，累计合同利用外资金额达到 10966.08 亿美元，累计设立外商投资企业达到 508941 家。2004 年外商对华投资新设立企业 43664 家，合同外资金额 1534.79 亿美元，实际使用外资金额 606.30 亿美元。我国已经成为发展中国家最重要的外商直接投资接受国，2004 年中国实际利用外资占发展中国家的 26%，占全世界的 9%，是仅次于美国和英国的世界第三大外商直接投资接受国。

我国在积极引进外资的同时，为改善外商直接投资在大陆的

---

① 《2005 年在华外商投资企业白皮书》，载《南方周末》，2005 年 12 月 8 日。
② 华龙网，http://news.cqnews.net. 2005 年 1 月 25 日。

地区分布不均衡状况，促进外商和港澳台商积极向中西部地区投资，近年来国家配合西部大开发战略的实施，出台了一系列的地区投资促进政策。具体包括：(1) 在中西部从事能源、交通基础设施项目的生产性外商投资企业，同样可减按 15%的税率征收企业所得税。(2) 对设在中西部鼓励的外商投资企业，在现行税收优惠政策执行期满后的 3 年内，可以减按 15%税率征收企业所得税。企业同时被确认为先进技术企业或产品出口企业，且当年出口产值达到总产值 70%以上的，可再减半征收企业所得税，但减半后的税率不得低于 10%。(3) 鼓励东部地区的外商投资企业到中西部地区再投资，外商投资比例超过 25%的项目，视同外商投资企业，享受相应待遇。(4) 对国际组织特别是国际金融机构提供的优惠贷款，国家将安排 70%的比例投向中西部地区。(5) 将中西部地区的合肥、郑州、长沙、西安、成都、昆明、西宁等经济技术开发区升级为国家级经济技术开发区。(6) 制定并发布了《中西部地区外商投资优势产业目录》，对列入目录的中西部优势产业和重点领域，鼓励外商进行投资。(7) 对"西气东输"工程实行全线开放、全面对外合作。不仅"西气东输"管道工程的建设经营，外方可以控股，比例不受限制，而且下游城市管网的建设改造也对外开放。[①] 尽管如此，外资偏集于东部地区的格局并没有得到改善，2003 年在全国各省市实际利用外资总额中，东、中、西部地区所占比重分别为 83.91%、12.84%和 3.25%，外商直接投资在中国的地区分布仍然呈现出非常明显的非均衡特征。可以肯定，在今后一个相当长的时期内，外商直接投资在中国的地区分布将继续维持这种东高西低的格局，东部发达地区仍是外商直接投资的首选区域。外商直接投

[①] 魏后凯等：《中国外商投资区位决策与公共政策》，商务印书馆，2002 年版，第 21—23 页。

资特别是大型跨国公司的投资活动更着眼于长期战略回报，注重整体利益和全要素生产率，因而更多地关心投资区位的法制条件、基础设施、产业配套、员工素质等基本的投资环境和投资条件。在这些方面，东部地区的竞争力明显高于西部地区，与东部地区相比，西部地区劳动力资源丰富但人力资本积累很低，这使得西部地区只有名义工资的比较优势，并不具备效率工资[①]的比较优势，而对外商直接投资区位选择起决定性影响的恰恰是效率工资而非名义工资。另外，外商制造业投资区位的选择，需要有一个比较健全的外部配套条件，包括较为完善的基础设施、与市场经济相适应的制度环境、较好的产业配套条件等。在这些配套条件的提供方面，目前沿海地区要远好于中西部地区，尤其是西部地区。

西部 12 省区（市）在全部利用外商直接投资总额中不到 4% 的比重，使西部地区在资本形成，进而在经济增长、工业化进程、外向型经济发展以及地区就业和创新等区域经济发展的各个层面失去了外资这一重要力量的推动。但从外商直接投资对西部地区的环境影响层面看，如果不考虑外商直接投资在各地区的产业构成差异，而只把环境效应看成是投资活动量的增函数，那么，东部地区应当是外商直接投资环境效应的最大承受者，外商直接投资对西部地区生态环境恶化的直接影响并不大。

二、FDI 的产业分布及其对西部环境的影响

但是，外商直接投资在中国的地区分布是动态的，随着西部大开发战略的实施，西部地区的投资环境会逐步得到改善，外商直接投资的区位选择也会由沿海地区向内地逐步推进。伴随着外商的投资西进，西部外商投资在全国所占比重也将会逐渐提高，

---

① 效率工资指每实现单位产出所花费的工资成本和福利费用。

外资对西部地区的环境影响也会逐渐增大。这种影响不仅源于外资活动量增大，更与外商直接投资的产业分布以及西进外资的产业构成有着密切的关系。

从全国外商直接投资的行业分布来看，进入我国大陆的外商投资主要集中于制造业、石油化工、电子通讯、制药、食品饮料、纺织服装和金属冶炼与加工等行业，其中，制造业是外商投资最为密集的产业，从1999年到2004年，外资在制造业中的相对比重呈现持续上升态势，2004年制造业吸收的外资占全部外商投资比重的71%，如果再加上采掘业和电力、煤气及水的生产和供应业，工业吸纳的外资占到全部外商在华直接投资的73.71%。由此可见，我国吸收的外商直接投资一直是"生产"型投资，外商投资主要集中在工业，尤其是制造业，服务业则主要集中在关联效应较弱的房地产等领域，至于在金融、电信和流通等清洁行业，受行业整体发展水平和开放度的限制，外商投资还很难形成规模（见表3-2）。另外，从我国引资的来源地看，香港、台湾地区以及东南亚国家是我国外资的主要来源。这些地区输出的资本多为环境资源压力型资本。据香港工业总会的统计，仅在十几年前，该总会化学工业的会员就已经将29%的资本迁移到广东以及内陆的其他地区，此外，食品饮料业的43.3%、玩具业的68.9%、钟表业的71.4%、电器仪表业的72.7%、电子业的77.8%以及橡胶业的82.4%都在大陆找到了再次创业的机会。而台湾地区受台湾当局政策的影响，对大陆的投资很长一段时期只能以食品、纺织、制鞋、塑胶、服装为主，IT业只是在近几年才得以进入大陆。[①] 相对于服务业，工业生产对能源、资源的消耗量更大，排放的废弃物也更多，因此，外资利

---

① 郭印：《利用外国直接投资项目中的环境保护问题》，载《甘肃社会科学》，2004年第1期。

用结构中,高耗能、高原材料消耗、高污染的劳动密集型制造业的大比重,给我国有限的人均资源和脆弱的环境造成了巨大的压力。这就意味着,中国及其内部各区域吸收的外资越多,所承受的资源、环境压力也就越大,西部地区虽然不是我国吸收外资的重点区域,但却是我国能源和其他多种自然资源的富集区域,跨国公司在中国市场的能源、资源需求必然会经由区域市场内在的联系传导到西部地区,从而间接地使西部地区面临巨大的能源、资源开发压力。

表 3-2 我国外商直接投资的行业构成 (单位:%)

	1999	2000	2001	2002	2003	2004
农林牧渔业	1.8	1.7	1.9	1.9	1.9	1.8
采掘业	1.4	1.4	1.7	1.1	0.6	0.9
制造业	56.1	63.5	65.9	69.8	69.0	71.0
电力、燃气及水的生产和供应业	9.2	5.5	4.8	2.6	2.4	1.9
建筑业	2.3	2.2	1.7	1.3	1.1	1.3
交通运输、仓储和邮政业	3.8	2.5	1.9	1.7	1.6	2.1
批发零售贸易餐饮业	2.4	2.1	2.5	1.8	2.1	2.6
房地产业	13.9	11.4	11.0	10.7	9.8	9.8
社会服务业	6.3	5.4	5.5	5.6	5.9	5.3
卫生、社会保障和社会福利业	0.4	0.3	0.3	0.2	0.2	0.1
其他行业	2.6	4.0	2.8	3.3	5.3	3.2
总计	100.0	100.0	100.0	100.0	100.0	100.0

资料来源:根据《中国统计年鉴》各年相关数据计算。

从外资的区域推进看,随着西部大开发战略和中部崛起战略的实施,中西部地区的投资环境会有所改善,相对比较优势会逐渐显现，同时，东部沿海发达地区的结构调整和结构升级也会使外资增量和存量重新思考投资的区位指向。伴随着外资在空间上的转移，东部沿海等发达地区吸引外资的"清洁"程度会相对提高，而经济相对不发达地区正好相反。东部沿海等发达地区随着产业结构向知识密集型和技术密集型的转化、外资引用重点从港澳台资金向欧美优质跨国公司转变，加入 WTO 过渡期内金融等现代服务业的率先开放以及当地良好的社会经济文化发展基础，使得进入金融、保险、电信服务、商业、运输等"清洁"行业的外资逐渐增多。比如，世界 500 强企业在华投资的金融、保险、管理咨询和会计等知识密集型项目的 80% 以上都分布在北京、上海、广东和天津 4 个省市。与此同时，产业结构升级对那些技术层次相对较低，劳动力、土地、能源及其他自然资源依存度相对较高的外资产生排斥效应，从而促使这部分"污染"型或"资源环境压力型"外资转而投向中西部地区。

一般来说，外商直接投资特别是大型跨国公司经营相对规范，管理相对严格，同时，外商投资企业大都把其在华外资纳入其全球经营链条中，面向全球市场来配置资源，对国际市场日趋增长的绿色消费需求相对于内资企业更加敏感，并都力图避免在东道国遭遇环境风险，即因为违背东道国环境保护政策和法规而遭受政策的处罚及公众的不信任造成企业经营利益的损失。因而从总体上看，外资企业基本都还能自觉承担相应的环境责任。但环保投资具有外在正效应，对企业而言是一种额外的负担，因此在华外商投资企业大都实行环保努力最小化策略，将环保努力的最大边界确定在可以避免环境风险的水平上。《南方周末》曾联合国内多家高校和多家知名财经媒体，运用在华投资额、在华经营状况、社会责任、地区贡献和在华品牌形象等五个方面的指标对世界 500 强在华最佳投资企业进行排行，其中社会责任的权重为 20%。社会责任由世界 500 强在华投资企业在中国内地的公益捐赠、保护员工合法权益、守法诚信和在华环保情况等四项指标构成，每项指标的权重均为5%即满分得分为5分。评价结果显示，上榜的70家最佳投资企业在华环保得分情况是：4.5分的2家，4分的11家，3.5分的57家，分别占上榜企业的2.9%、11.7%和81.4%。评价结果还显示，环保得分为3.5分的57家上榜企业，它们的在华环保状况均为"未发现环保处罚状况"。[①]换言之，世界500强在华最佳投资企业的环保努力只是停留在合规性上，只满足于达标而已。世界500强在华最佳投资企业的环保努力尚且如此，其他外资企业特别是中小型外商投资企业的环保状况便可想而知了。

三、FDI区位选择战略及其对西部环境的影响

与东、中部地区比较，西部地区吸纳的外商投资无论在总量上还是在比重上都相差悬殊，但一个不容忽视的事实是，外商投资已是西部地区的一个客观存在，并且，西部外资利用比重在逐步提高，从1999年的2.82%提高到2003年的3.25%，在西安、兰州、重庆、成都、昆明等投资环境、发展基础和条件相对较好的西部大中城市地区，外商投资增长十分明显。西部现有外商投资企业的生产经营活动必然也会对当地环境产生影响，这种影响与其区位选择战略密切相关。从外商对华投资的情况看，外商直接投资的区位选择战略主要有三种：

一是劳动力成本导向战略。外商为回避本国或地区用工成本提高的风险，将劳动密集型产业，特别是那些已经标准化的、对人力资本要求不高、技术含量低的传统劳动密集型产业的生产基地转移到劳动力成本低廉的国家和地区的一种投资方式，其目的是利用东道国廉价的劳动力资源重新获得成本竞争优势。劳动力

---

① 参见：《2005年在华外商投资企业白皮书》，载《南方周末》，2005年12月8日。

成本导向战略是 20 世纪 90 年代初以前港澳台资金及海外资金对中国大陆投资的主要区位选择战略。这一时期进入大陆的外资主要是以港澳台为核心的华资圈资金，其中又以港资比重最大，而进入大陆的港资大部分分布在劳动密集型制造业，劳动成本在总成本中占较大比重。大陆廉价的劳动力资源可以为香港投资者节约大量的生产成本，因此，这一时期进入大陆的港资具有很强的劳动力指向型，廉价劳动力是华资圈资金选择大陆投资的最主要原因。追逐中国大陆廉价而丰富的劳动力资源同样也是海外资金到中国大陆投资的重要因素之一。比如，日本对外直接投资基本遵循小岛清的边际产业理论，只将沦为边际产业即在国内已经缺乏竞争力的行业、企业、部门、工序转移出去，这些"边际产业"大都属于劳动密集型和资源密集型的产业；欧美国家跨国公司则基本遵循弗农的产品生命周期理论，在产品进入成熟期和衰退期后，选择像中国大陆这样的具有比较成本优势的投资场所进行产业转移。

二是市场导向战略。采取这种战略的外商直接投资的目的是通过占领东道国的国内市场，达到拓展产品市场范围和巩固其在国内外市场地位的目的。1992 年中国社会主义市场经济体制确立之后，中国经济连续多年的稳定高速增长以及由此带来的不断扩大的市场容量，极大地增强了欧美大型跨国公司对华投资的信心，美国、德国、法国，甚至日本、韩国等东亚强国的知名跨国公司纷纷调整其在华经营战略，把在华经营的重点从贸易和技术转让转变成投资建立生产基地，仅 1992—2000 年间，中国大陆吸收的外商直接投资就达到 3234.26 亿美元，是 1978—1991 年间吸收外商直接投资总量的 14.9 倍。这一时期欧美大型跨国公司纷纷抢滩中国，以至在中国市场上形成了各国跨国公司群雄争霸的局面，并且，绝大多数跨国公司都聚集在市场规模巨大和市场开发潜力雄厚的东部沿海等发达城市和地区。在商务部外资司对

2003—2004年度按销售额排名的中国最大的500家外商投资企业中,日本500强主要分布在江浙两省以及环渤海圈的辽宁、山东和天津地区,项目总量分别为199家、59家、124家、79家和95家;美国500强主要倾向于在以上海为龙头的长江流域、珠江三角洲和北京地区设立分公司,在上海、广东和北京的项目总量分别为174家、142家和114家,在浙江、湖北、福建和四川等地区也有一定的投资,分别达到19家、18家、17家和17家。欧洲500强则倾向于在上海、北京、江苏等省市投资,分别为221家、147家、105家。而世界500强企业在华投资的金融、保险和管理咨询、会计等知识密集型项目主要集中在北京、上海、广东和天津4个省市,占总数的80%以上。① 大型跨国公司偏好的上述区域都是我国产业竞争力相对较强的地区,同时也是市场规模和市场潜力最大的地区。

三是资源导向战略,即外商直接投资为克服本国资源短缺约束而选择资源丰裕的国家和地区进行投资的一种区位选择战略。资源导向战略的投资来源国大都是拥有强大的工业生产能力,但国内自然资源匮乏,工业原料供应不足,需要海外资源供给,为了获得更为稳定、更为便宜的资源供应,增强自然资源消耗型产业和企业的竞争力,或者因为国内实行了更严格的环境保护政策,以至在其国内已经无法生产,或者虽然可以生产但要付出更高的环境保护成本,那些自然资源在总成本中占较大比例的企业就会选择具有自然资源比较优势的国家和地区进行投资。受地区自然资源禀赋、国家政策和投资回报率的影响,进入西部地区的外商直接投资的产业流向具有明显的资源指向性,能源和矿产资源开发、特色农业发展、农畜产品精深加工、旅游和生物医药等

---

① 新浪网:《山东省与江浙沪吸收世界500强投资比较分析》,2006年4月3日。

以自然资源为依托的特色产业，以及具有较强市场垄断性的基础设施建设等，外商直接投资的密集程度相对较高。这表明，开发和利用西部地区丰富的自然资源，一直是外商选择西部地区投资的最主要动力。

对西部地区来说，在缺乏吸引外资的地理区位优势、市场优势、技术优势、人才优势和制度优势的条件下，以自然资源禀赋优势引入外资有其合理之处。外资进入为西部引资区域突破资源开发的资金瓶颈提供了最初的，同时也是至关重要的推动力，并且，外商直接投资的一揽子、全要素、组织化的投资活动可以在引资区域产生累积效应，带动和促进当地经济的发展。以羊绒及羊绒制品产业为例。日本等发达国家从20世纪80年代末期开始向外转移羊绒生产，我国是其中的主要承接区域。外资的引入，促进了我国羊绒产业的发展，据统计，世界羊绒产量每年约为14000至15000吨，而中国羊绒年产量约为10000吨，占世界总产量的70%左右；我国羊绒衫产量已位居世界首位，全国的羊绒加工企业已经发展到2600多家，年加工能力在2000万件以上，占世界总产量的2/3多；中国年出口羊绒衫均在1000万件左右，产品出口到日本、美国、意大利、英国、法国等40多个国家和地区。[①] 而内蒙古地区是世界上最大的绒山羊和山羊绒产地，其山羊绒产量占世界的60%，同时出产的羊绒也是世界上品质最好的。因此，内蒙古自1987年伊克昭盟羊绒衫厂与日本企业合资，引进了包括洗毛、分梳、染色、梳纺、编织、后整理和污水处理等装置在内的全套羊绒生产设备，使伊盟羊绒衫厂的生产能力大幅度提升，成为世界上最大的山羊绒综合加工厂，产品质量和经济效益都大大高于国内同业水平。外资的引入以及当地政府的政策扶持，使内蒙古成就了以鄂尔多斯股份有限公司为

[①] 《北京日报》，2004年9月25日，第31版。

代表的一批国内有实力的羊绒制品生产企业,内蒙古也因此成为我国最重要的羊绒及羊绒制品生产基地。从这个意义上说,作为羊绒及羊绒制品市场的最大供应商,内蒙古是羊绒资源开发和利用的第一受益者。但是,羊绒及羊绒制品所需原材料——山羊绒来自绒山羊,而大面积饲养山羊,特别是放牧山羊对草原植被的破坏十分严重。也正因为如此,日本等发达国家为保护本国的环境,早在80年代就有意识地向国外转移羊绒产业,转而通过进口满足其本国市场对羊绒制品的消费需求。由于环境成本难于计算,环境政策不严格、环境补偿制度不健全等各方面的原因,羊绒及羊绒制品价格基本上没有包含环境成本,因此,作为羊绒及羊绒制品市场的最大供应商,内蒙古事实上成为国内外羊绒及羊绒制品消费环境代价的最主要承受者。可见,自然资源导向型外资的进入,在促进地区经济增长的同时,也使西部地区自然资源面临更大的开发压力,如果环境措施不能跟上,那么,西部地区的自然资源禀赋优势就极有可能转化成资源耗竭和生态环境恶化的劣势。

第三节 "东企西进"的西部环境效应

20世纪90年代以前,东西区域经济协作关系一直是互通有无的商品协作关系,其典型特征是以能源、原材料为主体的西货东进和以加工制造产品为主体的东货西进,东西区域之间以市场为导向、以企业跨区投资为形式的区域资本流动少之又少。但进入90年代之后,特别是在90年代末21世纪初,东部地区制造业企业开始出现向西转移的迹象。20世纪90年代到2000年上半年,浙江企业向西部地区的直接投资额已经达到900亿元,进入21世纪之后,浙江企业西进规模不断增大。在重庆市2006年第一季度实际利用的13.9亿元内资中,东部地区投资达6.1亿元,占43.9%,而其中来自浙江省投资就达3.7亿元,占26.6%。与此同时,广东企业也加快了西移的步伐,仅在2004年7月举办的粤桂两省区经贸合作项目签约仪式上,广东省就与广西鉴定了合同总金额为486.31亿元人民币的100个项目。在签约的100个项目中,实业型项目64个,合同金额445.26亿元,占总额的91.56%。在这64个实业型项目中,产业转移项目占35%,广东方投资423.7亿元,占87.13%。在广西玉林、梧州、贵港、北海、钦州、来宾等与广东毗邻的地区,近年来出现了越来越多的广东企业。"东企西进"、产业西移现象的出现并非偶然,而是多种因素共同作用的结果。与"东企西进",产业西移相伴随的,不仅有资金、技术、设备的西进,更有污染的转移。

一、产业撤退型"东企西进"及其西部环境效应

东部企业到西部地区投资办厂,有相当一部分是作为产业转移的微观载体,顺应产业空间移动而在空间上重新配置资源的结果。产业转移有扩张型转移和撤退型转移之分,前者是指产业在其原区域仍然属于成长性产业,主要出于占领外部市场、扩大产业规模的动机而进行的主动型的空间移动;后者是指区域的衰退性产业由于外部竞争和内部调整压力而进行的战略性转移。[①] 我国区域经济中出现的产业转移绝大部分属于撤退性产业转移,推动产业转移的根本原因是转移产业在东部地区逐渐丧失比较优势,面临巨大的产业结构调整压力。

早在20世纪90年代初,我国就开始了产业结构升级换代,并在世纪之交加快了调整速度。在这次产业结构的高级化调整中,沿海地区产业结构调整升级的步子和力度都要大于西部地

---

① 陈刚:《区际产业转移理论探微》,载《贵州社会科学》,2001年第4期。

区,沿海多数省市特别是上海、天津、大连、青岛、厦门、广州、深圳等沿海主要城市,以及珠三角、长三角和环渤海地区更是瞄准产业创新、技术创新和可持续发展目标,有选择地接受外资项目,有意识地将资金和技术的引进同地区产业结构升级换代结合起来,积极培育面向 21 世纪的优势产业群体。随着调整过程中生产要素越来越多地配置到新兴的高技术含量、高附加价值、高环保的行业,技术密集型和资金密集型产业在地区产业结构的比重不断提高,东部地区传统劳动密集型产业的生存环境趋于恶化,生存空间趋于缩小。另一方面,经济的快速发展也使东部沿海发达地区普遍遇到了劳动力成本上升、可使用土地数量减少和土地价格上升等问题,传统产业和产品的比较利益越来越低,产业发展逐渐步入衰退。尽管东部地区劳动力市场事实上存在着的制度分层现象,使这些地区的传统劳动密集型产业仍可以利用廉价的外地劳动力,维持产业竞争优势,延缓生命周期,但是,以农民工背井离乡为代价实现的劳动力与资本的跨区结合,不仅会带来许多社会和环境问题,而且也是不稳定和不可持续的。比如,2004 年春季以来,随着国家一系列农业扶持政策的出台,农业收益显著提高,再加上部分先行西进的东部企业对当地外出劳工的吸引,长三角、珠三角等大量使用农民工的地区都出现了局部性的"民工荒"现象。在这种情况下,东部地区传统劳动密集型等衰退性产业出于保持和提升竞争优势的需要,不得不重新寻找更有利的发展区位,而西部地区具备提供能源、原材料、土地和廉价劳动力的条件,也具有承接东部地区产业转移的要求。

东部地区产业撤退型企业对西部地区的跨区直接投资活动,可以推动发达地区资本、人才、技术、管理、信息、品牌、文化等先进生产要素向西部地区聚集,改变西部地区生产要素配比严重失衡状态,进而对西部地区的资本形成、就业增长、结构调整、制度创新和经济发展产生积极的影响。但值得注意的是，对西部地区而言，"东资西进"、"东企西移"并不是有百利而无一害的，一些转移产业是因为受到转出地环保政策的限制和市场环保需求的制约而转移到其他地区的，如果对转入产业不加控制和选择的话，西部地区极有可能成为东部地区"垃圾企业"的倾倒之地。这绝不是危言耸听，在西部地区的引资实践中，伴随着"东资西进"、"东企西移"而来的"东污西移"已不是偶发的个案。根据新华社2001年8月的一篇报道，在西部大开发中，四川的引资势头非常强劲，但也出现了令人忧虑的问题，这就是在招商引资中，许多在东部被封杀的"垃圾企业"纷纷西进寻找生路。2000年和2001年两年，一批明令淘汰或禁止投资的设备、工艺、产品、技术落后的企业纷纷在西部一些地方开工建设；部分污染企业也大举向西部转移，四川某些地方甚至在酝酿新建或扩建"化学城"、"陶城"、"造纸城"、"芒硝城"等污染项目以发展地方经济。① 在靠近广东省的广西梧州市及贺州市，在承接珠三角地区产业转移的过程中，大量打火机厂、小钢铁厂、淀粉厂和彩色造纸厂等污染性企业也乘机进入，对当地的环境造成了严重污染，在媒体和百姓的关注下，虽然关停了一些企业，但是其中一部分企业转眼间又死灰复燃，而且这些污染企业很多都建在市内或市郊，严重污染水源和大气，直接对市民生活产生影响。②

"东资"引来"东污"与"西进东企"的产业特征、规模状态及产权结构不无关联。

从"西进东企"的产业特征看。如前所述，我国现阶段的产业转移多属于撤退型产业转移，从长三角、珠三角等产业转移中心区域移出的产业有相当一部分是处于衰退期的高耗能、高原材

---

① 转引自：《"垃圾企业"蠢蠢欲动，西部开发遇到两难选择》，载《中国经营报》，2001年8月21日。

② 新华网，2002年2月26日。

料消耗、高污染的传统劳动密集型产业。借助"西进东企"的跨区投资活动，东部地区衰退型产业污染的生产环境也就转给了西部地区，致使西部地区的生态环境进一步恶化。据报道[①]，西部大开发以来，由于东部资金及其他外部资金的进入，黄河中上游地区工业生产力得到了一定程度的提高，但与此同时，黄河流域的工业结构性污染十分突出，高污染、高耗水的造纸、化工、食品酿造、冶炼、采油和纺织印染等六大行业 COD（化学需氧量）排放量占全流域工业 COD 排放量的 80% 以上，其中，甘肃的炼油、宁夏的造纸、内蒙古的稀土等都是具有代表性的污染源。对此，污染型"东企西进"难辞其咎。

从"西进东企"的产权结构和规模结构看。在现行体制环境下，民营资本比国有资本通常具有更强的自主性、利润指向性和流动性，同时也面临着更多的不平等竞争，因而对参与西部开发具有更强的兴趣。据浙江省企业调查队对全省 258 家国有及国有控股大中型工业企业经营者的调查，结果显示，有 11.6% 的企业（30 家）已经参与西部大开发，有 19.8% 的企业（51 家）计划参与，有 31.8% 的企业（82 家）还处于观望之中，其余 36.8% 的企业（95 家）明确表示近期不会参加。又据"东部企业西进的模式和行为"项目组的调查统计，在浙江西进企业中，私营企业占 51.6%，股份制企业占 27.1%，中外合资合作企业占 8.4%，国有企业占 4.5%，联营企业占 3.2%，集体所有制企业占 3.2%，其他类型企业占 1.9%。[②] 目前，浙江企业是我国"东企西进"的主要行动力量，浙江西进企业的所有制结构状态在一

[①] 《"东资"带来"东污"，环保局拦不住领导要上的项目》，参见人民网，2005年8月23日。

[②] 陆立军、郑燕伟等：《东部企业"西进"的模式与行为》，中国经济出版社，2004年版，第194页。

定程度上代表了现阶段西进东企的产权结构。而民营企业绝大部分规模小、资金有限、技术缺乏、产业层次低、污染严重、环保意识淡薄、治污成本高，其经营活动特别容易对生态环境产生负面影响。

二、市场拓展型"东企西进"及其西部环境效应

保持和拓展企业产品的市场容量，是东企西进的另一个重要的驱动力量，市场拓展型西进东企具有明显的市场指向性。

表现之一是西进东企在西部的地区分布很不均衡。西南的四川、重庆、云南，西北的陕西、甘肃、新疆，是西进东企最愿意投资的地方（见表3-3），而这些区域正是西部12省区市中消费能力、市场潜力和市场辐射力最强的几个地区。

表3-3 浙江人、浙江创办企业在西部的分布

	浙江人	投资额	浙江创办企业
四川	30多万人	近200亿元	近1000家
云南	20万人	100亿元	1000多家
陕西	15万人	—	1000多家
甘肃	10多万人	—	几千家
新疆	15万人	—	3000多家
西部总计	100多万人	1000亿元	1万家

资料来源：陆立军、郑燕伟等：《东部企业"西进"的模式与行为》，中国经济出版社，2004年版，第199页。

表现之二是东部商业资本西进势头强劲。例如，从1999年5月百盛进驻到2003年1月24日家电营销巨头国美正式落户兰州，短短的4年间，包括百盛、华联、苏宁、国美、北京西单商场、天津家世界、太平洋百货在内的10余家国内大型零售连锁店纷纷落户西北内陆城市兰州，除此之外，还有遍布西部城乡各地的浙江专业市场和综合商场等，都足以证明东资西进、东企西

移的市场指向性。这些西进的东部商业资本，虽然更多的是扮演向西部市场倾销东中部产品的角色，但随着西部市场的开发，东部工业制造业企业更多地选择将生产车间西迁，以靠近产品的销售市场。这样做至少可以获得如下好处：一是减少交通运输成本，减少寻找产品市场、要素市场的成本；二是可以及时得到市场反馈信息，从而及时改变经营策略，生产更适合当地市场需要的产品；三是可以以西南为据点，进军东南亚、南亚和印度洋地区市场，以西北为据点，进军中亚、西亚、北非和欧洲市场。

表现之三是西进的东部制造业企业大多分布于市场指向性较强的产业。以浙江省为例，浙江企业是西进东部企业比较集中的省份，西部大开发战略提出以来，每年都有 200 多家浙江企业在西部地区投资，投资额达 20 多亿元，据不完全统计，西进的浙江企业达 1 万余家。西进的浙江企业主要集中在轻工、纺织、建材、建筑、专业市场、房地产、医药行业，而这些行业的消费市场大都是区域性的。典型的如房地产业，西部地区城市功能强化、旧城改造、小城镇建设及居民住房需求等，使越来越多的西部城镇步入建筑时代，西部房地产及其相关产业的发展前景极为广阔。广阔的开发前景及近年来西部房地产市场的迅猛发展，吸引了不少东部房地产企业进入西部地区。2000 年以来，重庆、四川、云南、甘肃、新疆等西部省区市都相继出现了浙江房地产公司的踪影，其中，广厦集团、华立房产、金成房产等一批中等及以上规模的房地产公司，主要在重庆、乌鲁木齐等西部中心城市参与房地产开发，而许多小型房地产企业则主要在西部的一些县市参与旧城改造与房地产开发。

跨区直接投资是一种具有高沉没成本风险的投资活动，东部传统制造业企业却选择了跨区投资而不是深化本地投资的方式来拓展市场容量，究其因，主要是经济发展的梯度差异导致的需求结构变化的非同步性，为东企西进提供了市场条件。改革开放以来，东部地区生产力有了很大程度的发展，无论在经济总量水平、人均水平，还是在经济增长速度上都远远高于西部地区。以泛珠三角成员区域为例，从 GDP 增长速度看，广东的 GDP 增长率分别比西部地区的广西、四川、云南、贵州四省高出了 3.4、1.8、5.0、3.5 个百分点；从人均 GDP 来看，在大陆的 9 个成员省区中，广东省人均 GDP 是贵州省的 5 倍，广东省人均 GDP 水平与其他内地成员省区相差一般都在 2 倍以上；从每平方千米 GDP 产出来看，区域发展差距更大，广东是云南的 12 倍，是贵州的近 10 倍，是四川的 6.8 倍，是广西的 6.5 倍，是江西的 4.4 倍（见表 3-4）。

表 3-4　泛珠三角大陆成员区域经济发展的梯度差异

省(区)	面积(平方千米)	人口(万人)	GDP 总量	GDP 增长率(%)	人均 GDP	GDP/每平方千米
广东	17.79 万	7594	13450 亿元	13.6	17711	756 万元
福建	12.14 万	3488	5232 亿元	11.4	15000	431 万元
广西	23.6 万	4857	2733 亿元	10.2	5627	116 万元
海南	3.39 万	810.5	698 亿元	10.5	8612	206 万元
湖南	21.18 万	6662	4634 亿元	9.6	6956	219 万元
江西	16.69 万	4254	2830 亿元	13.0	6653	170 万元
四川	48.50 万	8700	5456 亿元	11.8	6271	112 万元
云南	39.40 万	4300	2438 亿元	8.6	5716	62 万元
贵州	17.60 万	3869	1344 亿元	10.1	3474	76 万元

资料来源：《中国统计年鉴 2002 年》，转引自邓宇鹏：《泛珠江三角洲的经济协作与制度支持》，载《开发研究》，2005 年第 3 期。

地区经济发展的梯度差异决定了地区之间消费需求结构的差异性和梯次性。从城镇居民的恩格尔系数看，东部发达地区与西部地区并没有什么差别，大体在 35%—40% 之间，但西部城镇居民食品支出中用于粮食开支的比重普遍高于全国平均水平，最高为内蒙古，为 12.7%，而东部发达地区则普遍低于全国平均水平，最低的是上海，只占 5.4%。从农村居民恩格尔系数看，东部发达地区与西部地区差异相对较大，北京、上海、浙江等地的恩格尔系数都已低于 40%，而西部 12 省区市中恩格尔系数大于 50% 的就有 6 个，其余 6 个恩格尔系数在 40—50% 之间的省区，农村居民食品消费支出用于粮食消费的比重很高，大都在 30% 上下，而东部发达地区则在 7%—15% 之间。从耐用消费品百户拥有量上看，西部地区城镇居民传统耐用消费品（如彩色电视机）拥有量与东部相差不大，新兴耐用消费品（如家用汽车）的拥有量则明显不能与东部地区同日而语。但在农村，即便是传统耐用消费品，西部地区的百户拥有量也明显低于东部地区（见表 3-5）。这表明，东部发达地区的消费结构已逐渐步入追求生活质量的阶段，传统消费品市场已趋于饱和，可供传统制造业企业深化的本地市场空间已相当有限，而西部地区对传统消费品的需求正处于数量扩张阶段，可开发的市场潜力极为可观，更重要的是，收入水平和消费结构决定了西部地区在同类消费品的购买和消费选择中通常更偏好价格相对低廉而品质相对优良的国内知名品牌。这也是东部许多知名的传统制造业企业，如食品饮料业的娃哈哈集团、洗涤业的纳爱斯集团、制鞋业的奥康集团纷纷斥巨资到西部投资办厂的原因所在。

与撤退型"西进东企"相比，市场拓展型的西进东企在空间转移的动机和行为上表现出更强的自主性和自觉性。即便如此，受地区经济社会发展水平和产业转移规律的制约，现阶段进入西部地区的市场拓展型企业仍然不能摆脱其传统制造业的产业附着特点，食品饮料、纺织、建材、建筑、专业市场、房地产、医药、造纸、化工等资源消耗量大，工业"三废"排放量高的行业，在"西进东企"中一般都有较高的相对密集度。这给西部地区脆弱的生态环境造成极大的压力。

表 3-5 2004 年东西部地区城镇居民家庭生活消费支出比较

地区		农村				城镇				
		食品支出占消费支出比重(%)	粮食支出占食品消费比重(%)	部分耐用消费品百户拥有量			食品支出占消费支出比重(%)	粮食支出占食品消费比重(%)	部分耐用消费品百户拥有量		
				彩色电视机(台)	电冰箱(台)	电话机(部)			彩色电视机(台)	家用电脑(台)	家用汽车(辆)
全国		47.2	21.2	75.09	17.75	54.54	37.7	8.8	133.44	33.11	2.18
东部部分地区	北京	32.4	7.7	120.67	100.67	104.13	32.2	6.5	150.61	79.44	12.64
	上海	34.6	7.8	137.17	85.00	103.83	36.4	5.4	177.50	69.90	3.60
	江苏	44.0	171	84.32	31.24	86.18	40.0	7.7	145.41	31.68	1.83
	浙江	39.5	11.1	116.70	56.59	88.81	36.2	6.2	163.14	44.72	3.52
	广东	48.8	14.5	96.13	20.35	78.01	36.7	7.1	154.69	64.28	6.56
西部12省区市	内蒙古	42.7	22.9	70.05	11.17	27.82	32.6	12.7	110.53	19.02	3.47
	广西	54.3	19.4	53.90	4.33	39.61	42.3	8.0	138.10	32.64	0.48
	陕西	42.4	29.2	72.48	6.53	52.86	35.9	10.2	127.87	23.51	0.35
	甘肃	48.0	35.7	75.83	5.67	43.67	37.1	9.9	120.32	20.66	0.23
	青海	48.5	27.0	63.37	7.00	24.17	35.7	11.5	122.44	16.46	0.67
	宁夏	42.0	28.0	91.00	10.00	43.00	37.0	11.4	116.00	15.04	0.36
	新疆	45.2	30.4	51.35	15.87	28.19	36.1	10.1	111.95	17.84	0.79
	重庆	56.0	16.1	63.22	10.22	52.22	37.8	7.5	153.33	43.67	0.33
	四川	55.7	19.3	63.65	9.03	29.55	40.2	8.7	135.71	26.43	2.14
	贵州	58.2	25.9	47.19	3.88	21.52	41.1	9.0	125.27	21.02	0.38
	云南	54.0	22.4	63.42	5.46	21.33	42.4	8.7	122.91	25.73	6.91
	西藏	64.0	26.1	32.29	3.13	6.67	45.6	8.5	133.00	17.00	2.00

资料来源：根据《中国统计年鉴 2005》相关数据计算。

此外，我国东西区域经济发展差距存在明显的"荷兰病"现象，即资源丰富的地区经济水平低、资源贫乏的地区经济水平高。这种现象使西进的东部企业得以在拓展市场空间的同时，利用西部地区廉价而丰富的劳动力资源、土地资源及其他自然资源，降低企业生产成本。因此，东部地区传统制造业对西部地区的跨区投资，事实上是一种"市场+资源+劳动力"综合导向型的投资战略，资源利用在西进企业的投资区位决策中从来都占有很大的权重。以建材业为例，西部地区发展迅猛的房地产市场，对建筑材料的需求量不断扩大，比如陶瓷，仅西藏的年市场需求量就达到400多万平方米，西部地区陶瓷市场的现实和潜在的市场优势，再加上西部地区拥有品质优良的高凝土，用这种原料生产出来的瓷砖，耐酸碱、耐冷冻的优势更为突出，对东部资本具有极大的吸引力。2004年5月，西藏首家陶瓷企业——投资4亿元的圣兰狄建陶有限公司正式投入生产，计划每年生产500万平方米的高档墙地瓷砖，满足西藏市场的需要，同时，生产环保型微晶地砖和唐卡图案的藏文化瓷砖，推向印度、尼泊尔等国外市场。在四川夹江也出现了明显的"南陶西移"现象，仅来自广东佛山的陶瓷生产企业就有11家、陶瓷配套企业5家，仅仅10年的时间，夹江就已发展成为西部最大的建筑陶瓷生产基地，陶瓷产量占全国总产量的20%左右。① 西南陶瓷业的发展固然满足了西部地区对陶瓷的需求，但陶瓷企业对高凝土的开挖，容易破坏当地的土壤和植被，而陶瓷生产排放的废气、废渣也加剧了当地的环境污染。

三、投机型"东资西进"及其西部环境效应

伴随着20多年地区经济的高速增长，东部地区已经获得了丰裕的区内储蓄资源。一个地区的储蓄资源主要由本地区的居民储蓄、企业储蓄和政府储蓄构成，但其储蓄资源的丰裕程度仍然可以仅从居民储蓄规模和居民储蓄能力上略见一斑。如果将"储蓄"定义为当年收入减去当年消费支出，城市居民收入定义为可支配收入，农

---

① 《西部时报》，2004年4月14日。

村居民收入定义为纯收入,那么,一个地区的居民平均储蓄规模就可以用居民平均收入减去居民平均消费支出的余额来测量,而该地区居民平均储蓄倾向即平均每位城乡居民将他们的年度收入中的多大部分用于储蓄,就可以用居民平均收入减去平均消费支出的部分占平均收入的比重来衡量。结果发现,2004 年东部 10 省市除了经济相对落后的辽宁、海南两省城镇居民平均储蓄规模低于全国平均水平外,其余省份城乡居民平均储蓄规模都高于全国水平。更值得注意的是,浙江、广东、福建、江苏四个省份城镇居民平均储蓄倾向更是明显高于全国平均水平(见表 3-6),这表明,这四个省份城镇居民的平均收入在满足了消费支出之后,还有更多的余额用于储蓄,进而有更多的储蓄资源用于投资。

表 3-6 2004 年东部地区城乡居民平均储蓄倾向

	城镇			农村		
	可支配收入(元)	消费支出(元)	平均储蓄倾向(%)	纯收入(元)	消费支出(元)	平均储蓄倾向(%)
全国	9421.61	7182.10	23.8	2936.40	2184.65	25.6
北京	15637.84	12200.40	22.0	6170.33	4616.94	25.2
天津	11467.16	8802.44	23.2	5019.53	2642.11	47.4
辽宁	8007.56	6543.28	18.3	3307.14	2072.95	37.3
上海	16682.82	12631.03	24.3	7066.33	6328.85	10.4
江苏	10481.93	7332.26	30.0	4753.85	2992.55	37.0
浙江	14546.38	10636.14	26.9	5944.06	4659.11	21.6
福建	11175.37	8161.15	27.0	4089.38	3015.58	26.3
山东	9437.80	6673.75	29.3	3507.43	2389.27	31.9
广东	13627.65	10694.79	21.5	4364.87	3240.78	25.8
海南	7735.78	5802.40	25.0	2817.62	1745.35	38.1

资料来源:根据《中国统计年鉴 2004》相关数据计算。

但储蓄向投资的转化究竟是在区内还是在区外(含国外)进行,要受到多种因素的影响,其中最为根本的是不同区位投资边际效率的大小。受结构调整、资源瓶颈等因素的影响,近年来,东部沿海的局部地区出现了经济增速趋缓、资本边际效益递减的现象。典型的如浙江温州地区，自 1998 年以来，经济增速开始相对慢于其他一些地区，2002 年排名掉到了全省第七；2003 年上半年各项主要经济指标排在全省倒数第二，随后的两个月排名全省倒数第一，2003 年全市 GDP 的增长速度虽然达到了 14.8%，但与浙江其他城市相比仍然相对落后。再加上温州经济具有产业集中度低、企业组织形式低、市场有序度低、产业结构层次低、产业技术水平低、产品竞争力低、经济示范效应低、经济开放程度低的特征，大大减弱了温州经济强势的可持续性。① 再加上从 2003 年底开始，我国出现了投资拉动型的经济增长，投资增长引发了对电力的巨大需求，全国各地普遍出现了电力供给紧张现象，其中又以浙江省缺电最为严重，2003 年全年的拉闸限电量 34.09 亿千瓦时，占华东电网拉闸限电总量的 71.7%，2004 年全省电量缺口在 200 亿千瓦时左右，宁波、温州、绍兴、杭州、湖州等地都出现了不同程度的电荒。在能源供应僧多粥少的情况下，不少中小民营企业深陷边缘化弱势，生存环境十分严酷。但另一方面，全国各地的"电荒"使西部地区的煤炭、水电、油气资源开发迅速成为国内外资本热衷的投资领域，其中不乏像温州"炒煤团"这样的中小投机性民营资本。西部地区是我国能源、水能、矿产的富集区域，集中了全国 60% 以上的能源、矿产资源储量，但由于国家只开放了部分石油贸易，对油气资源开发始终实行严格的管制制度，民营资本进入的制度壁垒极高，目前，西进中小民营资本对西部能源资源的开发投资主要集中在小煤矿和小水电两个领域。

小煤矿、小水电的蜂拥而上、无序竞争必然给当地的生态环境带来巨大的挑战和压力。比如煤矿开采。2004 年以来，煤炭

---

① 《经济学消息报》，1999 年 11 月 26 日。

赚钱效应明显，浙江温州便有"炒煤团"远赴西北产煤区，大量收购小煤窑。由于现有小煤窑的绝大部分都是无证非法开采的，据国家安全生产监察局 2001 年 5 月底对湖南进行检查，发现该省 4000 多家小煤窑中，70% 属于无证非法开采。更由于"炒煤团"的资本投机性很强，以最小的投入争取在项目有限的赢利周期内获得最大的回报是其唯一目的，因此，温州"炒煤团"收购的基本上都是证照不齐、无证开采或不具备安全生产的廉价小煤窑。并且，出于短期利益的考虑，投机性资本很难在环境保护上投入巨额资金，那些私营老板承包的小煤窑普遍存在作业环境险恶、生产现场脏乱差现象，甚至存在严重的安全隐患。再如水电开发。有调查表明，小水电站的使用年限一般为 30 年至 50 年，投资年回报率平均在 8% 至 10%。可观的经济效益再加上地方政府出于招商引资的需要，纷纷将水电开发审批权限下放，如四川省政府将 2.5 万千瓦以下电站的行政审批权限下放到各市、州，吸引了浙江等沿海省市的大批民营资本纷纷流向大西南这一我国水电能源的"富矿区"。但随着中小水电建设的蓬勃发展，管理失控、无序化开发等问题也开始暴露出来。据了解，目前在四川省内无立项、无设计、无验收、无管理的"四无"电站有 120 多座，其中，无立项的 63 座，占 49%；无可行性研究报告或初步设计批文的 102 座，占 80%；无验收的 65 座，占 50.7%；无建设期管理的 14 座，占 11%。"四无"水电站已成为大西南水电开发的一块新病，也是威胁大西南生态安全的一大隐患。

此外，连同国电集团、长江三峡集团、华能集团、华电集团、二滩水电开发公司等五大发电集团，以及四川省内的四川投资集团、四川水电产业集团和地方电力等主体的投资，四川省近年来汇聚的水电投资已超过 1000 亿元人民币。巨额资金进入有助于水电行业广泛吸收资金，加快发展，但在投资主体多元化、投资体制市场化条件下，如果国家和地方政府在资源开发与生态环境保护协调方面缺乏统一规划，出现资源开发管理上的缺位、错位及寻租现象，那么，国家、集体、个人蜂拥而上，遍地开花的开发建设活动，便难以避免生态环境全面破坏的恶果。据专家分析，四川岷江上游及黑水河、杂谷脑河支流上修建的电站绝大多数都是低坝、隧洞引水式电站，坝前蓄水从几百万方到几千万方，众多的大、中型电站调峰运行，可能造成主汛期一齐泄洪，而紫坪铺以上没有调控手段，既影响紫坪铺水利枢纽工程的施工安全，又可能影响都江堰渠首的安全和水量调度。其次，由于大量的弃渣倾倒在河道内，江水将绝大多数弃渣冲积到紫坪铺水库内，加重水库淤积。最后，大批水电项目的上马，不利于水土保持，破坏植被，失去已形成的生态屏障，造成人为的水土流失。

第四节 企业跨区投资环境效应的西部归因

一、西部引资能力与"东污西移"

相信西部地区与其他地区一样，有足够的理性，希望招商引资既能振兴落后经济，又能保障可持续发展。然而，市场经济条件下的企业跨区投资活动，除了中央政府指令的对口支援外，应该说都是在市场之手的操纵下进行的。西部地区能否吸引到外部资本，能吸引到什么样的外部资本，并不是凭西部地区的主观偏好，而是由其具体的投资环境所形成的引资竞争力决定的。

从人均国内生产总值看，西部地区与东部地区相比差距明显。西部地区人均国内生产总值除内蒙、新疆外都低于全国平均水平，而东部地区的人均 GDP 水平，除海南省略低于全国平均水平，其余都高于全国平均水平，其中，辽宁、福建、山东高出50％以上，江苏、广东高出近一倍，浙江高出一倍多，北京、天津接近两倍,上海高出近3倍,东西部地区人均GDP最高的地区(上海)与最低的地区(贵州)之间相差9.5倍(见表3-7)。这表明东西部地区处于不同的经济发展阶段,有着不同的消费结构,当东部发达地区和城市消费需求进入追求生活质量阶段,从而增加对第二、三产业高端产品消费需求的时候,西部地区则可能还处在低端产品消费扩张的时期,区内不多的高端产品需求完全可以通过从区外或国外进口来满足。在这种情况下,技术含量多、绿色程度高的现代服务业和制造业中的高端产业及其企业的区位选择自然不会远离其服务和产品的中心市场。

表3-7 东西部地区人均国内生产总值的比较(2004年)

地区		人均GDP(元)	地区		人均GDP(元)
东部地区	北京	28689	西部12省区市	内蒙古	11376
	天津	28632		广西	6791
	辽宁	16297		陕西	7783
	上海	42768		甘肃	5952
	江苏	20722		青海	8641
	浙江	23820		宁夏	7829
	福建	17241		新疆	11208
	山东	16874		重庆	8537
	广东	19315		四川	7514
	海南	9405		贵州	4078
全国平均		10954		云南	6703
				西藏	7720

资料来源:根据《中国统计年鉴2005》相关数据计算。

从基础设施看,基础设施是产业资本运行的外部条件,良好的基础设施对产业资本形成具有明显的诱致效应。根据中国社会科学院工业经济研究所的研究,基础设施水平每提高1个百分点,将诱致制造业产值比重增加0.143个百分点,人均制造业产值增加551.6元。西部地区经济基础薄弱,投资能力有限,加之地域辽阔，地形地貌复杂，基础设施建设周期长、建设成本高，西部地区的基础设施便长期处于落后状态。据统计，1999年，西部地区铁路网和公路网密度分别是38千米/万平方千米和819千米/万平方千米，而沿海地区分别是219千米/万平方千米和4007千米/万平方千米，西部地区交通运输网密度不及沿海地区的1/4；1998年，西部地区电话拥有量占全国的比重仅为11.4%，每万人电话拥有量为419台，只及沿海地区1449台的29%，人均邮电业务总量只有98元，仅为全国平均水平的一半。西部大开发实施以来，国家加大了固定资产的投资力度，使西部各省区市的基础设施投资规模不断扩大，其中，重庆基本建设投资增长率最高，2003年与1999年相比增幅为527.71%，但西部基础设施总体落后的情况并没有根本改变。以西部开发下力气最大的交通运输为例，2004年西部11省区市（不含西藏）铁路平均密度为79千米/万平方千米、公路平均密度为1831千米/万平方千米，只及东部沿海地区1999年铁路密度的36%、公路密度的46%（见表2-8）。并且，西部大开发增加的国家基本建设投入主要集中于旨在改善省际交通运输条件的建设工程项目，以及"西气东输"、"西电东送"等标志性的重大工程建设项目上，西部各省区内部基础设施落后的状况并没有实质的改变，至今，西部地区仍是全国公路总体等级最低、质量最差和道路通达深度最浅的地区。据统计，西部地区目前不通公路的乡镇还有680多个，占到全国不通公路乡镇总数的85%。一些地处偏远的乡村虽有路可通，但那些勉强建起的土路、沙石路，大都很难保证全天候通行，尤其在西南的重庆、四川、云南、贵州等地区，公路路况是全国最差的，等外路占到公路里程的1/4或1/3左右，而全国平均水平为不到1/5。对于幅员辽阔、地广人稀的西部地区，航空运输本应在其交通运输体系中占据重要地位，但由于航空运输设施少，西部地区大量的长途客货运输都不得不依靠公路和铁路来完成。基础设施落后意味着物流效率低、成本高。在现代经济中，随着竞争的加剧，企业在生产领域的成本压缩空间趋于饱和之后，对成本的控制必然转向流通领域。在这种情况下，企业跨区投资必然也会越来越看重投资区域的物流状况。本来我国的物流就很落后，1999年全社会物流费用支出占GDP的比重为20%，而美国1986年物流费用支出占GDP的比重仅为11.1%，西部地区由于下述原因，其物流效率更低：(1) 除广西外，西部其他省区，全部深处内陆腹地，导致从内陆到海洋的物流线长于其他地区；(2) 西部地区内部地域广大、地形多变，铺设物流网络所需投入多、组织难度大；(3) 西部地区现有物流服务企业效率低、成本高、服务差。这样一来，西进企业因为利用当地廉价和丰富的劳动力、土地资源和原材料资源而获得的利润增长，就可能被增大的物流费用所抵消。

表 3-8 西部地区基本建设投资变化与交通运输发展状况表

	1999—2003年基本建设投资增幅（%）	铁路里程（千米/万平方千米）	公路里程（千米/万平方千米）	等外路比重（%）
全国		77.5	1948.6	19.0
重庆	527.71	84.5	482.7	25.7
四川	98.54	61.0	2330.8	32.4
贵州	203.14	111.2	2713.4	26.6
云南	90.03	61.3	4396.1	33.6
陕西	212.41	165.9	2774.7	10.2
甘肃	124.70	58.9	1351.8	22.4
青海	211.24	15.1	389.7	9.7
宁夏	366.16	120.0	1867.4	1.1
新疆	140.29	17.3	542.7	21.6
内蒙古	222.22	57.6	690.7	11.3
广西	175.47	119.0	2595.8	20.8

说明：铁路里程、公路里程、等外路比重为2004年数据；西藏因资料不全，未收录其中。资料来源：根据《中国统计年鉴2005》相关数据计算；白永秀：《西部大开发五年来的历史回顾与前瞻》，载《西北大学学报》，2005年第1期。

从人力资源看,西部地区人力资源廉价而丰富,但技术劳动力缺乏,由于经济基础薄弱,教育投资能力有限,西部地区劳动力的平均受教育时间要比东部沿海发达地区和城市要少得多。以基础教育为例,截至 2000 年底,全国实现"普九"的人口地区为 85%,实现"普六"的人口地区为 12%,尚未实现"普六"的人口地区为 3%,这 3% 的地区全部在西部,其中主要是青海、西藏、贵州、宁夏等少数民族聚居的贫困地区。与此同时,受物质待遇、就业机会、发展空间等因素的影响,西部地区的专业技术人才、管理人才、受过基础教育或有一定技能的普通劳动者,源源不断地通过毕业分配、工作调动、民工潮等途径大量涌向东部发达地区,使西部沉淀下来的人力资源素质更为低下、结构更不合理。人力成本低廉而技术劳动力资源匮乏,意味着西部地区总体上并不具备发展对技术、知识、信息等要素要求较高的高科技产业及其他技术密集型产业,只适合传统劳动密集型产业生存,而污染更多是来自这类产业。

从产业发展基础看,良好的产业发展基础可以从市场培养、熟练劳动力寻找、人力资本积累以及协作配套条件等方面,为置身其中的企业带来运营便利和成本节约。一般来说,技术档次较高的企业需要雇佣更高水平的管理人员和技术人员,对金融服务、现代物流及其他外部协作配套条件都比较高,因而更愿意选择产业基础雄厚的区位进行投资。20 世纪 90 年代以来,随着外商直接投资企业技术档次的提高,东部沿海地区外资出现了从珠三角地区向长三角地区、环渤海地区北上迁移的态势(见表 3—9),其目的就是为了利用中北部沿海地区良好的商业环境、人文环境、科技条件和产业基础。西部绝大部分地区工业基础薄弱,工业总体规模小,产业结构单一,产业配套能力弱,企业经济效益差。西部第三产业主要是建立在商业、饮食服务业、交通运输业等传统服务业基础之上,直接为第一、二产业服务的科技推广服务业、咨询业、金融保险业、教育培训业等现代服务业发展落后，不能满足跨国公司等大企业的需要。

表3-9 外商实际投资在沿海地区内部分布的变化

	1983—1990	1991—1999	2000	2001	2002
全国合计	100.00	100.00	100.00	100.00	100.00
北部沿海	20.76	20.81	20.47	21.97	25.79
中部沿海	13.28	24.17	26.63	27.77	30.43
南部沿海	56.06	42.74	40.97	38.09	27.58

资料来源：商务部和中国社会科学院联合课题组：《我国外商投资梯度转移问题研究》，载《中国工业经济》，2004年第4期。

从市场制度层面看，市场制度供给是生产要素充分流动和空间重置效率的制度保障，由于地处内陆边疆、经济封闭落后、市场发育程度低、市场化改革滞后、社会价值观念传统保守等因素的影响，西部地区无论是在显性的还是隐性的市场制度供给方面，都是不充分的，其市场化程度是中国大陆最低的区域。西部地区制度缺陷及其对外部优质企业的投资抑制机制主要表现在：(1) 传统体制惯性以及西部地区国有经济比重过大的经济环境，使地方政府及其工作人员习惯于用人治而不是法治、用计划手段而不是市场手段管理企业，企业的经济自由常常受到限制；(2) 地方政府缺乏透明度，缺乏令行禁止的法律框架来执行合同，投资者无法形成稳定的投资预期；(3) 地方财政的紧环境以及地方政府行政扩张和经济扩张的冲动，容易使政府部门利用行政权威对企业利益进行侵蚀，导致在西部需要支付的不合法费用也比沿海发达地区更多；(4) 西部地区行政体系存在的政府机构设置重叠，部门职能分工不明确，相互之间推诿扯皮等现象，以及部分政府工作人员对引资工作的消极懈怠，对外来投资者有意无意设置的障碍等等，使企业不得不承受因地方政府缺乏透明度，办事环节多、节奏慢、效率低带来的种种不便和损失。

上述分析表明，以西部地区现有的条件，吸引高成长性企业到西部发展的难度很大，而最有可能吸引过来的是一些在东部地区已经失去竞争力的企业和一些自然资源导向型的外商投资企业，而污染也主要与这样的产业或企业相联结。

二、地方政府经济增长偏好与"东污西移"

与跨国投资相比，跨区投资活动的区际市场进入壁垒虽然很小，但是，区外企业要想到西部地区投资办厂，仍然需要得到投资吸收地区地方政府的许可，因此，伴随企业跨区投资活动而形成的"东污西移"必然与地方政府在经济增长与环境保护关系问题上的立场有关。经济增长与环境保护是地区利益函数中的两个主要变量，二者既有互促的一面，也有冲突的一面。互促的一面表现在：经济增长为环保提供资金和技术支持，并形成环保需求；环境保护诱发的环保用品市场以及所导致的环境力的提高，可以缓解经济增长的市场约束、降低企业环境风险、改善投资环境等等。冲突的一面表现在，经济增长与环境保护都需要占用资源，增加环保投入必然要减少经济增长投入。在实践中，由于以下一些原因，西部地区地方政府对经济增长赋予的权数要远远大于环境保护，表现出明显的重经济增长轻环境保护倾向。

1. 地区经济发展压力巨大

市场化经济体制改革使地区成为一个相对独立的经济单元之后，地区利益的实现比以往任何时候都更需要地方政府的持续关注和努力争取，在这种情况下，地区利益越来越成为地方政府行为的基本出发点和推动力。地区利益包括地区社会政治、经济、文化的发展和本地居民的社会福利（或社会总效用）的提高，是一个多种利益元素（目标）的集合。在资源约束型的经济环境中，社会、政治、经济、文化等各种利益目标的实现必然有先有后，资源投入也肯定会有多有少、有轻有重。尽管随着外部环境和种种约束条件的变化，地方政府的偏好序列会作相应的调整，但是，地区经济总量和地区财政收入的增长、实现就业、提高本地区人民生活水平、建立比较完善和有竞争力的地区产业结构、扩大地区对外开放程度等等经济层面的需要，无疑构成了地区利益的主要内容，成为地方政府目标函数中具有长远和带有强烈愿望特点的第一偏好。西部地区由于经济落后，经济发展责任和压力巨大，地方政府对经济目标的偏好相对也更加强烈。典型的案例就是怒江水电工程之争，期间，怒江傈僳族自治州政府一直站在前台积极呼吁和推动怒江水电资源开发，力主怒江应当为怒江人民造福。怒江州政府如此立场的背后，实际是地方经济贫困的巨大压力与水电开发巨大经济利益的驱动使然。怒江傈僳族自治州位于怒江中下游，发展条件恶劣，是云南乃至全国最贫困的地区。2000 年，怒江傈僳族自治州全年的财政收入只有 1.05 亿元，比 15 年前只增加了 3000 多万元，财政自给率仅为 14.7%。2003 年全州 GDP 为 14.10 亿元，人均 GDP 位列云南各地州倒数第二，财政收入 1.26 亿元，位列云南省 8 个自治州的第七位，略高于迪庆藏族自治州（0.94 亿元），但比位居第六名的德宏傣族景颇族自治州（3.08 亿元）低了 1.82 亿元。而开发怒江水电资源、发展水电产业可以极大地改善这种贫困状态，促进地区经济发展。根据规划，怒江中下游 13 个梯级电站总投资 896.5 亿元，如果如期建设，平均每年投入将为 30 多亿元，国税年收入因此增加 51.99 亿元，地税年收入增加 27.18 亿元；电站建设每投入 20 万元，就会带来一个长期就业机会，896.5 亿元总投资将带来 448250 个长期就业机会；巨额投资还将带动地方建材、交通等第二、三产业的发展，带动地方 GDP 增长，促进财政增收；梯级电站的建设，将使电力成为地方的新兴支柱产业，为地方经济和社会发展奠定坚实的基础。①

2. 地方政府的经济人角色

在几乎所有涉及经济发展与环境保护关系的公开场合，地方政府的表现通常是，从不否定生态环境保护的重要性，但强调必须在发展中进行，主张谋求生态保护与经济发展的双赢，但同时，又常常低估资源开发项目的生态环境负效应。所以如此，与地方政府的经济人角色有关。首先，经济人是自利的，政府官员也不例外，他们不仅关心在任期间地区经济利益的实现程度，更关心自身的利益（如上级的嘉奖、官员的升迁等）是否能够得到最大。在我国现行的政治和经济体制下，一个能够带来地区经济发展，提高老百姓的生活水平，受到当地人民爱戴并享有威望的政府官员，更容易获得表彰和提升，并由此增大该官员的物质利益。其次，自利的经济人只能做到有限理性，即使是精英政府，政府官员也并非无所不能、无所不知，他们同样具有人类所共有的一些弱点，如知识与智能的有限性，在一项资源开发活动没有开始之前，他们同样要面对信息不完全问题。即使他们主观上非常愿意关注经济活动的生态效应，但也会由于种种原因不容易做到。最后，经济人存在机会主义倾向，在可持续发展领域，地方政府的机会主义倾向表现为：不积极承接、参与和落实国家分解的可持续发展目标和具体任务，利用各种机会和手段减轻自己的环保责任和任务，甚至我行我素。这种偏离中央政府意志，妨碍国家可持续发展战略实现的机会主义行为在目前的政治经济体制下很容易得逞。其原因主要有：（1）相对于中央政府，地方政府拥有关于本地经济、资源、环境等各方面的信息优势，使其得以利用这一优势规避因为经济活动的环境负效应而可能招致的来自

---

① 魏刚：《谁是大坝背后的利益方》，中国能源网，www.china5e.com，2005 年 7 月 12 日。

中央政府的批评和惩罚。(2) 在现行的行政体制下，中央政府关于"环境保护目标责任制"的制度安排，由于缺乏强有力的实施机制而处于一种尴尬的软约束状态。(3) 许多生态环境问题都是长期累积的结果，很难说是哪一项经济活动使然，因此，当生态环境问题趋于严重以至引起社会和政府的关注时，很难合乎情理地归责于具体的哪一个工程项目、哪一届政府，从而使惩罚机制因为找不到对象而无法运行。(4) 在多元化的官员政绩评价体系中，环保指标通常更为原则化、弹性化，而经济指标则更为具体化、硬性化，也促使地方政府官员更关心地方经济的发展和繁荣，而对生态建设和环境保护则有所忽略。

3. 生态环境效应的特点

生态环境负效应的外部性、隐蔽性以及生态环境治理效应的长期性特点，进一步滋长了地方行政组织的环境弱偏好倾向。从外部性看，资源开发活动可能导致的环境污染是一种外部性极大的行为，它的扩散是没有地界限制的，典型如河流污染、大气污染等。当地区之间不具有相互的行政隶属关系，各行政区域政府就会倾向于从自身利益出发选择行政激励的方向就可能是经济增长而非环境保护和生态建设。即使因资源开发活动导致生态系统价值降低或流失，但由于生态价值归属于整个社会经济体，而不是开发区域自身，因而生态价值的损失部分是由包括开发区域在内的整个社会分摊的，从而减弱了开发区域及其地方政府的压力。从隐蔽性看，生态系统的自调节机制，使得一项开发活动从其启动到它造成的环境破坏性后果为人所感知之时，存在时间和空间上的差异。因此，一项开发活动对生态环境的负效应究竟有多大，很难被人们在开发活动发生之时所料及并做出充分的反应。从长期性看，生态环境的改善需要相当长的时间。美国为使被污染的芝加哥河水质得到初步改善，先后花了 80 年时间和 6 亿美元的费用；英国政府为恢复泰晤士河的生机，耗时 25 年，投入了5亿英镑①。自然生态的修复,用时更长。据估计,形成一厘米厚的表土需要100年到400年,要使一个地区积蓄土壤并形成具有生产力的土地,则需要3000年到12000年之久②。而任何一届地方政府的任期都是相对较短的,要在有限的任期内做出看得见的、能够增加自己资本的政绩,与见效慢的生态环境建设相比,见效快的经济增长更容易得到地方官员的青睐。进一步看,即使一些有远见卓识的地方官员真的肯下决心整治环境,社会或上级政府也很难客观评价其环境治理业绩。因为环境质量的改善属于公共产品,有很强的外溢效应,甲地环境质量的改善,很难判断出有多少功劳应归功于甲地官员的努力,而又多少是由于邻近的乙地或丙地环境质量改善所带来的结果。在这种情况下,任期有限的地方官员,在评价目前的经济利益和长远的环境利益时,总是更重视目前的经济利益,而对生态环境治理这类"前人栽树,后人乘凉"效应显著的环境利益,总是缺乏足够的自我激励。

4. 其他地区环境行为的影响

生态环境系统内在的联系性、传导性,决定了一个区域生态环境的改善,既取决于本区域的环保努力,还要受到其他区域的环境状况及环保努力的影响,特别是一些跨区域、跨流域的环境治理更是需要多区域的协调和配合。在这种情况下,其他区域的环境机会主义行为,会让做出较大环保努力的区域感到吃亏、不值当,产生不公平感,结果不仅滋生区域间的矛盾和冲突,还会导致环境机会主义行为的泛滥,最终使环境治理目标落空。淮河治污就是这方面的典型例子。从1994年国务院确定到20世纪末

---

① 刘贵贤:《生命之源的危机》,昆仑出版社,1989 版,第 313 页。
② 范业强、李英时主编:《寻求发展的社会》,华夏出版社,1988 年版,第 247 页。

实现淮河干流和主要支流水变清的目标，到 2004 年年底，淮河治污历时 10 年，但水质却并没有得到有效改善。淮河治污的失效，与地方政府的环境行为及其相互影响有很强的关联性。淮河治污的重要措施之一是关停所有 5000 吨以下的造纸企业。但在执行的力度上是不一致的，一些管得比较松，政策执行没那么严格的地区（假设为 A 区域），就能吸引其他地区小造纸厂迁入，对于迁出地区而言，这意味着地方 GDP 的流失。而有些地区（假设为 B 区域）的"上有政策，下有对策"的办法，则是在关停生产能力 5000 吨以下小造纸的同时，整合出若干动辄生产能力达几万吨的大厂，可照样不上治污设施，或是虽然上了但根本不运行。在这种情况下，A、B 区域的环境机会主义行为必然会对严格执行国家环保政策的地区（假设为 C 区域）产生示范效应，使其从一个较强的环保努力者转变为一个弱环保努力者，甚至环保不作为者。

5. 地方政府实际感受到的环境压力不足

西部地区生态环境脆弱，但地方政府实际感受到的环境压力却并不是很大。其原因，一是社会环保需求后列。西部地区由于经济发展落后、人均收入水平低，居民对环境质量需求不如物质利益需求来得迫切，这使得地方政府忽视环境保护片面追求经济增长的倾向，不致遭受太多的来自辖区内利益相关者的环保诉求和舆论压力。二是中央政府赋予地方政府的环境促进责任要求缺乏刚性。为明确各级地方政府行政首脑承担的环保职责，促进各级地方政府重视并履行其环保职能，我国早在 1990 年就开始实行"环境保护目标责任制"，要求各级地方政府行政首脑之间必须自上而下，逐级签订环境责任状，并纳入地方政府及其官员的政绩考核范围。但由于下一级地方政府的环境政绩是由与之具有多方面共同利益的上一级地方政府承担，中央政府并不介入其中，于是，地方政府之间的环境政绩考核就演变成了同一主体之间的自我考核，很容易流于形式，特别是对于那些经济政绩突出的下级政府，即使没有完成环境指标，上级地方政府也会网开一面。

在招商引资中，这种重经济增长轻环境保护倾向由于受到地区引资竞争力的制约，不能吸引到高成长性、高新技术、高环保的外部优质企业到西部发展，地方政府就可能转而求其次，接受那些在东部地区已经丧失了竞争力的高耗物、高耗能、高污染的衰退型产业和企业，尤其是对于西部那些老少边山穷地区，引入一个项目或企业是很不容易的，在就业与温饱面前，当地政府就难免来者不拒。因此，尽管国家三令五申严禁在西部开发中向西部转移污染企业，牺牲环境搞开发，西部各省区在招商引资洽谈会上也明确提出"招商引资拒绝环境污染"的要求，但实际上却对污染企业西进"睁一只眼、闭一只眼"，在不少地方，引资的同时也引进了污染。

三、结论与建议

促进外商及东部企业到西部投资办厂，是改变西部地区落后面貌、缩小东西发展差距的有效途径，然而，以西部地区目前的各项条件看，最有可能吸引到的跨区投资主体是传统产业中的工业企业，这样的企业在生产中几乎不可能不排放废水废气。西部招商引资陷入两难僵局，这也是西部大开发战略实施以来，西部地区招商引资雷声大、雨点小的重要原因。摆脱这一僵局，需要西部地区拓宽引资思路、调整引资策略、改善环境保护政策机制。

1. 加强对跨区投资活动的产业引导，适当调整引资结构，提高西进东企的技术含量和"清洁"程度。

（1）将跨区投资引向西部特色产业，比如民族医药产业。西部地区是我国重要的天然药物宝库，其中云南可用于药用的植物达6500多种，四川有高等植物1万余种，约有4500种都是可利用的药用植物,贵州也有4290种药用植物可供开发,在全国重点普查的363种常用中药材中,宁夏有157种,占43.3%,在全国重点保护的42个药用植物物种中,宁夏占了7个,此外,宁夏和整个西北地区还是全国最大的麻黄草和甘草种植与加工基地。由于野生中药材资源的逐渐枯竭以及国际市场对天然药物的需求,近年来,西部各省区市都纷纷开展了广泛的特色中药材种植,比如,宁夏计划用10年时间初步建成30万亩优质枸杞基地,35万亩黄芪、银柴胡等中药材人工种植基地,30万亩甘草、苦豆子天然药材基地,麻黄在现有2万亩种植面积的基础上,扩大到5万亩,形成百万亩药材种植基地规模,并逐步实现基地化建设、规模化经营、规范化管理、产业化推进。西部还是我国民族药业的主要集中地,经过长期实践,西部地区形成了藏药、蒙药、维药、傣药、苗药、彝药等10余种独具特色的民族医药。近年来民族药业发展迅速,以藏药为例,青海藏药开发年产值短短数年间已突破1亿元。青海晶珠藏药药业有限公司与中国科学院藏药现代化研究中心紧密合作,开发出了胶囊、口服液、滴丸、软胶囊等现代藏药新剂型,建成了藏药现代化生产基地。依托当地丰富的生物资源和特色中药材种植基地,西部地区近几年诞生了一批以中药为主的大型企业,如太极集团、成都地奥、云南白药、贵州神奇、西藏药业等全国知名的中药企业以及一大批中小型中药企业。中医药产业广阔的市场前景、西部地区丰富的中药材资源以及良好的中医药产业发展基础和地方政府对中医药产业的大力扶持所形成的产业竞争优势,对外部资本会具有强大的吸引力。对西部地区来说,与立足于人力资源比较成本优势的引资方式相比,依托特色产业垄断优势的引资方式,更可能吸引到跨国公司及国内大型企业等优良资本到西部发展,提高西进东企的技术含量,避免在资本流动和产业转移中跌入"比较优势陷阱"。

(2) 将西进资本引向服务产业。相对于传统制造业而言,服务产业尤其是其中的现代服务业是更为"清洁"的行业，资源压力小，环境污染和破坏程度低，就业带动效应明显，同时还是西部经济发展和对外开放过程中最具有财富效应，因而也是最有可能吸引国内外逐利资本参与的一个领域。资料显示，中国—东盟自由贸易区建立以来，经北部湾各港口进入西南地区的物流运输迅猛增长，2004年从湛江、防城和北部湾等港口上岸运往云、贵、川的石油量同比增长64%，矿石建材运量同比增长70%，工业原料运输同比增长65%。相应地，对口岸、仓储、运输、通讯、金融、保险、生活服务业等服务需求也大幅增长。再以物流为例，一直以来，我国在物流方面的成本都比较高，在物流环节投入的成本占产品总价值的15%-20%，西部地区因地处内陆物流成本更高，而美国仅为10%，这意味着投资物流这块业务有比较大的发展空间。与此同时，由于物流成本过高是西部地区引资的一大不利因素，因此，西部各省区市近年来都十分重视加速发展现代物流：四川的第三方物流企业已发展到100多家，成都市已经规划出布局合理、功能完善的四大物流集中发展区；广西利用一年一度的中国—东盟博览会落户南宁的契机，计划将南宁打造成中国—东盟商品进出口集散中心。再加上服务业市场的分割性和服务产品的不可流动性特点给投资者带来的市场垄断优势，西部物流业无疑会引起外部资本的投资兴趣。因此，西部地区应当实行更加自由化的产业进入政策，开放服务贸易领域，允许和鼓励国内外资本参与西部商贸、租赁、速递、货物储运、包装、口岸设施、交通、电信、旅游、电子商务、金融保险及其他市政基础服务设施项目的投资和建设，优化西部地区的引资结构。

2. 建立有效的约束——引导机制，促进西进企业提高环保意识，增加环保投入，实现产业转型。

受地区经济发展水平和投资环境的约束，在短中期内，进入西部地区发展的将主要是那些在东部沿海发达地区和城市已经丧失了比较竞争优势的传统制造业企业，这些企业大多属于高能耗、高原材料消耗、高污染排放而又缺乏环保投资能力的中小型企业。对这类企业不能采取简单的关停或绝对排斥政策，否则，西部地区将失去许多发展机会，西部工业化进程也将因此放慢脚步。积极的做法应当是将西部生态环境保护与推动地区经济发展结合起来，建立积极有效的约束、引导企业环境行为的政策机制，提高企业环保意识，促使其增加环保投入，加强企业生产经营过程的环境管理，实现产业转型。

（1）加大对西进企业环保建设项目的资金支持和技术支持力度。传统制造业的西进企业规模小，资金自我积累能力低，作为外来投资者，在投资地还可能遭遇当地金融力量的歧视而面临融资困难，另一方面，传统制造业的西进企业多为劳动密集型中小企业，技术水平低，缺乏实施环境保护的技术力量和技术手段。资金与技术的双重约束使得企业根本无力上治污设备或项目，一些企业为避免被停产的厄运，不得不与环保部门玩起"猫捉老鼠"的游戏或干脆向政府部门或官员"寻租"。因此，政府有必要建立和扩大各类中小企业发展基金及其规模，并在其中设立环保基金，以专项贴息贷款、专项投资补贴的方式支持中小企业的污染治理项目；建立和完善中小企业环保技术援助中心，为包括西进企业在内的各类中小企业提供先进、适用的环保技术，缓解西进传统制造业企业环境保护的资金瓶颈和技术瓶颈。

（2）加强对西进企业空间坐落的合理规划，降低西进企业的环境负效应。

一方面，不同区域对环境污染的承受力以及对不同污染物的承受力是不一样的，而不同类型企业排放的废弃物也是不一样的，因此，如果各地方政府能够会同有关专业部门分析本地不同地区的环境优势，再根据不同区域的环境条件，做好西进企业落户区的区域规划,就可以大大减轻西进企业对当地环境的负面影响。另一方面,传统制造产业西进企业多为中小型企业,缺乏治污的规模经济,单个企业的治污成本很高,而实行西进企业相对集中的工业园区发展模式,可以把分散、无序的污染源聚集在一起,便于实行环境污染的集中控制,降低单位企业的治污成本,同时,也有利于对园区企业实行集中供热、供水、供电,节约资源消耗,发展循环经济。污染源的相对集中,也便于环境监管,降低环境监管成本,提高环境监管效率。

(3) 实行鼓励"清洁"生产和产业转型的优惠政策,将西进污染企业转变成西部环境治理和生态建设的有生力量。环保投入对于企业来说是一种额外的成本,因此,企业通常实行最小化的环境努力行为,环境投入或环境努力最大边界的确定只以不被环保部门发现或达到现行环境政策最低要求为原则。在这种情况下,要想将西进污染企业转变成西部环境治理和生态建设的有生力量,除了市场机制对污染企业及其产品的选择和淘汰机制的压力作用之外,还需要政府进行环境管理制度创新,通过税收减免、贴息或低息贷款、土地使用权获得以及市场准入等方面的优惠,促进企业将环境保护贯穿于生产经营的全过程,实行"清洁"生产方式,或向环保型产业转移,优化西进企业的产业结构和西部地区的区域经济结构,最终促进经济与环境的协调发展。

3. 促进地方政府行为从经济增长主导向公共服务主导转变,增强地方政府的可持续发展偏好。

(1) 严格地方政府环保职能,强化中央政府对地方政府环保职能履行情况的监督和控制。人口、资源、环境的可持续发展是我国的一项重要战略,实施这项战略需要地方政府对中央政府的环境努力做出更加积极的响应。中央政府应当充分发挥其制度优势,调整和优化环境管理制度,严格地方政府的环境促进责任,增大地方官员可感知的环境政绩压力,将地方政府的经济增长偏好限制在当地环境所能承受的压力范围之内。具体包括：明确划分中央政府与地方政府在环境管理上的职责；树立中央政府在环境治理上的绝对权威，弱化地方政府对本地环保行政机构的控制能力；改革现行的"环境目标责任制"，将地方各级政府的环境保护绩效考评纳入中央政府责权范围，避免地方上级政府对下级政府在环境保护方面的姑息迁就；根据不同地区的环境承受能力，实行地区差异化的环保标准，使不同地区拥有不同的环境优势，降低地区经济发展的环保门槛，使地方政府谋求经济增长与环境保护协调发展的努力能够有更大的实现空间和可能。

（2）减轻地方政府的经济发展压力，消除地方政府经济增长偏好赖以形成的利益基础，从根本上扭转地方政府重经济增长而忽视环境保护的倾向。为此，有必要从可持续发展的利益出发，重新设计地方政府业绩评价体系，促进地方政府从经济建设主导型政府向公共服务主导型政府转变；建立健全生态环境建设的利益补偿机制，如果某地区注定了必须为国家的生态环境利益付出生态资源开发利益的代价，那么，中央财政应当通过转移支付或其他方式对该地区进行等价的利益补偿；完善自然资源的价格形成机制，改变资源无价、低价的状态，同时，在中央政府与地方政府之间合理划分资源产权，改善西部资源开发中的利益分配机制，提高西部资源开发收益的当地返还率，促进资源产出地的资金积累。

第四章　民族地区工业投资活动的环境效应

　　各项投资活动，无论是财政投资，还是企业跨区投资，或是区内民间投资，最后都要落实到产业上，因而有必要关注产业投资活动的环境效应。我国从20世纪80年代开始，伴随着工业化、城市化进程的加快，经济的高速发展，资源消耗的迅速增加，工业对环境的污染与破坏日益加重。到20世纪90年代中期，工业污染已成为我国环境污染控制的重点，以致国务院1996年发布的《关于环境保护若干问题的决定》明确提出针对工业污染的"一控双达标"任务，要求到2000年底所有工业污染源都要达标排放。工业发展伴随着投资的增长而发展，没有工业投资，工业发展将停滞不前，但如果一个地区工业投资过猛，会造成工业污染加速。反过来，如果一个地区在工业的某些方面（如环保技术领域）投资过少，也会影响当地生态环境的保护。近年来，伴随着西部大开发战略的实施，民族地区工业发展加速，局部地区已经出现了严重的工业污染问题。并且，由于民族地区工业发展总体上还处于工业化的初、中期阶段，随着各地工业化程度的提高，民族地区必然要面对更加严重的工业污染和环境破坏问题。因此，有必要对工业投资的环境效应及其发生机制进行分析，以便采取适当的应对措施，减少工业发展对环境的负面影响。

第一节 民族地区工业发展
必须关注其环境效应

一、民族地区工业投资现状

我国的大部分民族地区都是落后地区,工业发展相对滞后,工业投资增长相对缓慢。以工业固定资产投资额为例,从表4－1[①]和图4.1可以看出,五大少数民族自治区1996~2004年工业固定资产投资额,除内蒙古在1999年后增长较快之外,其他四个少数民族自治区增长缓慢,特别是西藏,不但额度小,而且在这几年中几乎没有增长,与东部发达地区相比有很大差距。表4－2为2004年民族自治地区与东部和中部地区工业固定资产投资额的比较,可以看出5个民族自治地区要比广东(2151.23亿元)、江苏(3184.73亿元)等东部地区工业强省少得多,而且,除了内蒙古,与中部地区的湖北(856.99亿元)、江西(573.62元)等省相比也相对较少,特别是西藏,不但发展速度慢,总量也是惊人的小,2004年的工业固定资产投资额才23.79亿元,差不多是广东的1/100,江苏的1/134,足以说明西藏地区工业投资的匮乏。由此可见,民族地区工业固定资产投资要少于东、中部的省区,且总体来说增长缓慢。

[①] 为统计方便,笔者对各地区的工业行业进行了归类,工业企业分行业主要指标统计范围为全部国有工业企业和年产品销售收入500万元及以上非国有工业。由于第二章已对民族地区能源矿产的开发而引起的环境问题作了具体的分析,在此没有对其进行分析,表4－2也按此原则划分。

表4-1 1996—2004年各自治区工业固定资产投资额（单位：亿元）

年份	1996	1997	1998	1999	2000	2001	2002	2003	2004
内蒙古	136.68	134.51	113.04	82.68	102.63	144.22	226.55	498.5	904.92
广西	133.88	114.18	129.57	125.31	146.37	139.42	197.94	294.35	398.88
西藏	6.53	8.56	7.94	8.07	11.5	8.73	16.5	25.15	23.79
宁夏	33.63	36.87	32.1	42.21	49.85	63.36	66.77	107.67	148.6
新疆	187.11	190.19	196.13	214.53	230.24	255.03	278.34	326.98	441.76

资料来源：中国经济信息网 http://db-edu.cei.gov.cn

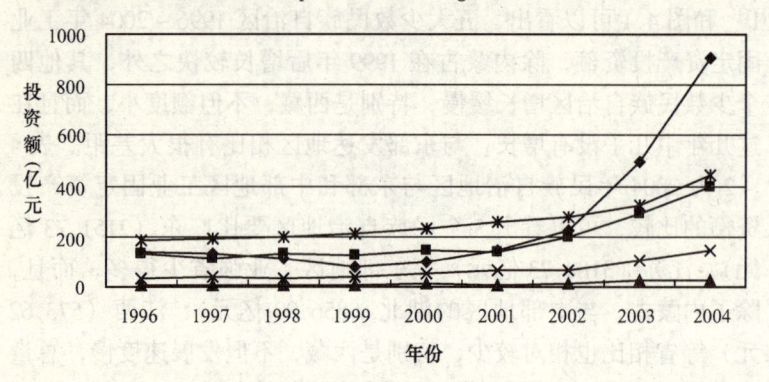

图4.1 1996—2004年各自治区工业固定资产投资情况

表4-2 2004年部分地区工业固定资产投资额（亿元）

地区	投资额	地区	投资额
广东	2151.23	内蒙古	904.92
江苏	3184.73	新疆	441.76
福建	689.71	广西	398.88
湖北	856.99	宁夏	148.6
江西	573.62	西藏	23.79

资料来源：《中国统计年鉴2005》。

在环境治理投资方面，根据国外经验，污染治理投资占国民生产总值的 1%—1.5%，环境污染恶化有可能得到控制，环境状况大体能够保持在人们可以接受的水平上；如果达到 2%—3%，环境质量可得到改善。从表 4-3 情况看，2003 年，云南、内蒙和新疆在污染治理项目完成的投资都达到了控制污染恶化的要求，且宁夏回族自治区达到了可改善环境的要求，但是，青海和西藏还很低，特别是工业相对发达的广西，并没有达到可控制环境污染的水平。且从整体上看，民族地区的污染治理项目完成投资在总量上与东、中部地区相差太大。

表 4-3　2003 年各地区污染治理项目完成投资对比情况

地区	①污染治理项目完成投资（万元）	②地区生产总值（亿元）	①/②
广东	250649.8	13625.87	1.84%
江苏	150278.8	12460.83	1.21%
浙江	104529.7	9395	1.11%
山东	351545	12435.93	2.83%
河南	94855.3	7048.59	1.35%
湖北	94314.3	5401.71	1.75%
安徽	58087	3972.38	1.46%

地区	①污染治理项目完成投资（万元）	②地区生产总值（亿元）	①/②
云南	44830	2959.48	1.51%
广西	24029.8	3320.1	0.72%
内蒙古	27697.9	2712.077	1.02%
宁夏	11747	460.35	2.55%
新疆	26508.8	2200.15	1.20%
西藏	390	211.54	0.18%
青海	390.21	2403	0.62%

资料来源：中国经济信息网，http://db-edu.cei.gov.cn；中华人民共和国国家统计局网站，环境统计数据 2003，http://www.stats.gov.cn/tjsj/qtsj/hjtjzl/hjtjsj2003/，经笔者整理计算。

二、民族地区工业投资引致的环境污染

在全国工业迅速发展的带动下,民族地区工业也有所发展,与东部地区一样,工业发展的同时也带来了工业污染。表4-4是1991—2004年民族地区与其他地区的环境污染与破坏事故比较。从总体上看,民族地区工业污染水平低于东部地区,但与东部地区环境污染逐年减少相比,部分民族地区的环境污染有增加的趋势,如广西、云南,这跟近年来这两个地区工业发展比较迅速有着很大的关系。

然而,民族地区工业发展并没有太注重环境污染的治理,随工业废气污染而产生的酸雨"逼近"青藏高原以东地区及四川盆地等民族地区;广西更是普遍出现了酸雨污染,除南部滨海地区,大部分地区酸雨频率在30%以上;贵州、云南的大部分地区也有酸雨存在。图4.2是1991—2004年各自治区废气排放情况,与图4.1相比较,各自治区废气排放量与工业固定资产投资有着同向变化的趋势。

表4-4 1991—2004年部分省区环境污染与破坏事故次数对比表

年份	内蒙古	广西	云南	西藏	宁夏	新疆	江苏	浙江	广东	湖南
1991	18	188	54	—	2	21	490	219	227	179
1992	18	244	50	0	7	11	352	124	220	230
1993	29	244	99	—	5	18	290	141	182	290
1994	24	334	108	—	6	15	311	239	229	211
1995	26	—	—	—	—	14	426	—	125	301
1996	11	—	78	—	9	58	—	184	—	—
1997	20	374	67	3	3	7	97	169	139	2
1998	22	197	—	—	1	12	103	178	135	—
1999	11	280	148	—	6	14	103	44	171	13
2000	9	242	139	—	9	9	98	179	127	317
2001	10	383	95	—	1	5	30	179	49	238

第四章　民族地区工业投资活动的环境效应　　181

续表

年份	内蒙古	广西	云南	西藏	宁夏	新疆	江苏	浙江	广东	湖南
2002	12	358	94	—	1	21	37	164	59	340
2003	10	406	115	16	7	—	30	229	49	314
2004	11	218	124	1	3	13	50	80	42	235

资料来源：《中国统计年鉴2005》。

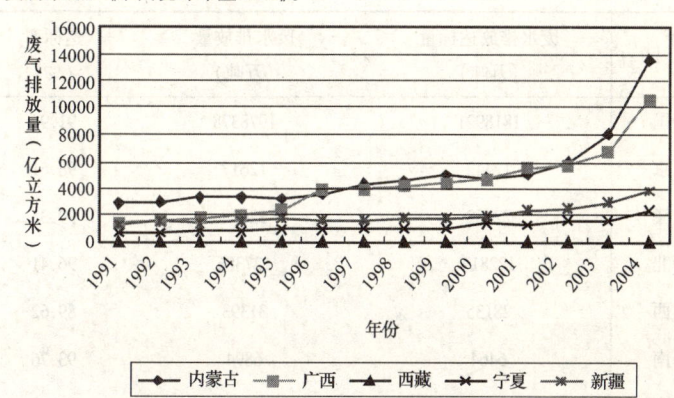

图 4.2　1991—2004 年各自治区废气排放量（亿立方米）
资料来源：中国经济信息网，http://db-edu.cei.gov.cn。

随着工业发展和工业投资的进行，民族地区工业废水问题也日趋严重。从工业废水排放和工业废水达标率来看（见表 4-5），除广西外，其他各个自治区的工业废水排放量都低于东部（海南除外）和中部地区的各省市，少数民族相对集中的云南、青海、甘肃和贵州[①]的工业废水排放量也不大；但从工业废水

---

① 云南省有 8 个少数民族自治州：西双版纳傣族自治州、德宏傣族景颇族自治州、怒江傈僳族自治州、大理白族自治州、迪庆藏族自治州、红河哈尼族彝族自治州、文山壮族苗族自治州、楚雄彝族自治州；青海省有 6 个少数民族自治州：玉树藏族自治州、海南藏族自治州、黄南藏族自治州、海北藏族自治州、果洛藏族自治州、海西蒙古族藏族自治州；贵州省有 3 个少数民族自治州：黔东南苗族侗族自治州、黔南布依族苗族自治州、黔西南布依族苗族自治州，且这些省市少数民族与汉族经济活动往来频繁，在一定程度上我们把它们认为次一级的"少数民族自治区"。在本章后面的分析中，也沿用这个原则。

排放的达标率看，民族自治区的达标率低于全国平均水平，除了广西的达标率略高于广东、湖南、湖北外，其他的也都低于东部、中部的省市，特别是新疆和内蒙古，只略高于60%，情况令人担忧。

表4-5 2004年全国各地区工业废水排放及达标情况

地 区	废水排放达标量（万吨）	废水排放量（万吨）	达标率（%）
全国	1818921	1978378	91.94
北京	12442	12617	98.61
天津	22482	22628	99.35
河北	122817	127386	96.41
山西	28135	31393	89.62
海南	6464	6894	93.76
辽宁	86234	91810	93.93
吉林	26668	33568	79.44
黑龙江	42339	45190	93.69
上海	54255	56359	96.27
江苏	256210	263538	97.22
浙江	158556	165274	95.94
安徽	62076	64054	96.91
福建	111989	115228	97.19
江西	48720	54949	88.66
山东	124839	128706	97.00
河南	109909	117328	93.68
湖北	83591	97451	85.78

续表

地区	废水排放达标量（万吨）	废水排放量（万吨）	达标率（%）
湖南	102990	123126	83.65
广东	138162	164728	83.87
陕西	33737	36833	91.59
重庆	77560	83031	93.41
四川	103048	119223	86.43
甘肃	13390	18293	73.20
青海	2223	3544	62.73
贵州	9374	16119	58.15
云南	28697	38402	74.73
内蒙古	13968	22848	61.13
西藏		993	—
广西	106282	122731	86.60
宁夏	7676	9510	80.72
新疆	10847	17671	61.38

资料来源:《中国统计年鉴 2005》。

三、民族地区环境保护的必要性

民族地区地域辽阔，从目前情况看工业污染还不是很严重，但民族地区生态环境十分脆弱，环境承载力很低。以水资源为例，在西北干旱、半干旱地区水资源严重短缺，水资源匮乏不但影响到农业、工业、城市化的发展和人类的正常生活，而且更主要的是会造成这些地区的生态环境脆弱，导致该地区的生物种群单一、生态系统构成简单，很小的破坏可能要很长时间内才能恢复甚至造成永久性破坏。因此，在缺水的地区投资建设污染型工业企业的话，势必会影响到这些地区的生态环境，如在一个水源附近建设一个需水量大的工业企业，会破坏原来的用水平衡；在一条小河边建设一个小小的造纸厂、印染厂等就会污染整个河流。民族地区还是我国大江大河的发源地，河流上游的污染，需要对整条河流进行治理，这样就增加了河流治理成本，给中游、下游的环保增加了负担，同时也影响了中游、下游地区的正常用水。由此可见，我国民族地区环境保护应该得到更多的关注。

第二节 民族地区工业投资行业分布与环境

由于各工业行业的技术特点以及它们本身的生产工艺等情况不同，有些工业行业的污染比较严重，如造纸行业、水泥制造业等，而有些工业的污染就很小，如信息工业中的芯片加工等（从工艺角度看，大气污染对这些行业甚至是一个威胁）。所以，如果高污染工业行业的投资过多、过剩，在同等强度的污染防治措施下（在现有的情况下，某些工业行业的污染物并不能理想地全部处理），必然会向生态环境排放更多的污染物，带来更大的生态压力，相反，如果一个地区低污染排放工业行业所占比例大，该地区就容易保持比较好的生态环境。

一、民族地区工业投资的行业分布

与东部、中部地区相比，民族地区工业行业多以高耗物、高耗能、高污染的传统产业和资源产业为主。表4-6和表4-7是分别以行业的企业单位数和行业的工业总产值为标准而体现的广西、内蒙古、新疆三个自治区主要工业行业的分布情况。[①] 从中可以看出，广西、内蒙古和新疆三个少数民族自治区的主要行业中，主要是金属冶炼业、非金属矿物制品业、化工行业和电力、热力的生产供应业，这些都是污染比较严重的行业。设备制造业，特别是其中的信息设备制造业的污染较轻，虽然占了相对比较大的比例，但是跟东部发达省区比起来差得很多（如江苏38.75%，上海36.01%[②]）。

需要特别说明的是电力、热力的生产、供应业，从其占工业企业单位数和工业总产值的比例看不是很高（从占工业企业数比例看：广西7.51%、内蒙古7.47%、新疆4.26%，从工业总产值看：新疆4.25%、广西3.94%），但已大大超出了全国平均水平（全国电力、热力的生产、供应业占全国工业企业数比例的2.27%）。而且，从表4-8来看，占全国2.27%[③] 的电力、热力的生产和供应业却排放了占全国12.72%的工业废水、33.62%的工业废气，并产生占全国21.01%的工业固体废物。显然，电、热力生产供应行业高于全国的比重增加了民族地区的工业废气、

---

① 食品工业包括：农副食品加工业（制糖业）、食品制造业（罐头制造业）、饮料制造业（酒精制造、酒的制造）、烟草制品业（卷烟制造）。

纺织、皮革制品业包括：纺织业、纺织服装、鞋、帽制造业、皮革、毛皮、羽毛（绒）及其制品业。

化学工业包括：石油加工、炼焦及核燃料加工业（炼焦）、化学原料及化学制品制造业（基础化学原料制造）、肥料制造、医药制造业、化学纤维制造业、橡胶制品业、塑料制品业。

金属冶炼及压延加工业：黑色金属冶炼及压延加工业、有色金属冶炼及压延加工业。

设备制造业包括：通用设备制造业、专用设备制造业、交通运输设备制造业、电气机械及器材制造业、通信设备、计算机及其他电子设备制造业、仪器仪表及文化、办公用机械制造业、工艺品及其他制造业。

② 根据《上海统计年鉴》(2005)、《江苏统计年鉴》(2005) 整理计算而得。
③ 根据《中国统计年鉴》(2005) 计算而得。

工业废水和固体废物的排放。根据翟松天、许建龙等人与青海省环保检测中心站1998年对青海省26个主要高耗电企业的污染排放情况进行的跟踪监测[①]，高耗电工业在青海起步不久的1987年，全省仅排放工业废气113.64亿标准立方米、工业废水2741万吨、工业固体废物92.72万吨。经过10多年的发展，到1998年，全省的高耗电工业排放工业废气481亿立方米，占全省的81.7%，废气中有粉（烟）尘43.538吨，占全省总量的30.4%，工业固体废物125万吨，占全省的41.0%，高耗电工业的废水排放为2400万吨，占全省总量的58.6%。而当年，在其工业增加值总额中，高耗电工业增加值仅占27.725%。显然，高耗电工业在贡献每万元工业增加值中所排放的污染物远远高出了其他产业。由此可以看出，民族地区工业行业分布对环境的污染并不是像东部那样以污染工业企业数目多为主要因素，而是以高污染工业行业分布比重相对过大为主要因素。

表4-6　2004年广西、内蒙古、新疆主要工业行业分布情况

	广西		内蒙古		新疆	
	单位数	百分比	单位数	百分比	单位数	百分比
所有工业	3223	100	2275	100	5798	100
食品工业	629	19.52	420	18.46	1341	23.13
纺织、皮革制品业	130	4.03	162	7.12	397	6.85
造纸工业	61	1.89	27	1.19	139	2.40
化学工业	535	16.60	333	14.64	1077	18.58
非金属矿物制品工业	373	11.57	200	8.79	923	15.92
金属冶炼及压延加工业	262	8.13	263	11.56	101	1.74
设备制造业	640	19.86	149	6.55	662	11.42
电力、热力的生产供应业	242	7.51	170	7.47	247	4.26

资料来源：《广西统计年鉴2005》、《内蒙古统计年鉴2005》、《新疆统计年鉴2005》。

---

① 翟松天、许建龙编著：《高耗电工业西移对青海经济和环境的影响》，青海人民出版社，2002年版，第64—65页。

表 4-7 2004 年新疆、广西各行业工业总产值情况

（单位：万元　%）

	新疆		广西	
	各行业工业总产值	占工业产值总和比例	各行业工业总产值	占工业产值总和比例
各工业行业总和	23800753	100	18868447	100
食品工业	2176680	9.15	1703078	9.03
纺织、皮革制品业	1226659	5.15	447240	2.37
造纸工业	114434.5	0.48	410255	2.17
化学工业	4871466	20.47	2335645	12.38
非金属矿物制品工业	562115.1	2.36	988803	5.24
金属冶炼及压延加工业	1359863	5.71	3495810	18.53
设备制造业	591226	2.48	7930072	42.03
电力、热力的生产供应业	1011683	4.25	743770	3.94

资料来源：《中国统计年鉴 2005》。

民族地区工业投资行业分布的上述结构特征，与其所处的经济发展阶段及自然资源禀赋优势有关。

就经济发展阶段而言，我国绝大部分民族地区经济发展尚处于钱纳里所述的工业化第一阶段初期，类似罗斯托的为经济起飞创造条件阶段末与经济起飞阶段初这样一个特殊阶段，也就是说除少部分城市经济处于向工业化中后期转变的发展阶段外，我国大部分民族地区仍处于工业化初、中期。在这一发展阶段，受技术水平、资金积累能力的限制，经济发展还不能大量地投资到信息化产业等高科技化的"环境友好型"产业，而更有可能利用低价格资源获得产品的成本价格优势，走粗放增长道路。而粗放型增长方式的特点是高投入、低产出、高消耗、低效益，生产工艺和技术水平低，靠大量增加投入来扩大经济规模，以外延扩张为

主。这种经济增长方式的后果一是资源被严重浪费,二是生态环境方面出现许多问题。

就自然资源禀赋而言,民族地区是我国资源富集区域(见表4-8),丰富的自然资源是其比较优势所在,由此决定了民族地区工业投资必然走以资源禀赋为中心的产业发展道路。例如,内蒙古自治区金属矿产丰富,其区内的金属冶炼及压延加工业企业所占的比例就比较大(11.56%);新疆境内的石油丰富,所以石油加工业相对就比较多;云南的有色金属储量丰富,所以云南有色金属冶金工业比较发达,是中国有色金属重要生产基地。而这些产业几乎都属于高污染产业。

表4-8 全国各省、市、自治区自然资源丰度指数排序

省份	西藏	青海	内蒙古	新疆	云南	山西	黑龙江	贵州	宁夏	四川	陕西	甘肃	广西	安徽	辽宁
位次	1	2	3	4	5	6	7	8	9	10	11	12	13	14	15
省份	吉林	江西	湖北	河北	河南	福建	山东	湖北	广东	北京	浙江	天津	江苏	上海	海南
位次	16	17	18	19	20	21	22	23	24	25	26	27	28	29	30

资料来源:内蒙古社会科学院经济研究所、畜牧经济研究所课题报告:《西部大开发中内蒙古经济发展的若干问题与建议》,1999年12月。

二、工业行业环境污染效应

1. 造纸业

造纸业的污染主要是水污染。造纸企业排放的废水主要是蒸煮黑液,虽然其废水量小,但是其所含的污染物的浓度很高,所造成的污染负荷大;其次是洗涤、筛选、漂白工序的中段废水和抄纸工段的白水,同时在制浆造纸工艺过程中溶入和混入大量的多种有机和无机成分,且该行业的污染主要来源是规模较小但数目较多的乡镇工业企业。据统计,1989年乡镇造纸业废水排放

量高达 8.06 亿吨,[①] 占主要污染行业废水排放量的 59%，占整个乡镇工业废水排放总量的 30%；造纸行业的用水效益最低，全国乡镇造纸业平均每吨新鲜水可产出 5.4 元总产值，仅是全国乡镇工业平均用水效益的 1/26。造纸行业万元产值废水排放量高达 1602 吨，是整个乡镇工业平均值的 32 倍。造纸行业万元产值排化学需氧量高达 2028 千克，是整个乡镇工业平均值的 61 倍多。造纸行业万元产值悬浮物排放量高达 1401 千克，是整个乡镇工业平均值的 62.5 倍。1989 年乡镇造纸业的生产工艺废气排放量的比例较大，占本行业总废气量的 30.1%，占整个乡镇工业工艺废气总量的 3.94%。可见，造纸业在排放大量废水的同时还消耗了大量的工业用水，化学需氧量和悬浮物污染也比较严重，可谓是污染行业的"代表"。

2. 非金属矿物制品业

非金属矿物制品业主要包括水泥、砖瓦、陶瓷制品、建材、石墨制品、玻璃等制造行业，主要以水泥工业和砖瓦、陶瓷工业为主。

目前我国的水泥行业整体技术水平较低，在大多数国家早已淘汰的立窑，仍是我国民族地区水泥生产的主体（占水泥产量的 60% 以上）。水泥行业是国家重点污染行业，据 1989 年的全国乡镇企业调查数据显示[②]，1989 年全国乡镇水泥工业排放的工业粉尘总量为 264 万吨，占当时整个乡镇工业的 56.1%。水泥制造业污染主要是：①粉尘排放严重。粉尘是水泥工业的主要污染物。在水泥生产过程中，需要经过矿山开采、原料破碎、黏土烘干、

---

① 国家环境保护局自然保护司：《中国乡镇工业环境污染及其防治对策》，中国环境科学出版社，1995 年版，第 103 页。

② 国家环境保护局自然保护司：《中国乡镇工业环境污染及其防治对策》，中国环境科学出版社，1995 年版，第 139 页。

生料粉磨、熟料煅烧、熟料冷却、水泥粉磨及成品包装等多道工序，每道工序都存在不同程度的粉尘外溢，其中烘干及煅烧发生的粉尘排放最为严重，约占水泥厂粉尘总排放量的70%以上。有资料表明，目前我国大气粉尘污染主要源自于水泥、火电和冶金三大行业，其中水泥行业的排放量居首位。②有害气体排放量大。我国水泥工业也是二氧化硫、氮氧化物等多种有害气体的排放大户。高硫燃料的采用是二氧化硫大量排放的根本原因，落后的生产工艺则是氮氧化物大量产生的罪魁祸首。为便于煅烧，近年来在水泥立窑上普遍推广了矿化剂技术，但由于萤石的掺入，使立窑的废气当中又增加了HF等诸多毒性氟化物，其对环境质量的不良影响已日益突出，这类氟化物容易在植物的体内及叶面沉积，不仅植物自身受害，还将对以该植物为食的人、畜或其他动物造成明显危害。此外，水泥厂也是二氧化碳的排放大户，因为在熟料烧成过程中，碳酸钙的分解和煤的燃烧均有大量二氧化碳产生。据测算，每生产1吨水泥约产生1吨二氧化碳气体。也就是说，我国水泥工业每年要排放5亿吨的二氧化碳进入大气。但由于二氧化碳对人体无直接危害，故一直未引起足够注意，然而二氧化碳却是一种促使气候变暖的温室气体，大气中二氧化碳成分高了，将形成温室效应导致气温上升，影响全球气候的变化。③重金属等污染物自由排放。我国水泥行业还在大量使用镁铬砖作窑炉耐火材料，而作为耐火材料的镁铬砖在先进国家早已被限制使用，原因是它在使用过程中易同硫结合形成六价铬盐。该化合物是一种对皮肤有腐蚀作用的高毒性物质，人接触一定时间后，先会引发大骨节病，然后进一步发展成为癌症。由于六价铬盐极易溶于水，因此一旦管理不善，则会造成水源污染，人们将通过饮用遭污染的水而受到毒害，同时该物质也可通过粉尘随尾气排放出来污染空气，被吸入后会引起慢性中毒。

砖瓦、陶瓷业的污染主要来自能源燃烧所产生的废气及黏土、陶土等材料中所含氟的释放。1989年全国乡镇企业调查数据显示，砖瓦、陶瓷业的氟化物排放量占整个乡镇工业的86.9%。氟是毒性很强的毒性气体，对植物叶面污染影响十分敏感，可造成植物直接受害和氟残留。砖瓦、陶瓷业的能源消耗很大，其燃料主要是燃料煤，据1989年的全国乡镇企业调查数据显示，砖瓦、陶瓷业燃料煤消耗总量为4356万吨[①]，占整个乡镇工业的29.2%，占主要污染行业的63.1%。除了氟及燃烧产生的废气污染外，砖瓦、陶瓷业还有两大环境问题：一是挖土、占地、毁良田，平均每生产1万块砖要占毁土地0.11亩；二是有些地方用木材烧制，乱砍伐林木，破坏植被，从而造成这些地区水土流失。除此之外，砖瓦、陶瓷业还是高耗水产业，根据1990年黑龙江省乡镇工业污染源调查资料显示[②]，全省年用水量最大的行业是造纸业，占行业用水总量的35.32%，其次是砖瓦、陶瓷业，占行业用水总量的31.48%，再次是淀粉、酿酒行业，占行业用水量的23%。

3. 金属冶炼业

金属冶炼业在生产中要消耗大量的燃料，排放的废气量很大，尤其是重有色金属冶炼业，其废气中二氧化硫及重金属的浓度较高。在乡镇金属冶炼中，还要排放大量的矿渣；在对低品位矿石进行选矿时，还要排放大量的废水和尾矿渣，这些废水和废渣中重金属等多种污染物的含量都很高。废渣中的污染物经雨水淋溶，大气中的污染物经沉降和淋洗，又会进一步污染水体和土壤。如果采用落后的生产工具或生产工艺，如用土法生产，污染

---

① 国家环境保护局自然保护司：《中国乡镇工业环境污染及其防治对策》，中国环境科学出版社，1995年版，第134页。

② 朴熙万主编：《黑龙江省乡镇工业污染源调查与研究》，东北林业大学出版社，1992年版，第29页。

会更严重,对人们的健康和农业生产带来很大的不利影响。金属冶炼业还是耗水量大的工业行业,对该工业地区的工业用水是个负担。

4. 食品加工业

在食品加工业中,主要是有机物的污染比较明显:制糖业、罐头制造业、淀粉加工业中的清洗水,加工后的残液中含有大量的蛋白质等有机物;在酿酒业中,部分酒的生产过程中,也会产生有机水的污染,如在白酒和酒精的生产过程中,产生的废水有:发酵后的洗涤水、冷却水,占总量的80%—85%,还有蒸馏后的酒糟液,占12%—15%,糖化后的冲洗水等。另外,像淀粉、酿酒业也会产生二氧化硫、挥发性酚等废气污染物以及烟尘、悬浮物污染。

5. 化学工业污染

按污染物的性质,化学工业排放的污染物可分为无机污染物和有机污染物。无机污染物主要是除碳元素同非金属元素结合而成的绝大多数化合物以外的各种元素的化合物。现代化学工业及其他工业部门排放的无机污染物,其中有无机酸、碱、盐以及一些元素的氧化物。有一些微量元素是生物体和人体所必需的营养元素,但如果这些元素的量在环境中超过一定限度,则会转向它的反面,变成使环境质量恶化、危害生态系统的污染物。还有一些元素如汞,在化学工业(如氯碱工业、塑料工业)废水中存在,如未经处理而排放,则会污染水体;化工厂生产的含汞农药,可以造成土壤污染。有机污染物是指污染环境的有机化合物,按其来源可分为天然有机污染物和人工合成有机污染物。后者主要是随着现代合成化学工业的兴起而产生的。合成化学工业,如合成纤维、合成橡胶、合成塑料、合成染料等工业,在生产过程和产品的使用中都会有污染物进入环境,对环境质量产生不利影响。另外,煤和石油的燃烧,炼油厂、煤气厂、煤焦油加工厂等排放出的废气和废水中，存在多环芳烃化合物，不仅污染环境，而且是一种致癌物质，危害人体健康。在化学工业中的炼焦业的焦化生产过程中，影响环境的主要污染因子产生在煤的干馏、结焦等化学加工转化环节上，主要有烟尘、煤尘、飞灰；结焦过程中泄露的粗煤气，其中主要污染物因子有苯并芘等苯系物和酚、氰、硫氧化物、氯、碳氢化合物等，以及空气与焦炉煤气燃烧生成的二氧化硫、氮氧化物、二氧化碳等；出焦时灼热的焦炭与空气接触骤然生成的一氧化碳、二氧化碳、二氧化氮等气体；粗煤气冷却过程中产生的剩余氨水和化产回收过程产生的废水，含氨氮、酚、氰、苯可溶物等污染物。因此，炼焦生产具有排污环节多、强度大、种类繁杂、毒性大的特点。

6. 电力、热力的生产供应业

热电厂的主要污染源是粉尘、煤烟中的二氧化硫、废水和噪音，1996年中国工业部门二氧化硫排放量为1946万吨，电力工业二氧化硫的排放量约占35%。火电厂冲灰水是燃煤电厂中排量最大、污染物超标最严重的废水。

表4-9是2004年全国各工业行业废水、废气、固体废物排放情况。从表中可以看出废水排放最多的行业依次是：化学原料及化学制品制造业323233万吨、造纸及纸制品业318705万吨、电力、热力的生产和供应业251565万吨、黑色金属冶炼及压延加工业186888万吨、纺织业153875万吨、农副食品加工业102981万吨。而废气排放最多的行业依次为：电力、热力的生产和供应业79744亿立方米、非金属矿物制品业46641亿立方米、黑色金属冶炼及压延加工业45716亿立方米、化学原料及化学制品制造业14274亿立方米、有色金属冶炼及压延加工业11531亿立方米、石油加工、炼焦及核燃料加工业9853亿立方米。固体废物产生量最多的行业依次是：电力、热力的生产和供应业22770万吨、黑色金属冶炼及压延加工业18623万吨、化学原料

及化学制品制造业 8406 万吨、有色金属冶炼及压延加工业 4275 万吨、非金属矿物制品业 3208 万吨。可见，电力、热力的生产和供应业、金属冶炼及压延加工业、化学原料及化学制品制造业是对环境污染物排放最大的工业行业，废水、废气和固体废物的排放量都很大，可以说是对环境最不友好的行业，也是最不宜发展的工业行业。而造纸业则是废水排放量比较大，在水资源环境容量不大的地区最不宜发展造纸业。

表 4-9 2004 年全国各主要工业行业废水、废气、固体废物排放情况

行 业	工业废水排放总量（万吨）	工业废气排放总量（亿立方米）	工业固体废物产生量（万吨）
行业总计	1978378	237181	108368
农副食品加工业	102981	2072	1237
食品制造业	37304	814	352
饮料制造业	33571	810	592
纺织业	153875	2629	870
纺织服装、鞋、帽制造业	11495	178	34
皮革毛皮羽毛（绒）及其制品业	16480	212	94
造纸及纸制品业	318705	3849	1177
石油加工、炼焦及核燃料加工业	61423	9853	1757
化学原料及化学制品制造业	323233	14274	8406
医药制造业	42982	1120	250
化学纤维制造业	47467	2557	322
非金属矿物制品业	47814	46641	3208
黑色金属冶炼及压延加工业	186888	45716	18623

续表

行　业	工业废水排放总量（万吨）	工业废气排放总量（亿立方米）	工业固体废物产生量（万吨）
有色金属冶炼及压延加工业	35565	11531	4275
金属制品业	15880	490	101
通用设备制造业	19600	721	192
专用设备制造业	10455	903	132
交通运输设备制造业	40202	2194	330
通信计算机及其他电子设备制造业	14214	916	93
仪器仪表及文化办公用机械制造业	9902	829	67
电力、热力的生产和供应业	251565	79744	22770
水的生产和供应业	12600	39	34
其他行业	35332	546	1065

资料来源：《中国统计年鉴 2005》。

三、工业投资行业分布环境效应的控制与引导

1. 产业规划必须考虑环境因素

为保护民族地区的生态环境，实现经济与环境的协调发展，我们要对民族地区的产业进行合理的规划，必须考虑环境保护因素：不能把经济发展与生态环境保护的目标分开考虑，要达到工业发展与生态环境保护的有机统一，不能再走先污染后治理的道路，那样成本太高，这种模式不适合民族地区的工业发展。要避免在生态环境脆弱的地区发展污染型工业，因为那样可能带来难以恢复的环境灾难。即使在环境容量之内，废物的排放仍会造成环境损害，必须在产业规划中考虑环境代价，使得工业以相对较

小的环境代价获取最大的经济效益，要走可持续发展的道路，不能追求一时的经济发展而给几代人留下需要弥补创伤的生态环境。

必须吸取东部、中部地区和国外经济发展的经验教训，加强环境污染的防治，改变民族地区工业的增长方式，越过以牺牲环境为代价的发展阶段，避免重走"高增长、高消耗（资源）"、"大开发、大破坏（生态）"、"先污染、后治理"的老路。在对民族地区的产业进行规划时，要在考虑民族地区特色的条件下充分关注生态环境问题。要加快推进民族地区工业结构调整和产业升级，在认真研究民族地区工业发展现状和产业特点的基础上，把发展特色优势产业和促进西部地区工业结构调整和产业升级结合起来，下大力气抓好石油化工、有色金属、稀土深加工、大型磷钾肥、植物纤维和农副产品加工以及现代装备制造业等六大基地建设。在制定钢铁、电解铝和水泥等重点行业专项规划和产业政策时，生产力的布局安排上遵循引导重化工业向靠近资源的地区迁移，提高就地加工增值比重，减少高耗能、高污染产业向民族"低端"转移这一原则。

2. 严格控制投资项目中的重污染工业企业

对民族地区排放污染物较多且对当地生产、生活造成严重危害的工业行业企业，要果断地采取"关、停、并、转"的强硬措施，以维护民族地区人们的正常生产、生活。明确污染型行业和产品的环境质量标准，严格控制区域经济梯度推进中污染产业的转移。禁止进口、新上、转移、生产、销售、使用和采用已规定淘汰的生产工艺和设备，防止东、中部已被淘汰的企业和设备向民族地区转移。对现有的重污染企业要采取切实可行措施，实行限期治理，使之达标排放。在民族地区开发中必须坚持把污染防治与生态保护有机结合起来，统筹规划，同步实施，加强管理，严格审批。

3. 发展产业链及循环经济

发展循环经济是民族地区工业可持续发展的必由之路。传统经济是一种由"资源——产品——污染排放"单向流动的线性经济，以"先污染，后治理"为特征的"过程末端治理"模式，即以环境和资源的高开采、高耗竭、低利用性消费取得经济发展之后再治理环境。循环经济则要求把经济活动组织成一个"资源——产品——再生资源"的多重闭环反馈式循环过程，强调以环境友好方式开发和利用资源，以更小的资源和环境代价、更高的效率和效益，通过遵循"减量化（Reduce）、再利用（reuse）、再循环（recycle）"的 3R 原则，使经济增长不断具有"高科技、高效益、高效率、高规模、高循环，以及低成本、低消耗、低（零）排放、低（零）污染、低（无）毒性"的"五高五低"特征，最终达到清洁生产、资源综合利用、生态设计和可持续消费等融为一体，运用生态学规律来指导人类社会的经济活动，因此，循环经济本质上是一种生态经济，其本质是保护日益稀缺的环境资源，提高环境资源的配置效率。

根据循环经济理念，可以在民族地区推动不同行业通过产业链的延伸和耦合，实现废弃物的循环利用。有些相关产业的相互关联，产业链中的废弃物可以作为下游产品的原料，这样可以打造生态工业循环链，在工业内部及其相关产业和环境之间建立循环利用资源的经济系统。

在企业内则体现为根据生态效率理念，通过产品生态设计、清洁生产等措施进行单个企业的生态工业试点，减少产品和服务中物料和能源的使用量，实现污染物排放的最小化。在企业内部实行"小循环"，让生产过程中每个环节产生的废物变成另一个环节的原料。如广西南宁糖业股份有限公司以"生态糖业"闻名，1997 年，由南宁制糖造纸厂及周边的 5 家糖厂组建成南宁糖业股份有限公司。组建后，公司对生产布局和产品结构进行了调整，采取集中制浆、集中生产酒精、统一治污、循环利用废物，开发出"甘蔗——制糖——废糖蜜制酒精——酒精废液制复合肥"、"甘蔗——制糖——蔗渣制浆造纸"两条生态工业链，实现了酒精生产污染物"零排放"，实现了制糖、造纸制浆黑液达标排放①。

在资源产业丰富的民族地区进行资源开发时，要大力提高资源综合开发和回收利用率。资源开发要统筹规划、综合高效利用；加强资源开发管理，健全资源开发准入条件，改进开发利用方式，实现资源的保护性开发；积极引进和推广应用新技术、新设备，提高资源利用率，以减少污染物的产生，促进资源的可持续利用。要加强矿产资源共生、伴生组分的综合勘查和开发利用，完善采、选、冶工艺，提高综合回收率，降低采矿贫化率，延长矿山寿命；推进尾矿、废石的综合利用，实现矿业生产模式的优化与升级。

在资源消耗环节，要大力提高资源利用效率。加强民族地区钢铁、有色金属、电力、煤炭、石化、化工等重点行业的能源、原材料、水等资源消耗管理，实现能量的梯级利用及资源的高效利用和循环利用，努力提高资源的产出效益，减少污染物的产生。

在废弃物产生环节，要大力开展资源综合利用。加强对冶金、有色金属、电力、煤炭、石化、建材、造纸、制糖等废弃物产生量大、污染重的重点行业的管理，提高废渣、废水、废气的综合利用率。充分发挥建材、钢铁、电力等行业废弃物消纳功能，降低废弃物最终处置量②。

---

① 程宇：《打造生态工业循环链》，载《中国高新技术企业》，2005年 第6期。
② 《云南省人民政府关于大力推进我省循环经济工作的通知》，中华人民共和国国家发展和改革委员会网站——环境和资源综合利用司子站。

第三节 民族地区工业投资规模
与环境：大型企业

一、大型企业环保促进效应的现实悖论

与中小企业相比，大型企业拥有在环境保护方面发挥积极作用的诸多优势。比如，资金上的优势。大型企业的资金总额超过5亿元，企业规模比较大。与中小企业相比，大型工业企业可以充分利用规模经济，降低成本，获得规模效益和更大的产出目标，从而能增加企业的利润。虽然大型工业的利润率不一定高于中小企业，但是，有些大型企业在某种程度上都会形成一定的垄断（或准垄断）优势，从而使它们可以获得中小企业无法取得的利润。所以，相对于中小企业，它们能够花费很少比例的预算来购置、更新先进的有利于环境保护的生产工艺、技术和环保设备。再如，技术开发优势。大型工业企业涉及的技术、设备等比较广泛，为了在以后竞争中得到主动，大型企业在选择引进技术的同时，也希望有自己的技术，引进的先进设备有的不容易维护，也需要企业自己开发维护技术，因此，许多大型企业都有自己的研发力量，因而更可能开发出环保技术或通过技术改造、创新实现节能或减少污染物排放。

大型企业资金、技术力量雄厚，本应在环境保护方面起到重要的促进作用，在国家法律、政策的压力下，在全民环境意识日益提高的形势下，大型工业企业的环境效应应当有所改善。但事实却是：占全国总数不到1%的大型工业企业，却排放了将近全国50%的环境污染物，1997－2001年大型企业排污负荷比例从整体的趋势上看，虽然有部分污染物有下降的趋势，但是，其比例还是相当高的（见图4.3）。民族地区大型企业多为资源开发型、冶金等污染型企业，其环境污染和破坏效应更加明显。在这方面，已经有许多关于大型企业环境污染问题的报道。

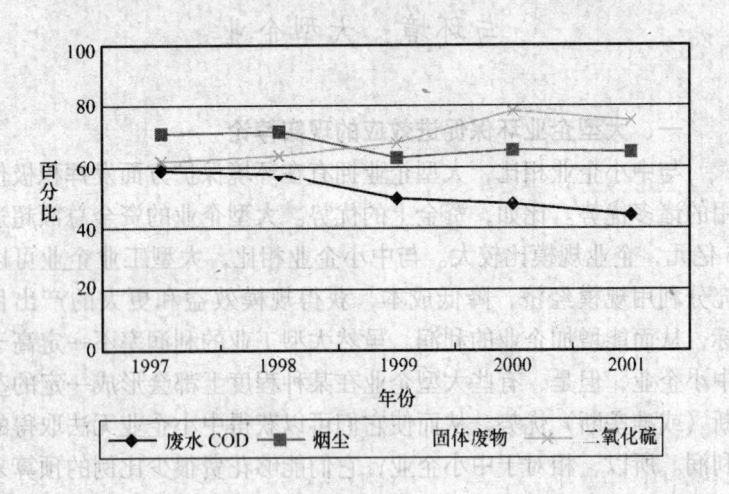

图 4.3　1997—2001 年大型企业排污负荷比例变化图

——2006 年 4 月贵州省向社会公布了 112 家重点工业污染源企业名单[①]，涉及全省 9 个市（地、州）。此次公布的重点工业污染源企业名单，其中包括大型工业企业如中国铝业贵州分公司、贵阳老干妈风味食品有限公司、贵州金元电力投资股份有限责任公司、水城钢铁（集团）有限责任公司等。这些企业主要排放二氧化硫、悬浮物、烟尘等污染物。

——2004 年，云南省公布了污染排放不合格的企业，其中也有云南省重要的大型企业，如表 4-10，这些大型企业因没能达到国家污染排放标准，被列入了云南省工业污染源全面达标排放重点考核企业名录。

---

① 资料来源：新华网 www.xinhuanet.com

表4-10 云南少数民族地区污染排放部分不合格大型企业单位

企业名称	企业所在县市区	行业	主要超标污染物
驻昆解放军化肥厂	红河州开远市	化肥制造	二氧化硫
云南省小龙潭发电厂	红河州开远市	火力发电	烟尘、二氧化硫
云南建水锰矿	红河州建水县	采冶	粉尘
云南省东风氮肥厂	红河州弥勒县	化肥制造	烟尘
云南省巡检司发电厂	红河州弥勒县	火力发电	烟尘、二氧化硫
红河卷烟厂	红河州弥勒县	烟草业	烟尘、二氧化硫
红塔集团大理卷烟厂	大理州大理市	烟草业	噪声

资料来源：云南环保网：http://www.ynepb.yn.gov.cn/2004-9/2004915155748.htm。

二、大型企业环保促进效应现实悖论的成因分析

1. 技术开发投入过少

在发达国家，大型企业技术开发经费的投入，占当年销售额的比例一般在4%—10%之间，而从20世纪90年代到现在，我国大中型工业企业的技术开发经费，占销售额的比重始终没有超过2%（见表4-11），极大地制约了环保技术或"环境友好"技术在大型企业中的应用。

表4-11 1990—2004年我国大中型工业企业技术开发经费占销售额的比重

年 份	1990	1991	1992	1993	1994	1995	1996	1997
技术开发经费（亿元）	133.1	166	214.3	248.3	339.2	427.7	452.6	499.8
技术开发经费占销售额的比重（%）	1.38	1.39	1.41	1.39	1.37	1.19	1.1	1.21
年 份	1998	1999	2000	2001	2002	2003	2004	
技术开发经费（亿元）	556.4	665.4	823.7	977.9	1164.1	1467.8	2002	
技术开发经费占销售额的比重（%）	1.28	1.35	1.65	1.67	1.73	1.52	1.49	

资料来源：《中国统计年鉴》各年。

大型企业技术开发投入不足的影响因素很多，但从体制层面看主要有以下两个原因：一是技术开发投资主体虚位。民族地区大型企业多为国有企业，资产归国家所有，而在现实中这种国家所有实为政府所有，政府既是国有企业的所有权代表主体，又是国民经济运行的行政管理主体，独掌行政权力，为国有企业选定厂长、经理，这就容易造成行政权侵蚀经营权，使国有企业成为政府的行政附属物。在这一系列关系中，政府往往享受经济行为的权和利，但不承担经济行为的风险，企业的经营者受到政府行政部门的行政权干扰，收益权没保障，经济行为责任软化。在这种情况下，企业技术改造投资往往是行政权力推动的结果，而不是主体利益和市场竞争压力驱动的结果，企业经营者对技术改造投资不热心、不积极，甚至挪用技术改造资金的情况十分普遍。二是技术改造的利益分配失衡。从事经济活动的不同行为主体都有其各自的物质利益，只有当经济行为主体的物质利益有其明确的界定时，利益的实现才会有明晰的轨道，经济发展的摩擦消耗才能减弱，技术改造投资才能正常运行。但长期以来，民族地区国有企业由于经济利益分配关系失当，以致在很大程度上弱化了技术开发、改造投资动力。例如，企业承包经营责任制的承包期与技术开发、改造投资及成效周期不一致，造成经济利益约束关系失衡。由于技术改造开发、投资及成效周期较长，厂长、经理的任职期限一般较短，因而从机制角度讲，厂长、经理们都不乐意干这种只能由他们播种却不能由他们收获的事情。如果说他们乐意应用新技术成果，进行技术开发、改造投资的话，那么，更多的也只是那些技术周期短，能在他们任期内获得经济利益的"小打小闹"、"小改革"的低水平小规模技术开发、改造投资，而那些有关整个企业长期生存、发展和效益的高水平技术改造投资则往往难以成行。近些年来，为了推动企业技术进步，各级政府纷纷采取行政手段，将技术改造指标列入厂长、经理的任期考核范围,与厂长、经理的业绩考核和经济利益分配直接挂钩。然而,由于挂钩考核的是技术改造项目数量而不是技术改造投资效果,因而进一步促使厂长经理选择那些"投资少、工期短、见效快"的技术改造项目来应付政府的考核。实践证明,由政府行为形成的被动式技术改造投资,不仅不能使欠发达的民族地区尽快搞活企业,振兴经济,反而往往使这些地区的一些企业背上沉重的债务包袱,濒临"死亡"边缘。

2. 地方保护严重

大型工业企业规模大,影响力强,如果不经治理、不加控制地排放废气、废水和废弃物,对其所在地区的环境破坏将更为严重,而且,这种环境破坏还会通过大型企业的"示范作用",在当地企业系统中诱致更多的环境污染排放行为而得到进一步的强化。因此,国家非常重视对大型企业的污染排放控制管理,出台的很多环境保护法律、法规和政策在实施初始,目标大都直指大型工业企业(当时非国有经济还不发达,主要针对的是大型国有工业企业),并在一定程度上阻止了部分大型工业企业的环境污染升级。但也不得不承认,在一些地区,尤其是在经济落后的民族地区,钢铁、电力和冶金等行业的大型企业的工业污染仍然没有得到有效遏止,严重影响了当地的环境质量和人们的正常生活。造成这一局面的一个很重要的原因就是地方保护,尤其是在经济发展相对落后的民族地区,企业数量少,盈利能力低,不多的一家或几家大型企业是当地经济发展的支柱,即便是污染大户,只要这些污染行为不至于严重到足以引起众怒和上级政府的不满,地方政府基于财政收入、居民就业与收入、社会稳定以及地区形象等方面的考虑,都会有意无意地在环境问题上对大型企业网开一面。甚至,在有些时候,大型企业还与地方环保局达成某种默契:上级有人来检查,就应付一下;检查的人走了,该如何排放污染物还如何排放,一点都不担心被查处。在这种情况下，与小型污染企业相比，那些规模庞大、职工众多的特大型企业，排起污来往往胆子更大、危害更烈。

3. 缺乏社会责任感

作为工业发展的主导力量，大型企业在环境保护方面肩负着更大的社会责任。同时，严重的环境污染影响到当地人们的正常生产、生活，会引起当地居民投诉，与当地居民产生矛盾，进而恶化企业生存和发展所需的社区环境、舆论环境、市场环境甚至政策环境，出于企业长期利益最大化考虑，大型企业也会在追逐经济目标的过程中主动承担一定的社会责任。但在经济相对落后的民族地区，由于收入水平低，居民环保需求后置，市场化程度低、企业竞争不充分，企业面临的来自居民和市场的环保压力相对较小，再加上国有大型企业（民族地区大型企业的主要存在形式）自身难以克服的种种制度性缺陷等因素的影响，部分大型企业漠视甚至抛弃自己应当承担的社会责任，有治污设施不运行，千方百计偷排漏排污染物，为实现经济利益最大化不惜以牺牲环境为代价。例如，宁夏美利纸业是一家规模大、经济效益显著的上市公司，应当有能力、有实力做到达标排放，但为了追逐经济利益，美利纸业竟置环境保护于不顾，在扩大生产规模时忽视污染治理，在正常生产时擅自停运污染治理设施，偷排偷放、违法排污。

三、大型企业环境效应的控制与引导

1. 加强大型企业的环境治理监督和管理

我国在工业企业环境治理方面已经颁布了许多法律、法规，如《中华人民共和国环境保护法》《中华人民共和国水污染防治法》《中华人民共和国固体废物污染环境防治法》《中华人民共和国大气污染防治法》等，这些法律从各个方面规定了工业企业在环境治理方面的要求、规范。在工业污染防治领域，中国从20世纪80年代就开始实施了"谁污染、谁治理、谁付费"的政

策,即工业企业自己治理污染并负担治理成本。从以往的实践看,这一政策对大型企业基本是适用的,今后应当通过加强大型企业的环境治理监督和管理使之得到充分的贯彻执行。除此之外,国家出台了各种关于环境治理的政策法规,但在制定"治理"政策时,更多地考虑到工业排放的"无害化"处理,对"循环利用"却没有明确的指标规定,也没有相应的鼓励政策措施,导致企业在执行过程中往往只关注污染排放是否达标,对废物的循环利用就不会给予充分重视,因此,在环保促进政策的制定上还有必要对污染综合治理问题给予充分的考虑,以促进环境污染的循环治理。

2. 完善税收制度,增强企业技改投资动力

为了鼓励大型企业进行技术开发和技术改造,促进产品结构调整和提高技术质量,开发出能减少环境污染的技术,要对技术开发、改造给予优惠政策。如果大型企业在合理地运用这些优惠政策方面能为企业节约税收成本,又能在技术开发、改造方面有自主创新,则会提高他们科研开发和技改投资的动力。

目前,我国已经有关于技改投资方面的优惠政策,国家有关部门规定:从事符合国家产业政策的技术改造项目投资的企业,用银行贷款或企业自筹资金购进投资项目所需国产设备,投资额的40%可以从企业技术改造项目设备购置当年比前一年新增企业所得税中抵免,抵免期限不超过5年。如果企业设备购置前一年为亏损,则抵免年限内实现利润先用于弥补亏损,弥补后应缴企业所得税可用于抵免设备投资额。这一规定对于产品技术含量低、生产设备落后的亏损企业进行投资决策是一个最佳选择方案。

但是,对民族地区来说,这点优惠政策还不够。

由于现行的"生产型"增值税不允许抵扣固定资产的已征税款(目前,固定资产增值税抵扣有一定限制,并非所有企业都可

以抵扣，抵扣范围限制在东北三省[①]），导致民族地区大型工业资本有机构成高的企业税负重于有机构成低的企业，特别是像能源、化工等污染物排放比较大的基础工业，其固定资产投资大，原材料消耗比重小，因而能抵扣的税款比重小，企业税收负担重，势必影响到民族地区大型企业在环保投资方面的投入。所以，在民族地区，可以试着采取如下增值税税收政策：

（1）允许将企业新增固定资产中机器设备部分所含的增值税款，作为进项税额从企业销售货物或提供劳务实现的销项税额中抵扣（因为机器设备与产业结构调整和技术升级关系紧密，在固定资产中占较大比例），这样，一方面可以消除对固定资产的重复征税问题，另一方面可以减轻企业的税收负担，使民族地区的大型工业企业积极参与到以先进技术设备为基础的、日益激烈的市场竞争当中。

（2）对企业的研究开发费、技术转让费，可以按产品实际摊销数额，从产品销售收入中据实扣除，不计增值税，这样可以提高民族地区大型工业企业进行科研的积极性。

（3）对不同产品根据其对环境的友好程度，设计差别税率，将那些用难以降解和无法回收利用的材料制造、在使用中预期会对环境造成严重污染而又有相关的"绿色产品"可以替代的产品列入消费税的课征范围。

（4）在增值税转型之前，率先对环保产业实行"消费型"增值税。并对一般企业购置的用于消烟、除尘、污水处理等方面的环境保护设备给予允许抵扣增值税进项税额的优惠规定；对进口的环保设备、仪器及用于生产环保设备的材料、零部件等在进口环节给予一定的增值税减、免优惠，从而可以鼓励民族地区的大型工业企业

[①]《财政部、国家税务总局关于进一步落实东北地区扩大增值税抵扣范围政策的紧急通知》，财税〔2004〕226号。

采用更有利于环境保护的原材料,从而更有利于环境保护。

(5)对企业因防治污染而调整产品结构、改进工艺、改造设备发生的投资给予比普通投资项目更为优惠的税收抵免;对企业低能耗、无污染的生产给予税收减免;提高大型企业固定资产加速折旧或特别折旧,允许某些特殊产业实行自由折旧,并可以不扣除残值。对企业加速折旧和提取的坏账准备金,不作纳税调整。

(6)为促进环保科研成果转化为现实生产力,应对环保科研成果的"测试产品"免征增值税和所得税;对正式投产的新"清洁产品"、"绿色产品"给予比一般新产品更为优惠的税收和待遇,为鼓励环保科研成果的转让,应规定对因有偿转让环保科研成果及提供相关的技术咨询、技术培训所获得的收入减征或免征营业税和所得税。

此外,还可以向民族地区污染型大型工业企业征收污染税,为民族地区大型工业企业长期研究与开发治污新方法、新技术提供源源不断的动力以减少工业污染,同时也将降低污染者应付出的与污染有关的费用[1],达到保护民族地区生态环境的目的。

3. 严惩地方保护行为

严重的地方保护使得某些地方的大型工业企业能够逃避掉环境污染处罚,或是躲过上级的环境检查,甚至大胆地排放污染物。因此,有必要对那些为大型企业提供保护的地方政府官员予以严惩,打掉企业环境污染的"保护伞"[2],以彻底改变民族地区地方政府"环境保护说起来重要、做起来次要、甚至不要"的错误观念,抑制在扭曲的发展观和错误的政绩观作用下,无视各种环保法律法规的存在,不尽保护环境之职,反而乱开绿灯,充当环境违法行为保护伞的地方政府行为。2006年2月20日,监

---

[1] 赵艳:《论我国开征污染税的可行性》,载《生产力研究》,2006年第1期。
[2] 赵永新:《人民时评:打掉环境污染的"保护伞"》,人民网。

察部和环保总局联合制定的《环境保护违法违纪行为处分暂行规定》发布实施,对乱开绿灯、乱打"保护伞"的国家机关行政人员的惩处将有章可循,不必再依赖"领导批示",从而为环保执法锻造了一把寒光闪闪的"尚方宝剑",令那些不把环境保护法律法规放在眼里的国家行政人员望而生畏,民族地区有关部门应当坚决切实地执行该《暂行规定》,对环境保护违法违纪行为予以严惩。

第四节 民族地区工业投资规模与环境:中小企业

一、中小企业[①] 在民族地区工业经济发展中的地位

尽管我国民族地区经济发展缓慢,又缺少国家政策的扶持,中小企业与东部地区中小企业发展相比拉开了差距,但随着全国中小企业的蓬勃发展,民族地区的中小企业也有了不小的发展,其在民族地区的地位也越来越高。从表 4-12 中可以看到,民族地区中小企业的单位数都超过了民族地区工业企业的 96%,且除了青海、新疆两省(区),民族地区中小企业实现的工业总产值和工业增加值都超过了本地区的工业总产值的 50%(广西的工业总产值比例甚至超过了 95%),同时,大部分民族地区中小企业贡献了相当比例的利润,而且在缓解民族地区就业压力方面做出了巨大的贡献。

---

① 《关于公布 2003 年度全国乡镇企业大中型企业名单的通知》,农企发[2003] 013 号,审定 310 家乡镇企业为大型企业,3086 家乡镇企业为中型企业,而这些对全国数千万计的乡镇企业来说,只是一个很小的数目。所以,我们可以认为,全国的绝大多数的乡镇企业是中小企业,民族地区的情况不会有很大的出入。在下面的研究、分析中,我们引用的大部分数据是以乡镇企业的数据为主。

表 4-12　2003年部分民族地区中小工业企业占全部企业的比例

	企业单位数	工业总产值（当年价格）	工业增加值	利润总额	全部从业人员平均人数（万人）
全　国	98.99%	65.62%	63.95%	53.99%	77.27%
内蒙古	98.12%	62.30%	64.45%	59.47%	64.55%
广　西	99.13%	95.88%	77.56%	58.66%	86.41%
贵　州	98.92%	67.54%	60.13%	20.92%	85.39%
云　南	98.70%	60.48%	50.33%	38.19%	78.86%
青　海	97.75%	42.32%	39.30%	4.77%	59.44%
宁　夏	96.65%	55.18%	52.90%	67.56%	55.06%
新　疆	98.33%	39.96%	28.71%	5.21%	74.15%

资料来源：《中国工业经济统计年鉴 2004》。

二、中小工业企业环境效应的形成

1. 污染源多且污染物类型复杂。由于中小企业特别是其中的乡镇企业以小企业居多，虽然它们的规模比城市工业、国有企业小得多，但是其数量比较大，污染源也就比较多，虽然单个企业的污染排放量不如大型企业的大，其排放所聚集的"合力"也是一个不小的量。而且中小企业几乎覆盖了所有工业行业，所以其污染物也显得复杂，污水污染、废气污染、固体废物污染可能同时在一个地区出现，加大了自然生态的环境负荷，也给治理带来了一定的难度。

2. 中小企业布局空间不平衡且混乱。民族地区之间工业发展水平不同，在一个地区内也因各种因素发展不平衡，中小企业（污染企业）可能集中于某些城镇周围，而有些地区则很少分布。同时，由于大部分中小企业是乡镇企业，其发展没有规划约束，加上各地方政府为发展地方经济，在一定程度上也加速了部分地区地方中小企业的发展，甚至在一定程度上加剧了布局混乱的局面。由于中小企业的污染已经成为一种日趋严重的"面源"污染（指单体排放量不大但排放点多且分散），在点源污染治理（大型工业企业污染）出现见效的情况下，中小企业的污染成了污染的主要问题。

3. 环境污染发展迅速，且有从城市向农村扩展的趋势。随着民族地区中小企业的快速发展，环境污染也接踵而至，造成了短时间内污染物的大量增加，生态环境恶化加剧。同时，民族地区中小工业企业的环境污染有从城市向农村扩展的趋势。随着乡镇中小企业的迅猛发展，环境污染出现了由城市向农村急速蔓延的大趋势。由于乡镇中小工业的总体技术水平和"三废"治理能力低，排出的污染物严重污染周围环境，有的地区已到了不能容忍的地步。例如，一个小造纸厂污染一条河，全国1万多家小造纸厂造成农村水环境严重恶化；土法炼焦、炼硫磺、金属冶炼产生的大气污染使大面积植被坏死、粮食绝收；乱采滥挖、采富弃贫致使资源破坏、草场退化、土地沙化、河道淤塞，其后果不仅造成重大的经济损失，而且严重危害农民的健康。贵州、云南等省出现了明显的公害病，如铅中毒、砷中毒、镉中毒等，在贵州省务川自治县从事土法炼汞的农民中，有97%的人有汞中毒症状。民族地区农村乡镇工业所引起的环境问题如不及早重视和防范，将会造成比现在城市环境更复杂、更有害、更难治理和恢复的被动局面；生态破坏是涉及长远的根本性问题，农村生态环境一旦被破坏，需经过几代人才能恢复，甚至难以逆转。

4. 中小型工业企业的分布较广，且分散经营。民族地区中小企业分布也比较广，从城市的国有中小型企业到小城镇的乡镇中小企业，有的甚至延伸到了农村，覆盖面相当广。这样中小企业污染也就自然而然地覆盖到了这些中小企业所到之处。有人认为污染分布广有利于大自然均匀地承受污染物,甚至说能充分利用面积更大的乡村环境容量,可以减少人工处理费用,这是极其错误的。因为大部分工业企业的污染物在短时间内无法完全净化,何况污染物会一直排放,一旦达到一定的污染密度后,会使区域性或关联地区的生态环境带来长时间的破坏。可以说,污染物覆盖面过大,会增加污染治理的难度,也不便于环保部门对中小企业污染进行监督管理和集中治理。此外,除了为数不多的中型企业,大部分中小企业规模相对较小,主要是乡镇企业,包括乡镇办、村办、联户办、个体办的。乡镇企业数目多且个体经营者多,导致企业的稳定性差,投资主体随利转移,不易集中管理甚至失控,甚至有些不可能进行污染治理,这样就容易产生突发性的环境污染问题。

5. 落后技术及陈旧机器设备的利用。与全国的中小企业一样,民族地区的中小企业缺乏、甚至没有自己的技术开发能力,一般会聘用国有企业的技术人员,购买国有企业的旧机器设备,全国超过半数的中小企业的50%以上设备属于20世纪70—80年代的技术水平,有超过20%的企业其50%以上的设备属于20世纪70年代以前的水平。民族地区由于历史、自然、地理因素及人文观念、素质等的影响,中小企业技术含量低、设备陈旧的特征更为突出且普遍。技术落后、设备老旧,造成了生产过程中资源利用率低、万元产值三废排放率高。有些民族地区购买东部地区淘汰的机器设备;有的陈旧机器设备根本不配备污染物处理装置,容易产生污染物;即使这些设备原来是配备了环保装置的,很可能在中小企业引进时被认为是不必要部件而被抛弃了。加上中小企业的职工技术人员少,职工素质偏低,直接影响到高新技术的采用(一般认为高新技术能够在保护环境方面比传统的技术要好)。而技术水平较低,工作效率就不高,且耗能大,就更容易产生污染物,更容易破坏环境。

6. 环境保护资金不足。对中小企业的投资者来说，在他们的企划书里面注重的是企业的收益，而环保投资对他们来说是一个负担或者说是利润的损失。如图4.4所示，购置环保设备必须要有一个资金底限，即环保投资的最小额。由于大型企业的收入额比较大，他们只需要拿出很少比例（A点）的企业收入就可以

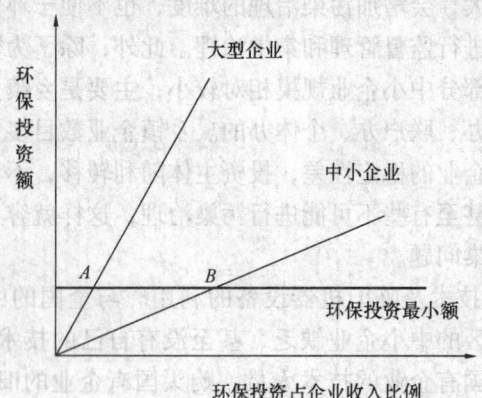

图4.4

购置、更新环保机器设备，然而，中小企业却需要花费较大比例（B点）的企业收入来购买环保设备。中小企业难以筹集到污染治理所需资金，并且由于监管的困难，加上民族地区的环境政策的实施不是很严格，筹集到的环保资金很难做到专款专用。

7. 对中小企业环境保护的管理较弱。工业污染防治领域中，中国从20世纪80年代就开始实施了"谁污染、谁治理、谁付费"的政策，即工业企业自己治理污染并负担治理成本，这一政策对大型企业基本是适用的，但对于中小企业，这一政策的实施遇到了困难：一是"谁污染、谁治理"模式存在严重的规模不经济性，也没有考虑到不同企业污染治理的边际成本存在显著差异；中小工业企业发展过快，投资过多，特别是乡镇企业，是归

属农业部管辖的,环境保护工作也是在农业部的管理下进行的,所以与国有企业相比对环境保护的管理较弱。虽然依照《环境保护法》可以关停污染大的中小企业,但在关停污染企业的时候,虽然下了通知,但缺乏断水、断电、吊销执照等措施,污染企业很难真正被关停。

8. 控制中小企业污染与发展当地经济之间的矛盾太大。随着民族地区中小企业的迅速发展,其在当地的经济地位也越来越高。民族地区工业发展落后,要建设大型工业企业需要中央资金的支持,而中小企业不需要大量的资金,引进、建设这样的项目也容易,一来可以发展地方经济,二来可以解决当地一部分就业问题。但是,如果要对中小企业进行环境污染治理,一部分中小工业企业的投资无法继续进行,一部分运行的中小企业可能要关停,即使继续运行也肯定受到影响。因为目前民族地区的工业发展仍处在粗放发展的阶段,正在初级的发展阶段,要在发展工业的同时又要强力执行环保标准,对民族地区来说这无疑也是一对矛盾。

9. 中小型工业企业环境保护执行不力。虽然我们国家在1984年后政府就在乡镇工业中实施了"三同时"等环境对策,但是,实际上的实施率并不是很高,这主要是我们前面分析的中小企业的环境保护资金不足,因为企业实施环境对策的资金来源大多来自本公司内部留存,中小企业又不大可能从银行得到环境保护的贷款或依赖政府机构的补助(即使能得到,也不一定能用到环境保护上去)。

三、中小型企业环境效应的控制与引导

1. 加快民族地区中小企业产业集群的发展

产业集群可以营造知识和技术传播与扩散的环境,集群内企业通过相互合作、互相学习以及交互式的作用能够促进创新。而

且，集群内部竞争激烈，通过研发耗用稀缺资源产品的替代品，达到更有效地利用资源，减少污染的产生。

由于民族地区的企业分布相对分散，所引起的污染大部分是"面状"污染，对环境的污染面过广，不利于污染的治理，如果民族地区的中小企业（特别是高污染企业）不进入产业集群区（如工业园区）集中生产集中治理，许多生产也会因治污使产品成本大幅增加，难以与大企业竞争，会形成一个恶性循环。而适度的产业集中，有利于污染的治理，且民族地区的产业集群还很难达到东部地区的集中程度，不会出现东部产业集群区内的那样严重的工业污染问题。为了避免产业集群所在地区出现大的环境污染问题，可以根据所排"三废"设立专业污水处理厂、专业废渣处理厂、专业污泥处理厂等（这些排污设施可以由政府投资设立，资金来源可以向集群区内中小企业收取"排污费"）。

2. 加大对民族地区中小企业环境治理的监督和管理

中小工业企业发展过快，投资过多，特别是乡镇企业，是归属农业部管辖的，环境保护工作也是在农业部的管理下进行的，所以与国有企业相比对环境保护的管理较弱。而中小企业治污本身又面临着经济和技术双重困难。在现行监管制度下，中小企业都会被挤压出一定幅度的治污成本空间，如果现有治污技术的建设和运行费用不能控制在这个成本空间内，治污必然会被业主用各种自我经济保护手段抑制。因此，通过另一条途径，即构成资金支持机制、降低中小企业治污措施的成本以促进或改善其治污状况就愈发显得重要。如：积小成大的处理方式和严格的监管使小企业的污染物处理率不低于大企业，小企业的单位产值排污量与大企业无显著差别。民族地区以中小企业为主，10多年来，中小企业的环境管理和污染防治取得了一定成效。东部沿海地区中小企业技术与装备水平逐步提高，结合小城镇、乡镇企业小区和经济小区建设，积极推行污染集中控制，取得成效。江苏省张家港市在经济高速发展的情况下，十分注意防止乡镇企业的环境污染，走上了环境与经济协调发展的道路。民族地区可以学习借鉴东部地区乡镇企业的监管经验，对乡镇企业积极引导、扶持与监督，防止乡镇企业污染的扩散与蔓延。应该指出，乡镇企业的环境保护任务还十分艰巨，中国政府应继续引导乡镇企业健康发展，进一步加强环境管理，以防止和减少环境污染。

3. 鼓励中小企业加大环保投资规模

在我国的民族地区，企业特别是中小企业的环保投资积极性没有得以很好的调动。环境保护的正外部效应特点使得私人资本不愿积极主动地介入该领域，这时要加强政府在这方面的作用：政府要采取政策培育、引导、利用市场力量。然而我国现行的环境政策却存在着某种程度的失效，现行的排污收费制度由于其收费标准设定远低于达到环境排放标准的边际处理成本，许多企业宁愿交费也不愿投资于污染防治工作。政府尽管也对进行污染防治的企业给予了一定的优惠政策，但这些优惠措施方式单一且多属于事后鼓励，不能从根本上激发企业进行环保投资的动力。在以后的工作中，政府应注意提高民族地区中小企业在环保投资方面的积极性。

4. 加强民族地区政府的规划和管理工作，制定和完善污染征税制度

政府的作用是巨大且不可替代的，各级政府应在地方资源（包括能够从外部获得的资源）、生态状态的基础上，制定相应的科技发展计划、政策法规，同时加强环境监督管理工作。如以构筑区域循环经济系统为目标，明确哪些产业优先发展，哪些技术开发可以得到财税支持，哪些自然资源可以开发，哪些技术应该淘汰，新建企业应该达到什么样的生态标准；对战略性技术实施政府创新工程；建设生态工业园示范区，帮助企业寻求"利用"副产品的途径；规划发展专业镇、板块经济，加强产业基础并为

污染物集中处理提供便利条件等。此外，政府还应积极倡导和建设生态文化，发挥公众和媒体的舆论监督以及道德约束的作用。

部分污染是由于企业生产工艺落后与经营管理不善造成的，通过改进不科学的生产方式，引进新技术与新设备，提高管理效率，可以在一定程度上避免部分污染。完善和强力执行污染征税制度，会刺激企业从技术、设备与管理上加以改善。污染征税制度不仅能激励企业积极创新，提高治污水平，使社会生产达到最适点，而且便于形成由政府统一使用的、有着严格预算约束的专项环保资金来源，因而以对污染课税来代替排污收费制度，不仅能带来效率生产，而且还能有效解决排污费等使用分散和缺乏监督所造成的环保投资规模不经济问题。

这项改革应从易到难，从目前来看可先将污染最严重也最普遍的排放"三废"的行为纳入征收范围，如将二氧化硫排放费、水污染费、噪音费分别改为二氧化硫排放税、水污染税、噪音税，待时机成熟时，再把那些用难以分解和再回收利用的材料制造的产品如废电池、包装袋等纳入征收范围。在税基的选择上，对排放"三废"的行为，可以污染物的排放量作为税基；对消费时会造成污染的产品，可以企业的产量作为税基。税率的选择宜采用地区差别定额税率，以适应各地不同的环境要求，同时要防止把税率定得过高，以免社会为过分清洁而付出过大代价；在征管上，宜将污染税作为地方税，并尽量做到专款专用。

第五节 民族地区工业技改投资与环境

一、工业技改投资对民族地区环境的影响

在解释工业生产对环境污染的影响时，人们都会提到由于工业企业运用了过时的或对环境保护不利的工业生产工艺，虽然目

前还没有人对此进行深入的研究，但无疑这是一个重要的影响因素。作为工业发展落后地区，民族地区所采用的工业技术也会落后于工业发达地区，而落后技术的采用所造成的资源利用不合理及环境污染物增加，必然会对民族地区环境保护构成威胁。

如炼焦业。由于环境成本的居高不下，加之相关国家严厉的环境政策的巨大压力，不少发达国家的许多焦化厂已被迫关闭，世界焦炭生产及污染负荷不少转移到了中国。传统机焦炼焦过程，在回收少量化工产品的同时不可避免会有大量污染物排放到环境中，造成对环境的严重污染，这对煤炭资源丰富、炼焦业较发达的民族地区如新疆、内蒙古部分地区的生态环境来说是一个巨大的压力。目前，在世界范围内已经开发出环保的炼焦技术和设备。比如美国、德国、日本等国家在改进传统水平室式炼焦炉基础上，开发了低污染炼焦新炉型；美国开发应用了"无回收炼焦炉"；德国、法国、意大利、荷兰等8个欧洲国家联合开发了"巨型炼焦反应器"；日本开发了"21世纪无污染大型炼焦炉"；乌克兰开发"立式连续层状炼焦工艺"；德国还开发了"焦炭和铁水两种产品炼焦工艺"等。这些炼焦技术和设备能大大减少炼焦业环境污染物的产生，但要引进这些技术、设备，民族地区绝大部分工业企业并不具备相应的资金实力。我国炼焦行业近年来在干熄焦技术、脱硫脱氰技术等方面也取得了长足进步，[①]但要在民族地区得以推广，尚需时日。

再如污染物排放。我国是世界耗煤第一大国，煤炭消费量占一次能源消费总量的70%左右，且煤的含硫量偏高，主要用于火力发电燃煤锅炉，而以传统工业为主的民族地区煤的消费量更高。和其他地区存在的普遍情况一样，甚至更严重，大部分民族地区的火电厂未对燃煤排气中的二氧化硫、氮氧化物采取很有效

---

① 中华人民共和国环境保护行业标准，HJ/T 126—2003。

的脱除措施。随着二氧化硫、氮氧化物排放量的逐年增长，民族地区酸雨[①]污染日益严重，目前酸雨的分布已"逼近"青藏高原以东地区及四川盆地等民族地区，广西地区的酸雨污染较普遍，除南部滨海地区，大部分地区酸雨频率在30%以上，贵州、云南等省市大部分地区也有酸雨的存在。虽然政府近年来颁布了控制二氧化硫及氮氧化物排放的相应标准，最近又制订了一系列诸如火电厂同步安装脱硫设施、提高脱硫电厂上网电价、提高排放收费标准、重点排放行业试行排放许可证制度等，使排放治理工作取得了成效，但与发达国家相比仍有一定差距。其主要原因是我国在废气的脱硫、脱氮技术方面还不成熟，先进实用的控制技术仍十分缺乏，脱硫技术目前仅限于试验及示范工程，尚未大规模实际应用，中小型工业锅炉和炉窑的烟尘治理技术尚需有新的突破，适合我国国情的致酸物质实用控制技术也十分缺乏。在经济落后的民族地区，有的脱硫、脱氮设备老化，无法正常运转，但又没有足够的资金来修理或购置新的环保设备或技术[②]，造成了民族地区的二氧化硫等处理率不高，如表4-13所示，工业二氧化硫去除量与工业二氧化硫排放量的比值除云南外都低于全国平均水平，这说明民族地区的二氧化硫处理水平低于全国水平。另外，造成大气污染的工业烟尘和工业粉尘处理水平也不令人满意，特别是工业粉尘，大部分民族地区的处理水平比全国平均水

[①] 酸雨的产生，主要是含硫、氮较高的燃料造成的（生成硫氧化物、氮氧化物和大气中的氧、水蒸气反应并随云飘移，随雨水降到地面），且以燃料煤为主，其他的如石油化工等也会排放大量的硫化物。

[②] 现在国际上正在采用新的效率更高的脱硫技术，如日本、西欧国家比较普遍地采用了烟气脱硫技术，用石灰浆或石灰石在烟气吸收塔内脱硫；加拿大康世富科技环保有限公司开发了更成熟脱硫脱硝技术；与目前通用的石灰石—石膏法相比，康世富技术具有脱硫效率高（99%以上）、投资合理、综合运营成本低、占地少、节水节能、脱硫胺液可循环使用7至10年、无二次污染等特点。由于成本、管理、技术人员素质等原因，在民族地区，要利用这些技术、设备，条件还很不成熟。

平低得多。

表4-13 2004年全国及部分民族地区大气污染物排放情况

	工业二氧化硫排放量①	工业烟尘排放量②	工业粉尘排放量③	工业二氧化硫去除量④	工业烟尘去除量⑤	工业粉尘去除量⑥	④/①	⑤/②	⑥/③
全国	1891.4	886.5	904.8	890.24	18074.78	8528.57	0.47	20.39	9.43
内蒙古	103.4	50	35.8	19.50	813.50	117.41	0.19	16.27	3.28
广西	89.7	53.8	51.2	38.36	363.33	325.00	0.43	6.75	6.35
贵州	60	18.5	24.9	16.91	452.42	102.47	0.28	24.46	4.12
云南	40	13.8	12.3	55.80	653.34	135.01	1.39	47.34	10.98
青海	6.4	5.6	8.3	—	64.81	20.56	—	11.57	2.48
宁夏	26	7.9	8.8	4.02	323.06	33.97	0.15	40.89	3.86
新疆	31.5	14.2	16.8	4.82	141.47	66.95	0.15	9.96	3.99

资料来源：中国经济信息网，http://db-edu.cei.gov.cn。

同时，民族地区的废水排放达标水平很低，表4-14是2004年全国及各民族地区工业废水排放及达标情况，可以看出民族地区的工业废水排放达标率远低于全国水平，特别是贵州、内蒙古、新疆和青海，工业废水的达标率还不足65%，只有广西的工业废水达标率超过了85%，这对民族地区的生态环境造成了很大的压力。

表4-14 2004年全国及各民族地区工业废水排放及达标情况

	工业废水排放达标量（万吨）	工业废水排放量（万吨）	达标率（%）
全　国	1818921	1978378	91.94
青海省	2223	3544	62.73
贵州省	9374	16119	58.15
云南省	28697	38402	74.73
内蒙古自治区	13968	22848	61.13
西藏自治区	—	993	—
广西壮族自治区	106282	122731	86.60
宁夏回族自治区	7676	9510	80.72
新疆维吾尔自治区	10847	17671	61.38

资料来源：《中国统计年鉴2005》。

民族地区的工业固体废料综合利用水平也很低，表4-15是民族地区与其他省市的工业废物综合利用情况对比（工业固体废物综合利用量与工业固体废物排放量的比值越大，说明该地区的工业废物处理能力越强），虽然民族地区在排放总量上不如东部地区，但是其综合利用水平比很低，各个民族地区的工业废物利用水平都低于国家平均水平（云南省稍高些），更远低于东部、中部省市的水平。

表4-15 2004年民族地区与部分省市工业固体废物利用及排放情况

	①工业固体废物综合利用量（万吨）	②工业固体废物排放量（万吨）	①/②的比值
全国	67796	1761.951	38.4778
北京市	973	9.9133	98.15097
天津市	782	—	
广东省	2312	15.9277	145.1559
江苏省	4596	0.0611	75220.95
浙江省	2037	4.4281	460.0167
山东省	7189	0.3241	22181.43
江西省	1669	11.7286	142.3017
安徽省	2979	0.0546	54560.44
云南省	1633	55.1034	29.63519
青海省	103	6.0516	17.02029
内蒙古自治区	1498	89.358	16.76403
广西壮族自治区	1953	131.8307	14.81446
新疆维吾尔自治区	557	102.8036	5.418098
西藏自治区	6	5.77	1.039861

资料来源：中国经济信息网，http://db-edu.cei.gov.cn。

民族地区工业有害物质产生多，工业废气排放不合格，废水达标率低和工业固体废物的综合利用差，其主要原因是民族地区工业企业所采用的技术较低，或缺少工业污染物处理的设备、技术，而出现这种情况的主要原因是民族地区在技改投资方面的严重不足和技术人员规模小且扩展缓慢等。

二、民族地区工业技改投资存在的问题及其成因分析

(一)民族地区工业技改投资存在的问题

民族地区工业污染物排放过多、处理率不高,主要是缘于民族地区工业技术、设备的落后,从而折射出民族地区工业技改投资存在如下一些问题:

1. 工业技改投资明显不足

虽然民族地区的更新改造投资随着全社会固定资产投资的增加而增加,但其更新改造投资所占比重却在逐步下降。如图4.5显示出1986—2003年的几年间部分民族地区更新改造占全社会固定资产投资比重变化情况,可以看出更新改造投资的增幅与基本建设投资的增幅之差距有越拉越大的趋势,特别是在上世纪90年代中期,民族地区更新改造占全社会固定资产投资比重有明显下降的趋势。

单从民族地区的制造业更新改造投资状况看:表4-16为2003年民族地区与东部、中部的制造业更新投资额比较,从图

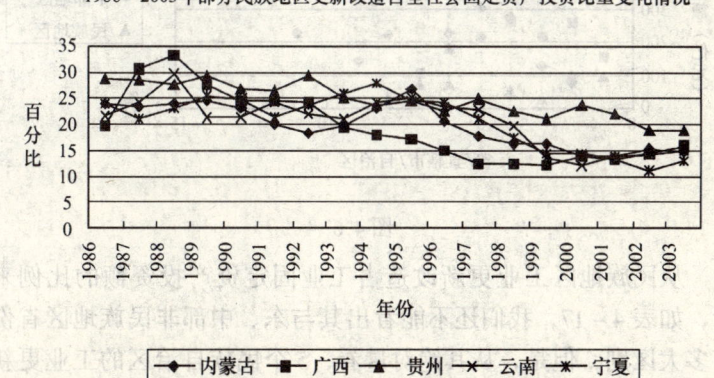

1986—2003年部分民族地区更新改造占全社会固定资产投资比重变化情况

图4.5

4.6可以看出，民族地区的制造业更新投资额要远远少于东部地区，其平均值只有东部地区平均值的21%，与中部地区也有一定的差距。

表4-16　2003年制造业更新投资额比较（单位：亿元）

东部地区	北京	天津	辽宁	河北	上海	江苏	浙江	福建	山东	广东
	78.33	127.84	274.72	302.58	225.35	474.63	221.42	143.14	597.79	224.51
中部地区	山西	安徽	河南	湖北	湖南	吉林	黑龙江			
	154.18	253.69	210.91	259.69	212.17	177.71	102.34			
民族地区	内蒙古	广西	宁夏	新疆	西藏	云南	贵州	青海		
	98.59	97.91	29.45	54.58	0.53	74.35	71.34	27.67		

资料来源：中国经济信息网（http://db-edu.cei.gov.cn），经笔者整理。

2003年民族地区与东、中部地区制造业更新投资情况

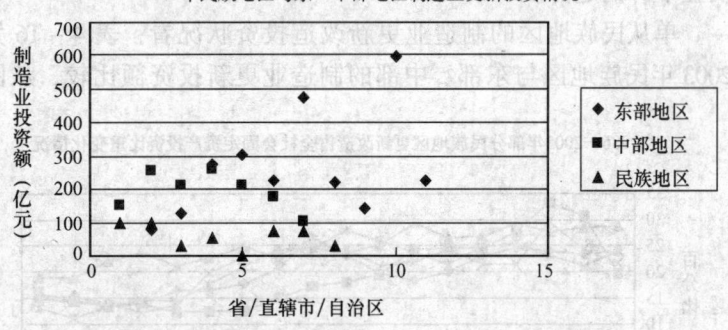

图4.6

从民族地区工业更新改造占工业固定资产投资额的比例来看，如表4-17，我们还不能看出其与东、中部非民族地区省份有多大区别，但是，从其绝对量看，5个民族自治区的工业更新改造投资额明显低于中部地区省份，更低于东部发达地区省份。

表 4-17　2003 年部分省区工业更新改造与工业固定资产投资对比（单位：亿元）

	A 工业更新改造投资[1]	B 工业固定资产投资	A/B
内蒙古	146.32	498.5	29.35%
广西	117.17	294.35	39.81%
西藏	4.63	25.15	18.41%
宁夏	34.88	107.67	32.40%
新疆	74.36	326.98	22.74%
吉林省	200.11	352.81	56.72%
江苏省	560.94	2493.46	22.50%
浙江省	258.07	1935.05	13.34%
山东省	761.16	2656.21	28.66%
安徽省	299.38	474.15	63.14%
江西省	135.53	398.63	34.00%
河南省	305.2	794.76	38.40%
全国	6397.45	20427.12	31.32%

注：由于我们研究范围是民族地区的工业更新资产投资，此处的工业更新资产投资额是根据采矿业全社会更新资产投资额、制造业全社会更新资产投资额和电力、煤气及水的生产和供应业全社会更新资产投资额计算的三项更新资产投资额的总和，工业固定资产投资也依此原则。

资料来源：中国经济信息网，http://db-edu.cei.gov.cn，经笔者整理计算。

从民族地区更新改造占总投资额的比例变化情况看，在经历了上世纪 90 年代初短暂的高比例后开始下降并趋于缓和，如图 4.7，且大部分民族地区更新改造占总投资额的比例都比国家平均水平低，如表 4-18。

224　民族地区投资活动的环境效应研究

1985—2003年 部分民族地区更新改造占总投资额的比例变化情况（%）

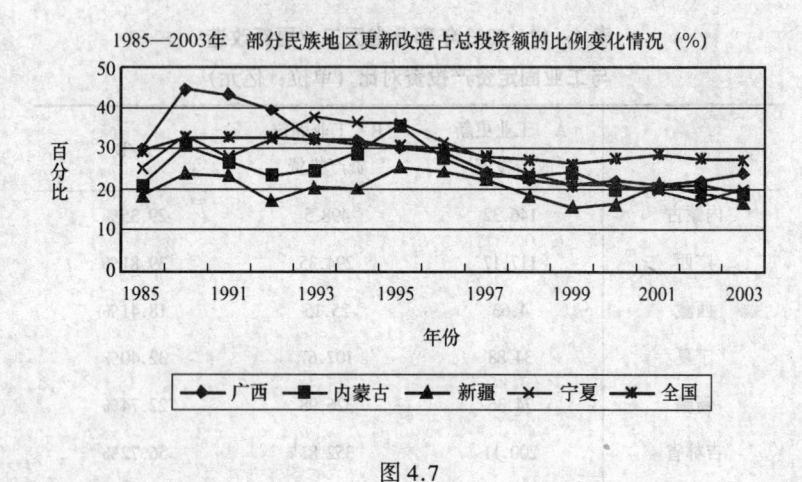

图4.7

表4-18　1985—2003年民族地区更新改造占总投资比例变化（%）

	广西	内蒙古	新疆	宁夏	西藏	全国
1985	29.86	21.15	18.64	25.15	6.79	29.48
1990	44.34	30.72	24.13	33.08	2.69	32.76
1991	43.30	26.70	23.39	28.21	0.32	32.60
1992	39.56	23.47	17.10	32.41	0.34	32.66
1993	32.43	24.95	20.51	37.80	3.46	32.24
1994	31.86	28.98	20.36	36.39	8.08	31.20
1995	30.38	35.51	25.59	36.20	9.96	30.83
1996	29.02	27.89	24.37	31.67	1.07	29.67
1997	24.42	23.67	22.41	27.54	6.95	28.34
1998	22.47	22.99	18.64	24.06	8.07	27.49
1999	21.04	24.50	15.51	21.03	6.88	26.48
2000	22.16	20.35	16.48	20.84	7.60	27.56
2001	21.07	20.57	21.28	19.75	6.15	28.56
2002	22.08	20.81	19.02	17.15	9.77	27.65
2003	24.13	18.78	17.01	20.04	7.28	27.35

资料来源：中国经济信息网，(http://db-edu.cei.gov.cn)，经笔者计算整理。

2．技术人员规模小且扩展缓慢

我国是一个发展中国家,是世界上劳动力资源最丰富的国家,但从总体上看,目前我国劳动力素质还比较低,技术进步对经济增长的贡献率仅为 30% 左右,远低于发达国家的 60%—80%,也低于发展中国家 35% 的平均水平。民族地区工业企业的职工素质比全国水平低很多,与东部相比差距更大,特别是工程技术人员,过低的工资待遇使民族地区出现了技术人员东流的现象,使得民族地区的工业企业技术创新等远落后于东部发达地区。

民族地区的技术人员规模发展相当缓慢,比如在宁夏回族自治区(如表 4-19),在 1990—2004 年的 15 年内,宁夏地方国有企、事业单位各类工程技术人员只增长了 22.6%(1985—1990 年间的增长速度是 70.6%),其技术人员规模发展是何等缓慢。技术人员缺乏且发展缓慢,说明民族地区的技改投资对运用、创造和改进技术的主体——技术人员的投入和开发还不够,严重削弱了民族地区工业技术发展的内在动力。

表 4-19　宁夏地方国有企、事业单位各类工程技术人员变化情况

指标	1985 年	1990 年	1995 年	2000 年	2003 年	2004 年
就业人员总计	68787	117317	126679	140063	142031	143829
工程技术人员	11470	19524	20291	22283	22504	21363
技术人员比例	16.67%	16.64%	16.02%	15.91%	15.84%	14.85%

资料来源:《宁夏统计年鉴 2005》。

(二)民族地区技改投资问题的成因分析

民族地区工业技改投资出现这样的问题,分析其原因,主要在于以下方面:

1. 技改投资贷款比重小

银行固定资产投资贷款中技改贷款比重逐年下降,难以满足技术改造对资金的需要。近年来,在民族地区固定资产投资贷

规模中，技改贷款比重逐年下降。主要表现在以下两方面：一是技改投资中银行贷款与基本建设投资中银行贷款的比例[1] 逐年下降。如图4.8[2]，可以看出，在1993—2003年间大部分民族地区更新改造国内贷款与基本建设国内贷款的比值是减少的，部分省区如云南、宁夏下降趋势还比较明显。这说明更新改造投资中

1993-2003部分民族地区更新改造国内贷款与基本建设国内贷款的对比变化情况

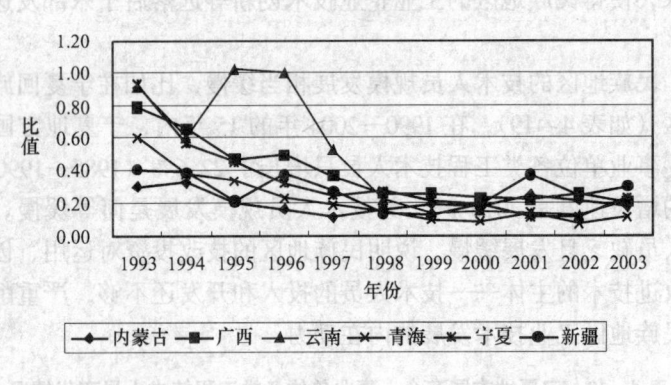

图4.8

的国内贷款占整个固定资产投资中的比例是下降的。在国家技改投资规模中，技改贷款占整个技改投资的比重逐年下降，如图4.9所示，大部分民族地区的技改投资中技改贷款比例在下降，并在上世纪90年代的中后期趋于一个稳定的低水平状态。

2. 技改资金中地方资金来源比重大

从2003年地方、中央项目投资改造更新投资额情况（表4-

---

[1] 技改投资中的银行贷款与基本建设投资的银行贷款没有相互包含关系，但是通过这两者的对比可以说明技改投资在整个固定资产投资中相对于基本建设投资从金融系统得到支持的变化趋势。

[2] 图4.8、4.9资料均来源于中国经济信息网：http://dlb-edu.cei.gov.cn。

第四章 民族地区工业投资活动的环境效应

1993-2003年部分民族地区更新改造国内贷款占全部更新改造投资的比例变化趋势

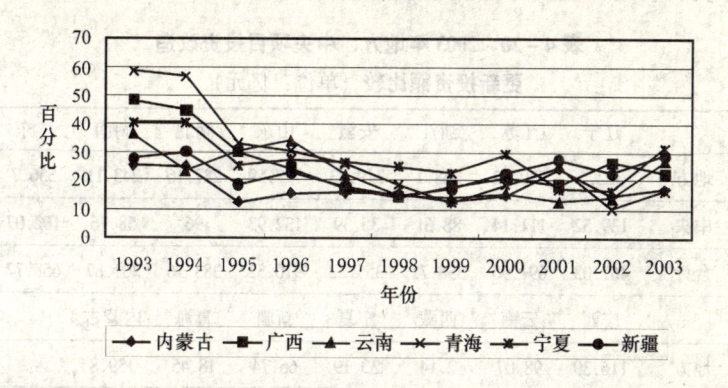

图 4.9

20)来看,民族地区与东部地区、中部地区的绝对投资额也有较大的差距。从各地区的经济发展水平,我们可以理解各省市由于地方财政的规模不同,所能提供的地方项目投资改造更新资金有限,但是,中央项目的更新改造资金也很少,这说明国家在这方面的投入也不是很积极;从另一个角度看,技改投资过于依赖地方资金,这对落后的民族地区来说是一个巨大的包袱,这也从一定程度上使得东部地区和民族地区的工业技改投资的差距进一步拉大,失去了地区之间平衡发展的基础。

3. 更新改造资金中自筹资金比重大

如表4-21,在1994—2003年的10年间,除西藏外,自筹资金都超过50%,其中内蒙古、广西、云南的大部分年份自筹资金超过了70%,这说明金融系统对民族地区的工业技术改造缺乏支持。由于民族地区的工业企业发展效益普遍不如东部发达地区,企业可用盈余资金较少,如果企业的自筹资金比例过大,不但降低了民族地区工业企业进行技术改造的积极性,还阻碍了民族地区工业企业的发展壮大，由此形成的恶性循环使企业失去开发、利用环境友好型技术、设备的动力和能力。

表4-20 2003年地方、中央项目投资改造更新投资额比较（单位：亿元）

	辽宁	江苏	浙江	安徽	山东	湖北	湖南	广东
地方	322.5	580.82	268.1	319.83	777.59	287.16	243.11	556.7
中央	139.52	111.14	88.61	35.39	132.93	96	58.76	102.07
合计	462.03	691.96	356.71	355.22	910.52	383.16	301.87	658.77
	广西	云南	西藏	宁夏	新疆	青海	内蒙古	
地方	116.39	98.07	2.14	33.19	66.74	18.45	139.8	
中央	30.45	50.29	7.15	7.58	60.67	22.12	33.8	
合计	146.84	148.35	9.29	40.76	127.41	40.57	173.6	

资料来源：中国经济信息网（http://db-edu.cei.gov.cn），经笔者整理。

表4-21 1994—2003年民族地区更新改造投资资金来源中的自筹资金比例（%）

	内蒙古	广西	云南	新疆	宁夏	贵州	青海	西藏
1994	74.61	45.80	62.93	60.59	41.95	46.43	38.67	30.63
1995	66.63	58.56	60.84	60.94	57.88	47.94	56.46	8.41
1996	60.76	66.34	59.47	62.63	62.64	57.59	67.28	32.26
1997	70.95	61.40	70.44	70.21	64.44	70.93	59.82	96.02
1998	73.20	70.10	70.39	72.88	63.95	58.63	65.47	49.35
1999	73.86	75.44	74.61	62.88	57.17	61.70	74.31	57.65
2000	70.49	72.21	72.73	59.94	62.25	48.59	61.64	35.11
2001	66.51	78.00	72.88	62.60	64.08	57.54	50.67	64.47
2002	70.66	84.15	83.29	65.40	77.54	58.36	55.58	30.97
2003	74.54	66.23	67.06	62.40	65.01	68.90	47.70	47.15

资料来源：中国经济信息网（http://db-edu.cei.gov.cn），经笔者计算整理。

4. 利用外资比重过小

从表4-22可以看出，几乎所有民族地区省市的更新改造投资资金中利用外资的比例都小于我国的平均水平，有的还相差甚远。加上民族地区更新改造投资的基数也远低于东、中部地区，所以利用外资水平很低。利用外资过少，除了增加工业企业自身的负担外，还不易于引进国外的先进技术、设备（其中当然包括环保技术、设备等）。

表4-22　1993—2003年民族地区更新改造投资资金来源中利用外资的比例（%）

	全国	内蒙古	广西	宁夏	新疆	云南	青海	贵州	西藏
1993	3.87	5.32	4.26	0.18	1.42	1.31	—	1.79	—
1994	7.29	2.57	5.01	2.37	1.71	1.87	38.67	9.21	30.63
1995	9.73	8.28	2.48	0.53	6.33	4.73	—	7.70	9.86
1996	9.79	1.95	8.59	—	6.07	1.07	0.18	4.62	—
1997	6.94	1.95	6.13	1.00	0.41	1.42	3.23	0.53	—
1998	4.86	2.03	6.51	1.19	2.12	0.79	1.90	5.67	—
1999	5.29	1.18	2.14	3.04	2.52	0.07	1.83	3.39	0.29
2000	4.26	3.14	0.89	0.88	0.99	0.53	0.23	1.04	—
2001	4.17	0.63	0.64	0.64	0.89	0.03	0.05	0.46	—
2002	4.63	1.42	4.43	0.24	0.20	1.73	0.08	2.89	—
2003	4.41	0.47	3.77	1.15	0.17	0.61	2.96	1.04	—

资料来源：中国经济信息网（http://db-edu.cei.gov.cn），经笔者计算整理。

5. 技术改造效益较差

目前，我国整体上技术改造效益差，民族地区工业企业无论是在资金、技术实力还是市场驱动力等方面都不够，主要表现为：一是技术改造投资基建化趋势严重，达不到技术改造的效果。表4-23为2003年我国部分民族地区建筑安装工程设备、工器具购置占更新改造投资额比重分布情况，从中可见，更新改造投资构成中，建筑安装工程所占的比重还是大，设备、工器具购置所占的比重还不够。有一些项目本属于基本建设项目，为了便于通过审批，就"移花接木"，打着更新改造的幌子上报，这样，无形中减少了"有效"工业技改投资。

表4-23　2003年民族地区建筑安装工程设备、工器具购置占更新改造投资额比重

地　　区	建筑安装工程设备占比（%）	工器具购置占比（%）
内蒙古	41.71	50.19
广　西	34.02	57.78
贵　州	42.33	49.59
云　南	34.75	58.57
西　藏	40.52	57.47
甘　肃	46.84	44.87
青　海	61.82	34.88
宁　夏	52.35	38.89
新　疆	39.27	55.67

资料来源：《中国统计年鉴2004》。

二是技术改造投资外延化趋势严重。民族地区的工业投资以外延式扩展为主，与东部地区相比，他们的目的不同，东部地区是为了提高现有企业的水平，而民族地区大部分还是为了增加企业的数量，扩大企业的规模，而不是改进企业的技术，提高企业的效率。在民族地区的固定资产投资中，新建和扩建项目占建设项目总数的比例较大，而更新改造投资占的比例就比较小，这样，民族地区的工业企业的发展是以量和规模的扩展，即外延式扩展为主，而不追求质的提高，特别是对于污染治理方面的技改投资重视程度不够。

三是技术改造投资同化趋势严重，投资的使用效率低下。民族地区各地方政府为了发展本地经济，没有按照合理的产业规划发展自己的优势产业，技术改造的情况也是如此，许多技术改造项目技术、设备、规模、产品雷同，导致技术改造项目低水平重复建设严重，降低了工业企业在环保方面的技术改造能力。

6. 企业缺乏技术改造的动力与机制

民族地区的传统体制和经营方式，使地区政府和企业缺乏技术改造的动力和相应的机制。具体表现为民族地区发展工业时在指导思想上重速度轻效益，重外延轻内涵；在考察干部政绩时，重数量轻质量，重规模轻技术。虽然最近几年我们一直强调转变粗放型增长方式，但是由于缺乏必要的产权约束和责任约束，民族地区政府和企业缺乏技术改造的动力和激励约束机制。因此，技术改造投资比重下降及技术改造投资增长缓慢的根本原因是体制和机制问题。例如我们民族地区目前折旧制度的缺陷仍然是个大问题，现行折旧制度的折旧率偏低，即使是近年来不断提高之后，其水平仍远低于德国、日本、美国等发达国家。折旧率偏低的另一方面，是使企业的利润虚增上交财政，弱化企业的技术改造能力。其二，经济欠发达地区有些企业的经营者为了"多创"利润，挪用折旧基金。一是折旧基金过多地被挪用于基本建设投资，搞外延扩大再生产，忽视技术改造投资。二是折旧基金被挪用于搞福利、发奖金和补贴。其三，企业效益差、负担重。经济欠发达地区的企业大多效益低、创利少，有的甚至大面积亏损，而企业背的社会包袱却十分沉重，苟延残喘尚甚感艰难，更没有能力进行技术改造投资积累。对民族地区的工业企业来说，由于企业运行不如东部地区那么有效，采用有利于环境保护方面的技术则增加了企业的支出，给公司"扩张"带来了压力；添置环保设备或运用环保技术，不但不会给他们带来更多的"经济"利益，反而增加他们的运作成本；加上没有相应的机制约束，在这样的情况下让民族地区的工业企业去增加技术改造投资以减少工业对环境的压力谈何容易。在这种技术改造的环境下，造成了民族地区工业企业的技术、设备相对落后，与东部发达地区拉开了距离，这在一定程度上影响了企业的运行效率，从而在与东部地区的竞争中处于劣势，致使大量的工程技术人员东流，企业很难壮大自己的技术人员队伍，这反过来又影响了技术改造的深入，如此恶性循环，使民族地区的工业企业处于更加不利的局面。

所以，要针对民族地区的情况，加快民族地区工业技改投资的步伐，改变这种不利局面，同时也为了减少因为技术落后而对民族地区生态环境造成的压力。

三、促进民族地区工业技改投资的对策与建议

随着国家"科教兴国"战略的提出，民族地区政府和企业开始重视技术改造工作，但做得还不够，对技改投资的必要性和紧迫性缺乏深刻认识——没有充分认识到技术改造投资对本地区经济发展的重要性，也没有充分认识到环境问题对于经济发展的作用和意义，更没有充分认识到技改投资对环境保护的作用。而经济发展的实践表明，一国经济起飞之后，生产设备投资所占的比重会呈上升趋势；生产设备投资所占的比重越大，将反过来加速地区经济发展的速度和进程。包括生产设备改造投资在内的企业技改投资将通过直接增加企业产出而增加整个地区的经济产出，这一过程中也将间接通过作用于地区环境而影响地区的经济产出水平。为此，民族地区的政府和企业的经营管理人员应通过考察和学习，认识经济发展过程中技术改造投资对本地区经济发展的意义和作用，重视技术改造投资，增加本地区和本企业的技术改造投入。但是，技术改造毕竟是企业行为，政府的高度重视不等同于包办代替。包办代替不会促进本地区技术改造的开展，只会

造成效率低下，妨碍技术改造的开展。因而，在技术改造投资方面，政府应"有为"，但不能"越位"。政府可以通过制定规划、提供补贴与担保、税收优惠、加速折旧等形式促进技术改造投资的迅速开展，为企业创造一个良好的环境；而企业可以充分利用这些优惠政策，抓住机会，大胆进行技术改造，以提升本企业的生产能力，提高经营管理人员的经营管理水平，开发引进有利于环境保护的技术、设备，促进社会经济的可持续发展。

(一) 中央政府的促进措施

1. 通过区域财政政策手段支持企业技术改造

有人认为财政政策支持技术改造的途径主要是进行技术改造直接投资，其实不然。财政的主要作用不是直接对技术改造进行投资而是充当补贴手段和担保手段，这样能够以少量的财政资金吸引大规模的社会资金用于技术改造。比如采用贴息方式，以年息5%的贴息率计算，5亿元的财政资金可以直接启动100亿元的技术改造投资。再比如采用担保方式，可消除企业技术改造的"后顾之忧"，从而调动起大规模的民间资本用于技术改造。此时，财政的杠杆作用才能真正体现出来。

2. 制定恰当的区域产业技术政策引导民族地区企业的技术改造

技术进步与其更新改造是区域经济进步和发展的主要源泉之一，也是区域产业结构升级的主动力。因此，有效的区域产业技术政策对实现区域产业结构的合理化、推动区域工业技术进步和更新有重大的意义。根据民族地区经济发展的条件、产业的技术特点，综合考虑不同层次技术的资源特征、经济效果、社会效果与相关系统的相容性及其发展前景，确定产业运用技术发展方向，充分发挥民族地区的后发优势，通过开发和引进的方式推动技术的更新改造与实施，从而在促进民族地区经济的发展、推动整个国家进步的同时，实现环境的优化和经济增长的可持续。

3. 制定有效的区域金融政策，便利民族地区企业技改资金融通

民族地区经济落后所面临的一大问题是投入严重不足，这一方面可归因于政府转移支付力度不足，但更为重要的是这些地区资金融通渠道不畅。在有限的资金投入条件下，对眼前利益的追逐导致民族地区企业投入更新改造的资金很有限，从而很难充分发挥技改资金的环境效应。中央政府可以在这方面充分发挥其作用，利用其宏观调控方面的独有作用制定一些有利于民族地区资金融通的政策。比如，成立民族地区特定项目的开发银行，以为这一地区的企业融资提供优惠贷款或其他便利；为民族地区的企业提供优惠贴息贷款，以促使其提高技术改造投入；优先受理民族地区企业的技术改造特别是有利于改善环境条件的贷款项目。

4. 深化税制改革，增强企业用于技术改造的积累能力

现有税制，虽然也有对技术改造的税收优惠政策，但也存在一些问题，比如偏重对新产品产销的优惠，忽视对研究开发的优惠；偏重对高科技产业化的优惠，忽视对传统产业高技术化的优惠等。为此，现有税制不适应我国大部分地区特别是民族地区鼓励技术改造投入的要求，应该进行调整。

首先，取消固定资产投资方向调节税。这一税种是在特定时期为解决内需不足问题而出台的，故带有阶段性的特点。因其已不能适应扩大内需、刺激投资的现实需要，已经于2000年停征，现在可以予以取消。

其次，开征环境保护税。从1996年开始，我国就开始研究环境税开征的具体问题，但至今还没有开征。环境税的开征将会有利于限制企业的排污行为，从而使地方政府和企业认识到环境保护的重要性，抑制地方保护主义。这将有助于促使民族地区的政府和企业在投资过程中注重技术进步和更新改造。环境税收政策需要实现如下目标：减少环境污染，改善环境质量；筹集资

金；发展环保产业和再生资源业；鼓励技术进步，促进环境保护技术的提高；协调国际贸易与环境保护的关系。

　　第三，规范资源税的计税标准，严格资源税的开征。我国现行资源税属于从量定额征收的产出税，从1984年起正式开征。这种从量定额征收的模式具有管理成本相对较低、财政收入相对稳定等优势。但由于征税范围很小，资源税税收总额一直很少，在我国税制体系中只是小税种。数据显示，即便在2004、2005两年连续调高有关省份煤炭等资源税额的背景下，2005年1至10月，全国征收入库的资源税额也仅为114.5亿元，而去年，全国税收总收入已达30866亿元。而更为重要的是，资源税额过低显示了我国在经济发展过程中资源的极度浪费，这是我国近30年的发展基本上是资源粗放的结果。

　　我们改革的主要动因绝不应仅仅着眼于财政收入的增加，而是应实现自然资源利用效率的最大化，同时实现资源在区际、代际和人群之间的公平分配，以实现经济发展过程中资源的可持续利用。为此，我们应该研究对现有的资源税进行改革，并严格规范资源税的开征：(1)研究将资源税由从量征收改为从价征收，或者改为按占有资源量征收。同时提高各种涉及环境保护的税、费征收标准，使资源价格能够反映资源破坏和环境治理成本。(2)国家应出台燃油税，促进节约用油，体现多使用者多负税的原则。(3)严格资源税的管理，加大资源税的征收力度，以减少税源的流失。(4)健全资源要素的市场体系。(5)研究制定民族地区资源开发的补偿政策。国家投资的重点项目，民族地区有资源、有市场的，应优先安排在民族地区。国家在民族地区开发石油、天然气等矿产资源，应安排一定比例的初级产品留给地方发展深加工项目。应适当提高资源税的征收额度或征收资源使用费，并全额留给地方财政，提高当地技术改造投入的能力，使民族地区的资源优势转化为经济优势。

第四，完善对技术改造的税收优惠政策。(1) 不仅优惠进行技术改造的企业，而且应当扩大到提供科研成果的科研机构，规定其与技术转让有关的技术咨询、技术服务、技术培训的收入一律免征所得税，鼓励科研机构积极参与企业的技术改造。(2) 不仅优惠高技术产业化，而且优惠传统产业高技术化。我国规模非常可观的传统产业，生产效率低、能耗高、产品质量差，这一现状严重制约了我国经济增长方式的转变。我们在制定税收优惠政策时，应对其有所倾斜，使传统产业的高技术化步伐赶上当前高技术产业化的步伐。(3) 对于购入科技成果的企业，允许其按购买价款的一定比例进入当期增值税进项税额。这是因为，现行税制下的增值税，对知识技术密集型企业不利。因为高技术产品往往也是高附加值产品，增值部分比较大，税收负担较重。为了缓解这一矛盾，建议允许企业按购买价款的一定比例，进入当期增值税进项税额。(4) 对企业自行研究开发科技成果或对购入成果进行二次开发而发生的费用，允许按新增部分的一定比例从应纳所得税额中扣除。这主要是为了保护企业自主研究开发的积极性，是促进企业增加技术改造投入而设计的。(5) 实行以加速折旧为核心的新折旧制度。通过加速折旧，使企业能够提取足够的资金用于更新设备，以适应现代科学技术步伐加快的要求。此外，国家可以通过对环保型新产品或技术在最初投放市场的几年之内的税收减免，激励企业进行技术创新和改造。

(二) 民族地区地方政府的促进措施

在中央政府的宏观调控作用下，民族地区地方政府可以发挥其中观管理作用，充分利用中央政府对本地区的政策优惠及资金支持，将这些政策优惠及资金支持转化为本地区企业技术改造及环境保护的动力，从而为本地区的企业发展创造良好条件。

1. 注重本地区重点项目规划，突出技改投入重点

民族地区的政府应加强对本地区企业技术改造的引导，将技

术改造列入本地区的经济发展规划。同时，要根据国家产业和技术发展政策，结合本地实际，补充完善本地区的技术改造规划，筛选技术含量高、市场前景广、经济效益好的项目进行重点投入。因此，民族地区的政府应该加强以下几个领域的投入：一是本地区的优强企业和支柱产业的加速投入；二是高新技术产业，比如生物工程、新型材料、电子信息等；三是名牌产品的强化投入；四是出口产品的精深改造；五是新消费热点的超前投入；六是农业产业的配套项目；七是传统产业，比如纺织、轻工、机械、化工等。对于这类产业，技改投入要"精"，以增加品种、提高质量、精深加工增加附加值为重点，提高市场竞争能力，不断提高经济效益。民族地区政府可以通过对这些重点项目的扶持，促进本地区形成新的经济增长点。但是，在这一过程中政府要防止技改的贪大求洋，把降低消耗、减少成本、提高专业化水平以及提高产品性能质量和产品的更新换代作为技改投资的重点，尽可能采用实用、适用的先进技术，提高先进技术的利用率，使本地区的企业在技改过程中，既注重经济效益，又注重环境保护。

2. 调整本地区的产业结构和产品结构

民族地区的政府应该按照国家政策，根据市场需要合理调整产业结构和产品结构，并利用国家的产业政策对本地区经济发展的支持和资金投入，加强技术改造，采用先进技术、生产工艺和设备，提高企业经营管理水平，实现本地区产业结构和产品结构的优化。产业结构和产品结构的调整和优化，将有利于改善本地区环境状况，使本地区的消费结构趋于合理化，在不减少甚至增加本地区居民收入水平的情况下，改善本地区居民的生活状况。根据上边提及的技术改造的重点产业和重点项目，民族地区的产业结构调整应该是：从资源粗放型产业向资源节约型产业调整，从重污染型产业向轻污染、无污染型产业调整，从生产型企业为主导的产业结构向消费型、服务型企业为主导的产业结构调整。

相应地，本地区的产品结构也将以注重环境保护的、无污染的产品以及消费型服务型产品为主。比如，第一产业当中的农产品加工业、农业技术推广等；制造业当中的食品制造业、饮料制造业、纺织业、皮革及羽绒制品业、医药制造业、化纤制造业；服务业当中的旅游业、餐饮业、金融业等等。

3. 注重对中央和本地政府投入的技术改造资金的管理

中央下拨到民族地区的技改资金，其管理一般由地方政府来执行。由于市场经济的约束，政府对企业行为的约束一般不是很强，但对于中央政府和本地政府投入的技改资金，地方政府有权力监督和规范企业对这笔资金的使用。另一方面，对于享受中央和地方政府优惠政策的企业，其技改投入也要按规定达到相应的标准。这些约束赋予了地方政府对企业技术改造行为的监督权。民族地区的政府在管理中央下拨的和本地政府投入的技改资金时，要注重其规范和高效率。在确定了投入重点后，地方政府必须保证技改资金的投入能及时到位并监督企业对技改资金的使用，以免使技改资金被企业挪作他用，并避免其在技改资金使用上的效率缺失。

4. 通过担保和吸引投资帮助本地区企业获得技改投资的资金

在市场经济条件下，地方政府对于银行的信贷活动没有过多的约束力，但政府可以通过间接的方式发挥其作用。比如，政府可以通过提供担保等形式帮助本地区企业获得技改信贷资金；民族地区的政府和有关职能部门可以定期召开技改项目协调会，保证信息在企业和银行间的畅通；政府也可以采取一些有效措施，调动银行支持技术改造的积极性，促进本地企业技改投资比重的提高；民族地区政府可以通过宏观调控力量帮助扶持和引导本地金融市场的发展，比如证券市场、保险市场等，从而为本地区的企业创造良好的融资条件，以使企业获得技改资金融通的便利。民族地区的政府也可以通过加快本地区的基础设施建设、信息网络建设改善投资环境,提供地区性政策优惠等手段吸引外部资金进入本地。特别是要放弃地方保护主义,对产品污染少、重环保的外地或外资企业提供市场准入的便利。此外,地方政府还可以通过TOB（建设—经营—转让）、TOT（转让—经营—转让）及BOO（建设—拥有—经营）等方式充分利用外来资金。外部企业资金的进入无疑会通过一定的途径增加对本地技改资金的投入。而且,外部企业的进入无疑会增加本地区企业生存的压力,这将促使本地企业增加技改投资水平而提高企业的生产能力和竞争力。

5. 建立健全企业技术改造与创新激励机制

民族地区的政府要建立科学的企业技术改造与创新评价体系,并以此作为评价本地企业的重要依据,引导企业自觉地走靠技术改造与创新求发展的道路。比如建立各级各类技术改造与创新基金,对从事技术改造与创新的企业及个人给予适当奖励。并推动和加强本地区专利法、商标法等执行力度,帮助拥有专利的企业和个人维护其应有的权利。对于有利于环境保护、资源节约的专利、发明和技术改进创新,地方政府可以在物质和精神方面对其进行重奖,通过政府购买、提供政府担保等手段帮助这类产品在市场上的推广和营销。

6. 积极扶持本地区技术改造和创新的中介服务组织的成长

随着政府职能的转变和企业、银行经营机制的转换,中介机构的作用逐步增强。如果缺乏完善的技术改造中介体系,就不可能形成高质量、高效率的投资行为和技资结果,民族地区企业的技术改造对中介体系的依赖性尤其强烈。对于民族地区的政府来说,最关键的是要逐步建立企业技术改造投资担保体系和信息服务网络,在资金、政策、信息和规划等方面,为企业发展提供必要的服务。另外,要进一步建立健全招标、咨询、评估、项目监理等中介机构,切实改进和规范其运作,为技术改造项目决策的科学化服务，提高技术改造项目的成功率。

信息咨询机构。其主要职能是为企业技术改造决策提供中介服务，接受委托对立项项目的可行性进行评价，为技术改造项目编制项目建议书和可行性研究报告，为项目的实施提供咨询等；但信息咨询机构要保证提供的咨询服务准确、公正，并承担相应的法律责任。

设计服务机构。技术改造项目立项后就进入到设计阶段，企业可面向社会进行设计招标，择优选择设计单位。但要做到设计服务与信息咨询分开，以防范投资风险。

社会审计和监理机构。审计社会化，是审计体制改革的一个趋势。企业在进行技术改造时可委托社会审计机构对工程造价进行审计。为了保证工程建设质量，企业在进行技术改造时可委托社会监理机构进行工程监督。为了防止社会审计和监理机构"偷懒"或营私舞弊，社会审计和监理机构应当承担相应的法律责任，政府有关部门也应加强监管。

（三）民族地区工业企业技改投资的自我促进

企业是进行技术改造的主体和核心力量，也是进行技术改造的主要受益者。民族地区企业环保意识薄弱，对眼前利益的追逐难免会使企业在生产经营过程中忽视环境保护；而由于市场体系的不健全，市场秩序紊乱，导致企业在经营中弱视了技术的地位，不重视技术改造和技术创新，而是通过非正常手段寻求非正常利益（比如通过寻租等手段而不是通过提升本企业的竞争力提高市场占有率）。随着市场化进程的加快，民族地区的企业必须改变原来的做法，通过其他途径谋求本企业的发展，以期在未来的竞争中占有一席之地。就提高其技术改造投资而言，民族地区的企业应该具备一定的前瞻意识，并采取具体行动加快技术改造步伐。

1. 强化企业技术改造和创新体系建设，增强企业技术改造

和创新能力

技术改造和创新是企业发展的动力之一，企业要进一步加大投入，提高技术改造和创新投入占销售收入的比例，提高技术中心的开发手段和能力，建立和完善高级人才的培养、引进、使用和激励机制，形成技术改造和创新的良好氛围，形成企业技术的良性循环。民族地区的企业可以以现有的技术中心为依托，整合现有社会科技资源，组建面向全行业的开放式的企业技术中心，吸引其他企业的资金和技术力量参与攻克带有全局性的关键技术，并与其他参与开发关键技术的企业实现利益的共享。企业也要充分利用法律手段，保护本企业的自主知识产权。进一步加大技术改造投入，提高技术装备水平，增强企业技术改造和创新能力，适应产品升级换代和产品质量提高的要求，这是民族地区企业生存和发展的必然选择。

2. 拓展企业融资渠道

民族地区的企业大多面临资金匮乏的问题。在股份制改革前，国营企业的技改资金除了一部分由国家和地方政府划拨外，其他的大部分资金与私营企业一样，来源于直接或间接的融资。而股份制改革后，民族地区的企业的技改资金投入都将只能依赖于自身的融资能力。

内源融资是企业技改资金的重要来源之一。内源融资主要来自企业自身的积累，这与企业自身的经营理念和经营能力有关，再扩展开来，与企业自身的技改投入也不无关系。内源融资能力的强弱很大程度上决定了企业技改资金投入的能力。特别是对中小企业而言，因为中小企业的外源融资能力受限较多，企业内源融资占主要地位。中小企业具有自身的融资局限：经营易受外部环境的影响，或者说企业存续的变数大、风险大；实物资产少且一般流动性差，负债能力极为有限；资金需求一次性量小、频率高，导致融资复杂性加大，融资的成本和代价高；信息透明度极低，进而与金融机构之间的信息不对称问题非常严重。这些特点决定了中小企业外源融资的能力相对于大型企业较弱。而大中型企业虽然具有较强的外源融资能力，但由于外源融资相对于内源融资成本较高，因此在具有充足的内部资金积累时，其技改资金的投入首选也是内源融资。

在企业自身实力不强的情况下，银行贷款是企业外源融资的主要选择。银行是最主要的融资机构，其在资金融通过程中起到中介作用。银行贷款手续简便，贷款额度大，融资成本较低。民族地区的企业在政府优惠政策支持下，通过银行贷款获得技改资金较为容易。如果政府给予利息补贴，则其融资成本将会降至最低。而大型企业一般有较高的资信能力，获得银行贷款会相对中小企业容易。

民族地区的企业在寻求银行贷款的同时，应该积极寻求通过证券市场获得直接融资。比如发行企业债券、上市发行股票等。直接融资要求企业有较高的资信能力和资金实力，对企业的经营管理水平要求也较高，但直接融资给企业带来的好处也是巨大的。在经营良好的情况下，企业发行的债券或股票一方面给企业带来了更多的发展资金，另一方面帮助提高企业的市场形象。这将有助于企业巩固其市场地位。而这对于企业技改最直接的好处就是，一方面增加企业技改投入的资金来源，一方面形成了企业技改和企业资金投入能力的良性循环。

3. 重视人才的引进和培养

在市场经济条件下，人才培养和引进应该是企业要做的事，因为企业的人力资本是企业发展的保证，而技术改进不仅仅依赖资金，更为重要的是依赖于技术型人才。民族地区的企业如果不注重人才的培养和引进，其发展壮大也就不会变为现实。为此，民族地区的企业应该注重技术型人才的培养。

首先，营造一个尊重知识、尊重人才的良好氛围。要强化技能人才的地位和作用，弘扬技能员工拼搏精神，宣传依靠科技和技能人才振兴企业的事迹，倡导"知识就是财富、技术就是资本"的新理念，使广大技能员工感到自己在企业有较高的地位，从而乐于为企业的发展做贡献。

其次，树立先进的人才理念，建立合理的用人机制。企业要建立一支高技能的人才队伍，必须抛弃传统的用人观念，树立全新的人才理念。有关调查显示，民族地区之所以出现了高技能人才短缺的局面，其中相当重要的一条就是很多企业缺乏先进的人才理念，没有树立起技能人才也是人才的思想，不愿让技能人才进行深造和培训，限制了技能人才的进一步发展。

其三，改革和完善企业分配制度，建立贡献与报酬直接挂钩的分配机制，提高技能人员的收入水平。特别是在改革、改制、转岗分流等工作中，要充分考虑高技能人才的利益。目前，在民族地区的国有企业中，普遍存在着技能员工待遇偏低、贡献与报酬相差较大的现象，在一定程度上影响了技能员工钻研技术、提高技能的积极性。为此，企业应进一步改革收入分配机制，鼓励技能人员技术入股参与分配，实行风险工资、物质刺激和各种可行的长期的激励方案，使技能员工有奔头，有想头，更好地成长进步。中小企业也如此。

其四，加大技术人才培训力度，不断提高技术人员的技能水平。技能人才培训不仅有助于提高他们的操作技能和工作水平，及时补充专业知识，而且可以增强企业的凝聚力，减少人才流失。为此，民族地区的企业要根据技术工人队伍的实际，制定相应的"企业技能人才队伍培养规划"，采取集中培训、实践锻炼、轮岗交流等多种形式，使技能员工的培训逐步实现科学化、规范化，不断提高技能员工的思想政治素质和业务技能素质。

第五章 民族地区农业投资活动的环境效应

农业是人类社会赖以生存的最初的产业部门，工业革命以来，随着科学技术的快速发展及其在农业中的广泛运用，农业生产条件得到了极大改善，土地产出率和农业劳动生产率不断提高，在很大程度上满足了人类社会因为人口膨胀和经济发展而不断增加的农产品需求。然而，人们在庆幸丰衣足食的同时，却发现周围的生态环境也在发生着巨大的变化，并已开始逐渐影响人类生活。比如，农药、化肥、各种合成饲料以及促生长制剂等化学物在农业中广泛而过量地使用，导致耕地退化、土壤板结、作物病虫害加重、农产品质量下降。再如，对土地生产力长期以来只注重获取不注重养护的掠夺性开发方式，使农田土地生产力严重下降，沙化、碱化、盐渍化面积剧增。这些影响既减少和损害了有限的自然资源，也使农业的可持续发展陷入了前所未有的困境，因而有必要关注农业投资活动的环境效应并对其给予有效的控制和引导。

农业投资活动包括社会对农业的基础性投资和农户的生产经营性投资两类。其中，基础性投资包括：农田水利建设，如治理大江大河大湖的骨干工程，防洪、防涝、排水、灌溉等水利工程设施建设；农业生产和农产品流通重点设施建设，商品粮棉生产基地，用材林生产基地和防护林建设；农业教育、科研、技术推广和气象基础设施等。鉴于农田水利建设对于民族地区具有特殊的重要性，本章讨论的农业投资活动除农户生产经营投资之外，对农业基础性投资活动仅限定在农田水利建设范围内。

第一节 民族地区农田水利建设
投资活动的环境效应

一、民族地区有必要重视农田水利建设及其环境效应

农田水利建设是人类通过工程手段对自然界的水进行控制、调节、治理，发展灌溉排水，调节地区水情，改善农田水分状况，为了减轻和免除旱、涝、盐、碱等自然灾害，降低灾害发生的频率和危害程度，以促进农业稳产高产的农业基础建设。农田水利建设的根本任务就是减免水旱灾害，开发利用水资源，改善人们赖以生产和生活的环境条件。如：防洪工程、控制洪水泛滥，可以创造一个比较安全的环境；灌溉工程为干旱农田补充水源，可以使低产田获得丰收，荒地变成绿洲。但由于处置不当，建设农田水利工程也会对环境产生不利的后果。如平原地区盲目蓄水，灌区只灌不排，会造成土地盐渍化、沼泽化；闸坝等拦河建筑物截断河道和鱼类洄游通道，会影响航运和水生物的繁衍。环境的改变也会影响水利，如工矿企业向江河排放大量污水、废水、废渣，就会污染水体，降低河道过水能力。[①]

农田水利建设一般包括灌溉工程和排水工程；而农田灌溉工程主要包括水源工程、输水工程、田间工程以及其他专门建筑物等。水源工程是灌溉工程的首部与枢纽，水源工程的类型在很大程度上决定了灌溉工程影响生态环境的方式与程度；农田排水工程与农田灌溉工程是相对的，也包括竖直排水（井排）和水平排水两种。竖直排水虽然能在较大程度上降低潜水水位，但难以调解区域水资源总量和水盐平衡，竖直排水和水平排水相结合，可

---

① 一览网论坛（http://club.elanw.com）。

能取得较好的改良农田生态环境的作用。

农业灌溉工程对于中国农业的发展十分关键。根据联合国粮农组织（FAO）1984年出版的《发展中国家土地潜在供给能力》一书中的估计，在无水利投入的情况下，中国国土的人口承载力为4.16亿。否则会造成对天然植被及生态环境不可挽回的破坏和持续的饥荒与营养不良。而实际上，目前中国以全球6.4%的国土面积和全世界7.2%的耕地，养育了全球22%的人口。这里，农田灌排工程无疑在农业发展中起了重要的作用。[①] 农田灌溉排水工程通过调解农田水分状况，为农作物创造良好的生长环境，提高农作物单产水平，改善农业生态环境；还可以有效保护森林，提高生态环境承载力。灌溉排水工程的建设，不仅在防洪、灌溉方面发挥着巨大的作用，是我国农业可持续发展和粮食、环境安全的重要保证，而且随着经济、社会发展，大量的灌溉工程开始为城乡生活和工业生产供水，在灌排工程建设中，利用引水枢纽和渠道落差还可以同时开发水力资源，提供水电这种清洁能源，减少高碳燃料和核能的消耗，从两方面实现减少二氧化碳排放的目的，减缓温室效应和酸雨的危害。中国耕地的81%分布在北方，自然降雨难以在数量和时间上满足作物生长需求。如果没有灌溉设施，大量的北方农业用地将难以耕种。极度的水土资源分布不均衡导致中国农业过度依赖灌溉设施。养活数量庞大的中国人口一直是中国政府面临的主要问题。中国70%的粮食来自灌溉农业。保证中国粮食安全的有效措施之一就是提高灌溉耕地的土地生产率。因此，中国灌溉农业已经而且将来仍然会在中国的粮食安全中担当主要角色。近十几年来，尽管耕地面积总量没有增加，但由于灌溉面积的发展和农业技术进步，中

[①] 张林：《灌溉排水工程对环境的影响》，国家节水灌溉杨凌工程技术研究中心。

国粮食生产取得长足发展，其中灌溉面积的增加是粮食增产的主要因素。

西部民族地区水土资源极不均衡，西北地区水少土多，干旱少雨，水资源缺乏，年均水资源总量为2344亿立方米，仅占全国总量的8%，可利用量不足1200亿立方米，必须重点发展农田灌溉水利工程；而西南地区水多土少，是长江、珠江和怒江、澜沧江、雅鲁藏布江等江河的上游区，降雨丰沛，水系发育，年均水资源量12752亿立方米，可利用水资源量为3470亿立方米，水能资源极其丰富，易产生洪涝灾害，应发展农田排水工程。而由于自然、历史等多方面的原因，西部水利发展严重滞后，主要存在着水资源配置不合理、开发利用效率低、水土流失和水污染严重、抗御洪涝灾害的能力差等问题。无论是西北地区还是西南地区，由于自然、历史的原因，都决定农田水利建设在西部民族地区经济和社会发展进程中的极端重要性。加快西部水利发展在实施西部大开发中具有举足轻重的战略地位。

在西部大开发中，西部农田水利建设正在逐步实施，如乌鲁木齐供水工程等区域性调水工程；宁蒙河套灌区、关中灌区、黑河流域灌区、塔里木河流域灌区、都江堰灌区等大型灌溉节水增效改造工程；已开工建设的四川大桥水库、贵州遵义、西藏满拉等灌区工程；岷江紫坪铺、右江百色、黄河沙坡头、嫩江尼尔基等水利枢纽工程等等。在西部大开发中，主要的水利工程建设有甘肃引洮工程、贵州黔中引水工程、云南引水济洱工程、南水北调西线调水工程前期等7项工程，可解决西部昆明、贵阳等主要缺水城市和经济区的用水问题，为灌区提供水源，改善西北内陆河部分地区生态环境。到2004年底，西部各地区已建成大中小水库5.51万多座（如表5-1所示）。

随着现代工程技术手段的不断发展，近100多年来人类对河流进行了大规模开发利用，兴建了一批蓄水库和跨流域调水工程。这些水利工程一方面给社会带来了巨大的经济效益和社会利益，另一方面也极大地破坏了人类赖以生存的自然资源和生态环境。[①] 例如，1950年后，新疆生产建设兵团的三个屯垦，使耕地面积由1949年的3.12万平方千米，增加到1995年的99.5万平方千米。为了浇地，修大小水库70座，容水26.9亿立方米。由

表5-1 2004年末西部各地区已建成水库情况

地 区	合计 座	合计 万立方米	大型水库 座	大型水库 万立方米	中型水库 座	中型水库 万立方米	小型水库 座	小型水库 万立方米
全国总计	85160	55419739	460	41469921	2869	7961906	81831	5987913
内蒙古	474	787976	9	500028	70	224753	395	63195
广西	4383	2504883	32	1529961	181	528888	4170	446034
重庆	2766	422438	4	161547	48	100294	2714	160597
四川	6684	1589972	7	939270	103	275747	6574	374955
贵州	1940	751033	7	482702	50	130146	1883	138185
云南	5326	1041974	7	239820	164	472413	5155	329740
西藏	50	118446	3	108600	4	6600	43	3246
陕西	1000	661962	7	395180	54	176758	939	90024
甘肃	270	866465	6	730100	26	96917	238	43448
青海	152	2990327	4	2960000	7	14212	147	16115
宁夏	201	190467	1	73500	18	76170	182	40797
新疆	498	837829	20	388371	115	369838	363	79620

资料来源：《中国农业统计年鉴2005》，中国农业出版社。

于渠库结合，把大量地表水引入灌区，强烈地改变了地表水的时空分配。上游灌区过量引水，再加上水库渗透漏影响使地下水位上升，次生盐渍化发展，盐渍化耕地面积可占总耕地面积35%—45%。源流输往干流水量减少，使干流中下游地下水位下

[①] 张伟、龚爱民：《浅谈水利工程对环境的影响》，网易水利，2006年3月23日。

降,中游区平均下降1—2米,下游平均下降4—6米。地下水位下降,植被衰败,土壤风蚀加剧,沙漠化不断扩大,平均每年以0.25%的速度递增。[①]

另外,农村地区盲目开发小水电站也给水体和生态环境带来负效应。福建省环保局的数据显示,近年来随着农村经济的快速发展,全省各大流域水电梯级开发过度,也成为引发水体质量下降和生态环境的新祸首。统计显示,福建省一些地方政府大力引资拦河(溪)筑坝,盲目开发小水电,目前,闽江流域大中型水电站有29座,九龙江流域已建、在建和拟建大中型水电站达12座,而各主要支流在建和已建的装机量小于0.5万千瓦的小水电则有数百座。这些大大小小的梯级水电站使得河流流速变慢,大量活水变成了死水,自净能力大大下降。近两年,福建省境内江河水质有所下降,2003年12条主要水系达到和优于Ⅲ类标准的水质占87.5%,比2002年下降了3.1个百分点,2004年水质达标率比2003年又下降3.9个百分点。福建省城市内河水质通过整治,虽然得到改善,但2004年全省城市内河水质达标率仅为42.5%,污染比较普遍,主要污染物是氨氮、溶解氧等。

2003年秋季以来,福建省境内水体富营养化加剧,水葫芦首次在全省疯长成灾。据2003年12月普查统计,福建省各地河网、引水渠道、水库库面等均不同程度生长着水葫芦,面积达40万亩,造成水质恶化,水体变黑变臭,破坏生态环境,污染供水水源,威胁广大人民群众的饮用水安全和正常的生产生活。[②]

中国环境科学院组织省内外一批水利专家对福建省主要水源

---

① 王双怀:《五千年来中国西部水环境的变迁》,载《陕西师范大学学报》,2004年第9期。

② 景延、李慧颖:《水电、畜牧业污染威胁江河生态》,载《中国环境报》,2005年2月23日。

闽江、晋江等四大河流干支流水域调研后得出结论：四大水域纳污能力不足，部分水域纳污能力已达临界点。环保专家呼吁，必须采取有力措施加强对小水电开发的监控和管理，科学、合理地开发水电资源。在"环评风暴"中，国家环保总局以"严重违反环境法律法规"的名义，叫停了30个总投资达1179亿元的在建项目，其中包括了金沙江溪洛渡水电站在内的几个大中型水电项目。由此可见，水电开发在经历了技术制约时期、资金制约时期、市场制约时期后，进入了生态环境制约时期。表5-2为2004年底西部各地区乡村办水电站情况。从图中可以看出，西部各乡村每年办水电站数目仍在大量增加，这无疑对西部水资源和环境造成更大的压力。

表5-2 2004年末西部各地区乡村办水电站情况

地区	乡村办水电站个数	装机容量（万千瓦）	发电量（万千瓦时）	比上年增加量 个数	装机容量（万千瓦）	发电量（万千瓦时）
全国总计	27115	993.6	2712017.1	419	131.3	336104.4
内蒙古	2		3.8	-1		-20.8
广西	744	19.2	54975.0	-164	0.3	-3666.8
重庆	630	32.6	90313.0	7	1.5	8756.0
四川	2472	83.4	367083.0	-243	3.0	25104.0
贵州	782	23.8	80541.0	-4	3.3	32242.0
云南	789	23.8	89369.0	-164	-1.5	-921.0
西藏	343	3.2	8827.0	104	1.1	3886.0
陕西	632	8.6	20946.0	-10	-0.4	1265.1
甘肃	213	6.0	19089.5	-10	1.0	2196.3
青海	49	4.1	22701.0	-3	-0.1	-780.5
宁夏						
新疆	130	9.0	18807.0	-16	-1.0	619.0

资料来源：《中国农业统计年鉴2005》，中国农业出版社。

二、农田水利建设投资活动对环境的影响

农田水利建设对环境的影响归纳起来主要体现在两个方面：（1）自然环境方面。农田水利的兴建对水文情势的改变，对泥沙淤积和河道冲刷的变化，对局部气候、水库水温结构、水质、地震、土壤和地下水的影响，对动植物、水域中细菌藻类、鱼类及其水生物的影响，对上、中、下游及河口的影响等。（2）社会环境方面。农田水利的兴建对人口迁移、土地利用、人群的健康和文物古迹的影响以及因防洪、发电、航运、灌溉、旅游等产生的环境效应等。① 具体表现如下：

1. 农田水利建设对河流、河道的影响

一是河流物理形态的影响。在河流上建坝，阻断了天然河道，导致河道的流态发生变化，进而引发整条河流上下游和河口的水文特征发生改变。闸坝等水利工程建成后，实际上在河流上形成了人为的瀑布与跌水，使上游水深增大、流速减缓，天然状态下平衡的河流连续体系变为若干为水坝切断的湖泊（水库）的不连续体，影响了水沙平衡和物质运移。河流带入水库的泥沙会淤积下来，水库库容逐渐减少。泥沙淤积对河势、河床、河口、河岸的稳定和整个河道都有很大影响，从生态角度讲，是修建大坝产生的最根本的影响。以三门峡水库为例说明水库淤积问题。水库于1960年蓄水，一年半后，5亿吨泥沙全部淤在潼关、三门峡河段。潼关河床抬高4.5米。淤积带延伸到上游的渭河口，形成拦门沙，两岸地下水位也随之抬高，从而造成两岸农田次生盐碱化。另例，1964年苏联为埃及在尼罗河上修建的阿斯旺大坝，在大坝建成前尼罗河每年向地中海输送泥沙并使之向海岸淤

---

① 张伟、龚爱民：《浅谈水利工程对环境的影响》，网易水利，2006年3月23日。

积的速度和海水对岸边的侵蚀速度大致相等。大坝建成后，泥沙被截留在水库内，地中海岸的冲刷得不到补偿，固有的自然平衡状态受到破坏。[1]

二是河流流量的影响。由于灌溉工程大量引用河川径流，取水口下游河流水量一般会减小，地下水位也可能下降，甚至带来干旱。特别是灌溉主要集中在旱季，如果灌溉系统的调解能力较小，设计引水能力超出河流天然径流，从而造成河流断流；而排水工程则会增加河流汛期洪水下泄的负担。[2] 另外，水库的修建改变了下游河道的流量过程，从而对周围环境造成影响。水库不仅存蓄了汛期洪水，而且还截流了非汛期的基流，往往会使下游河道水位大幅度下降甚至断流，并引起周围地下水位下降，从而带来一系列的环境生态问题：下游天然湖泊或池塘断绝水的来源而干涸；下游地区的地下水位下降；入海口因河水流量减少引起河口淤积，造成海水倒灌；因河流流量减少，使得河流自净能力降低；以发电为主的水库，多在电力系统中担任峰荷，下泄流量的日变化幅度较大，致使下游河道水位变化较大，对航运、灌溉引水位和养鱼等均有较大影响；当水库下游河道水位大幅度下降以至断流时，势必造成水质的恶化。[3] 百色水利枢纽的建设因电站在电力系统中主要担负调峰、调频、调相和事故备用等，电站停机时停止下泄流量，断流对下游生态环境造成一定影响。另外，下闸蓄水可能造成一次性较长时间断流。

---

[1] 张伟、龚爱民：《浅谈水利工程对环境的影响》，网易水利，2006年3月23日。

[2] 张林：《灌溉排水工程对环境的影响》，国家节水灌溉杨凌工程技术研究中心。

[3] 曹永强、倪广恒、胡和平：《水利水电工程建设对生态环境的影响分析》，载《人民黄河》，2005年1月。

2. 农田水利建设对水体、水质的影响

一是对水体的影响。河流中原本流动的水在水库里停滞后便会发生一些变化。库内水流流速小,降低了水、气界面交换的速率和污染物的迁移扩散能力,因此复氧能力减弱,使得水库水体自净能力比河流弱。库内水流流速小,透明度增大,利于藻类光合作用,坝前储存数月甚至几年的水,因藻类大量生长而导致富营养化;被淹没的植被和腐烂的有机物会大量消耗水中的氧气,并释放沼气和大量二氧化碳,同样导致温室效应;悬移质沉积于库底,长期累积不易迁移,若含有有毒物质或难降解的重金属,可形成次生污染源。[①]

二是对水质的影响。过量引用地表径流进行灌溉或只灌不排,可能会造成灌区地下水位上升,农田发生沼泽化或次生盐碱化,古巴比伦文明的消亡就与灌溉引起的次生盐碱化有关。而农田中过量使用的化肥、农药等污染物质可能随灌溉水补给地下水,造成地下水的污染。同时农田排水中含有的非点源污染物,通过排水系统,进入天然水体,造成江河湖泊的污染。

蓄水工程和渠系的渗漏也会造成地表水对地下水的补给,地下水位上升,地下水静水压力和动水压力的变化是库区和渠道沿线滑坡等地质灾害发生的主要原因。相反大量地开发地下水,引起地下水位大幅度下降,造成水井出水量减少,提水成本增加,甚至导致水井干枯报废;在干旱地区地下水水位下降还可能造成固沙植物死亡,沙漠活化,如甘肃民勤等地。过量开采深层承压水还导致地面沉降,导致建筑物地基下沉、开裂,雨水难排。地下水位的下降还造成辽

[①] 曹永强、倪广恒、胡和平:《水利水电工程建设对生态环境的影响分析》,载《人民黄河》,2005 年 1 月。

宁、山东省莱州湾、河北省秦皇岛等多处海水入侵，地下水质恶化。① 如百色水利对水体水质的影响：百色库区现状经济比较落后，工矿企业极少，更无大型工矿企业，河段水体为轻度污染，主要污染物为悬浮物。水库蓄水后，预测到2010年，水体水质仍良好，水库水质为贫营养型。但库区居民居住、卫生条件较差，水库蓄水后，可能会引起介水传染病。

3. 农田水利建设对土壤、地质的影响

一是对土壤的影响。农田水利的兴建使下游平原的淤泥肥源减少，土壤肥力下降。同时水库蓄水、输水渠道两岸由于渗漏使地下水抬高，造成大面积土壤的浸没、次生盐碱化和沼泽化。(1) 浸没：在浸没区，因土壤中的通气条件差，造成土壤中的微生物活动减少，肥力下降，影响作物的生长；同时过量灌溉也会造成土壤含水量过高，土壤中营养元素随灌溉水淋溶而损失，从而造成土壤理化性质的退化。(2) 沼泽化、潜育化：水位上升引起地下水位上升，土壤出现沼泽化、潜育化，过分湿润致使植物根系衰败，呼吸困难。(3) 盐碱化：由库岸渗漏补给地下水经毛细管作用升至地表，在强烈蒸发作用下使水中盐分浓集于地表，形成盐碱化②；如果随灌溉水进入土壤的盐分不能迅速排走的话，就可能因土壤水分蒸发积聚在土壤表层中，引起次生盐碱化，造成土壤退化。例如，阿斯旺大坝的兴建使泥沙淤积在水库内，汛期不再出现洪水泛滥肥沃两岸的土地。三峡水库的中下游地区大面积低湖田面临沼泽化威

---

① 张林：《灌溉排水工程对环境的影响》，国家节水灌溉杨凌工程技术研究中心。

② 曹永强、倪广恒、胡和平：《水利水电工程建设对生态环境的影响分析》，载《人民黄河》，2005年1月。

胁，渍害田比例增大。

农田水利建设中水资源开发利用对土地资源的影响在干旱地区表现最为突出。在干旱区大量人为地引水，改变了区域地下水的均衡状态，造成与水源过剩（正均衡态）相联系的土壤次生盐渍化和因水源枯竭（负均衡态）而产生的土地沙化。塔里木河上游灌区是正均衡态的典型，大量引水灌溉，使地下水往上升，干旱地区强烈的蒸发，促使地下水和土壤中的盐分累积，造成土壤的盐渍化。从 20 世纪 50 年代末大规模开垦引水灌溉，到 70 年代初，约有 1/10 的土地因盐渍化而弃耕。河流下游则是负均衡态的典型，上游来水量的减少，造成下游地下水位降低，水质恶化，大量的植被枯死，裸露的地表在风沙的侵蚀作用下很快沙化。

二是对地质的影响。修建高坝大库后可能会诱发地震、崩岸、滑坡、消落带等不良地质灾害。(1) 大型水库蓄水后可诱发地震。水库中由于大量水体的聚集，会使库区地壳应力增加，容易诱发地震，特别是随着高坝水库的修建强烈的水库地震时有发生；水渗入断层，可导致断层之间的润滑程度增加，增加岩层中空隙水压力。(2) 库岸产生滑塌。水库蓄水后水位升高，岸坡土体的抗剪强度降低，易发生塌方、山体滑坡及危险岩体的失稳。(3) 水库渗漏。渗漏造成周围的水文条件发生变化，若水库为污水库或尾矿水库，则渗漏易造成周围地区和地下水体的污染。[①]据调查，在已建的坝高超过 100 米和库容超过 10 亿立方米的水库中，发生水库地震的达 17%，但烈度不高。如百色水库蓄水后，有可能诱发震中区烈度不超过 V 度的地震。

4. 农田水利建设对生物、文物的影响

---

① 曹永强、倪广恒、胡和平：《水利水电工程建设对生态环境的影响分析》，载《人民黄河》，2005 年 1 月。

一是对生物多样性的影响。水闸、大坝及其他构筑物的建设,切断了河流,阻隔将影响鱼类和其他水生生物的洄游,淹没水生生物的产卵场,大坝上、下游形成不同的水生生态系统,改变鱼类生态条件;同时坝后河水流态、理化性质都会发生变化,水生生物的群落组成也会发生变化。具体而言,一些在激流中生活的物种可能减少,而喜欢静水的物种可能增加,某些鱼类甚至因此消失。总之由于水利工程对河流连续性的破化,统一的水生生物种群可能被分割成不同的群体,对生物多样性产生不利的影响。如百色水利对鱼类和生物物种的影响:百色库区范围内鱼类资源丰富,有鳗鲡、青鱼、南方马口鱼、细尾白甲鱼、赤眼鳟、倒刺鲅等,共有鱼种类81种。大坝阻断了右江鱼类的洄游通道,影响鳗鲡、青鱼等一些具有产卵洄游习性的鱼类,淹没了右江阳圩等天然的产卵场,鱼类存量产量将减少。而库区动植物资源繁多,水库淹没对动植物资源有一定影响,但影响不大。

灌溉、排水工程造成河水流量和湿地面积的变化也会影响水生生物的种群与数量。水库蓄水淹没原始森林,涵洞引水使河床干涸,大规模工程建设对地表植被的破坏,新建城镇和道路系统对野生动物栖息地的分割与侵占,都会造成原始生态系统的改变,威胁多样生物的生存,加剧了物种的灭绝。如贡嘎山南坡水坝的修建,将造成牛羚、马鹿等珍稀动物的高山湖滨栖息活动地的丧失以及大面积珍稀树种原始林的淹毁。

在干旱地区修建水库或大量引水灌溉,往往造成下游河流水量大量减少,甚至断流,影响下游植物的生长。塔里木河下游原来植被生长茂密,后由于上游大量引水,下游基本断流,致使地下水得不到经常性补给而大幅度下降,造成胡杨林衰败、枯死,草场退化,1958—1978年间,天然胡杨林面积减少70%。塔里木河下游英苏以下草场向沙漠化土地转变,完全丧失了放牧价值。河流水量的减少,还使得下游靠河水补给的湖泊面积不断缩小，湖泊原有的水盐平衡被打破，湖水的矿化度增加，有些湖泊变成了咸水湖，一些生物不能适应环境的变化而消失。

二是对文物的影响。农田水利的建设使部分文物古迹和自然景观被淹没。我国是历史文明古国，文物古迹作为中华民族的宝贵财富，反映了一个历史时期的社会制度、社会生产、社会风情、科学技术、军事和历史等，对历史研究具有重要意义，对古代科学技术的研究具有重要价值。[①] 百色水利的建设，库区淹没影响的文物就有百达旧石器散布点、弄瓦新石器时代遗址、阳圩古营盘、剥隘粤东会馆、观音庙等，共 12 处。

5. 农田水利建设对移民、人体健康的影响

一是对移民的影响。兴修大型水利、水库淹没土地资源是不可避免的影响。百色水库整个库区淹没土地 194997 亩，其中耕地 60915 亩，园地 10553 亩，林地 88506 亩；土地淹没势必加剧库周人地矛盾，水利工程水库淹没范围广，引起大批居民需搬迁安置，移民安置对自然、社会经济和生态环境将产生不同程度的影响，许多专项设施要复建，开发大量田地，导致土地资源结构发生变化。如果移民未加妥善安置，还会造成毁林开荒、库区乱垦滥伐，引起水土流失等问题，导致局部地区环境质量下降，给森林植被、野生动物栖息环境带来影响。百色水利枢纽水库淹没涉及广西壮族自治区的百色市、田林县和云南省的富宁县，共计 12 个乡（镇）、42 个村（办）、169 个组（屯）和百色茶场。根据 2000 年的水库淹没调查统计，全库区淹没耕地 60915 亩，需搬迁安置人口 26969 人，其中广西 17450 人，云南 9519 人。

二是对人体健康的影响。不少疾病如阿米巴痢疾、伤寒、疟疾、细菌性痢疾、霍乱、血吸虫病等直接或间接地都与水环境有

[①] 张伟、龚爱民：《浅谈水利工程对环境的影响》，网易水利，2006 年 3 月 23 日。

关。水利工程在运行过程中会改变某些病原体孳生环境及传媒栖息地；水库淹没引起疾病传媒及其滋生环境的变化，移民迁建、施工人员的聚集都可能引起传染疾病的交叉感染和爆发流行，可能对人群健康产生不利影响。如丹江口水库、新安江水库等建成后，原有陆地变成了湿地，利于蚊虫孳生，都曾流行过疟疾病。由于三峡水库介于两大血吸虫病流行区（四川成都平原和长江中下游平原）之间，建库后水面增大，流速减缓，因此对钉螺能否从上游或下游向库区迁移并在那儿孳生繁殖，都是需要重视的环境问题。① 水生生物也有可能沿着灌溉、排水渠系发生扩散，如钉螺、疟蚊等传播疾病媒介的扩散可能增加了血吸虫病、疟疾等的传染危险性。阿斯旺水利枢纽工程建成后水介疾病的传媒体不再被洪水冲刷，因此血吸虫病、疟疾、肠胃炎等发病率急剧上升。据统计，水库一带居民血吸虫病发率约为 80%，部分三角洲地带几乎高达 100%，对当地居民的健康造成严重威胁。②

水利工程在施工过程中会引起诸多环境因素变化，如施工期产生的废污水、废气、噪声、固体废弃物等会影响施工区的卫生环境和当地居民及施工人员的健康。

6. 农田水利建设对气候的影响

中型水库及灌溉排水工程会引起小气候的变化，库区雾天的出现频率可能增加。原先的陆地变成了水体或湿地，使局部地表空气变得较湿润，对局部小气候会产生一定的影响，主要表现在对降雨、气温、风和雾等气象因子的影响。

（1）降雨量有所增加：这是由于修建水库形成了大面积蓄水

---

① 曹永强、倪广恒、胡和平：《水利水电工程建设对生态环境的影响分析》，载《人民黄河》，2005 年 1 月。

② 张伟、龚爱民：《浅谈水利工程对环境的影响》，网易水利，2006 年 3 月 23 日。

以及灌溉的发展，灌区面积增大，陆地水分蒸发量会增加，在海洋面积和蒸发能力一定的情况下，会造成蒸发量增加和全球降水量的增加。

（2）降雨地区分布发生改变：水库低温效应的影响可使降雨分布发生改变，一般库区蒸发量加大，空气变得湿润。实测资料表明，库区和邻近地区的降雨量有所减少，而一定距离的外围区降雨则有所增加，一般来说，地势高的迎风面降雨增加，而背风面降雨则减少。

（3）降雨时间的分布发生改变：对于南方大型水库，夏季水面温度低于气温，气层稳定，大气对流减弱，降雨量减少；但冬季水面较暖，大气对流作用增强，降雨量增加。

（4）对气温的影响。水库建成后，库区的下垫面由陆面变为水面，与空气间的能量交换方式和强度均发生变化，从而导致气温发生变化，年平均气温略有升高。[①]

如百色水利对气候的影响有：水库蓄水后，将形成与以前不同的局部小气候，区域降水量不变，略有调整，影响距离18.5千米；库区气温、湿度略有增加，雾日增加，霜日减少，有利于农作物生长。

7．农田水利施工对环境的影响

随着水利工程的兴建，大规模的前期开挖和后期填方必不可少，另外施工人员的入住及大型施工设备的应用，将给当地的生态环境带来许多问题，主要表现为：（1）土地利用：大型水利工程施工占地可达数平方千米，土石方开挖上千万立方米，施工人员数千人。水利工程施工弃渣和料场开采占用大量土地，对地貌景观和植被损坏很大。在施工中乱堆弃渣、乱修临时建筑物、挤

[①] 曹永强、倪广恒、胡和平：《水利水电工程建设对生态环境的影响分析》，载《人民黄河》，2005年1月。

占耕地，从而引发土地浪费、水土流失及淤塞河道现象；在兴建灌溉工程时，可能砍伐部分森林，造成水土流失，导致流域生态环境恶化，野生动物的生存环境急剧缩小，或迁离或绝迹，从而也加剧了生态危机。[①] (2) 水流控制：截流蓄水影响下游用水量，施工废水和生活污水影响下游水质；施工废水排放量大，悬浮物含量较高，如果不经过处理直接排入江河，造成下游水质下降，影响城镇和居民用水质量；随意弃渣，极易造成局部水土流失、淤塞河道、抬高下游河道水位等。(3) 爆破与噪声：水利工程开山辟地，通常实施爆破作业，不仅影响施工人员和当地居民的正常生产生活，而且威胁周边动植物的栖息繁衍。(4) 大气污染：水电站施工开挖产生大量粉尘对周围环境空气质量和人群健康带来不利影响；水泥、粉煤灰、砂石料等运输和开挖爆破产生的粉尘、有害气体将严重影响局部大气的质量。(5) 水体参数变化：除上面提及的水质污染情况外，水体浊度和水体空气溶解度会发生较大变化，而上述参数对水生动植物的生长至关重要。[②] 现代化机械的过多使用，废气、废油严重污染土壤、河流和当地动植物。如在百色水利工程建设过程中，对施工区的污染主要有水污染、大气污染、噪声污染、固体废弃物等。由于开挖、爆破等，扰动和破坏了原地貌，一定程度上加剧了建设区水土流失，在施工期间可能造成水土流失量为1235.62万吨。

三、农田水利建设环境效应的成因分析

上述农业水利建设对生态环境影响问题是客观存在的，产生

[①] 梁灿忠、孙玉江、陈志亮、徐建新：《灌溉工程对环境的影响及对策》，载《中国农村水利水电》，2000年第8期。

[②] 彭辉、叶建军、周明涛：《水利水电工程建设中存在的环境问题》，载《水土保持研究》，2005年第2期。

的原因不尽相同,但最主要的有四方面。

1. 工程自身及技术的缺陷

为了农业的发展与保障,调节径流,兴建农田水利,修建水库,这是无可争辩的问题。而农田水利工程技术本身所固有的特点是一些生态问题产生的根源,工程的存在往往就意味着某些生态问题的存在,因此有些负环境效应的产生是无法避免的。但是工程技术的落后更加重了环境与生态的负担,例如农业节水技术提高方面就有很多的阻碍因素,因此节水还是没有普遍推广,特别是在农民中推广困难。如何把高新技术与农民常用的技术结合起来是其中的一个难点。农民要求的是投入低、效果好、操作方便的"傻瓜式"技术。这是目前在技术方面需要迫切解决的。[①]

2. 不合理的农田水利建设及灌区开发

科学、合理的农田水利建设和灌区开发能对农业及区域生态环境产生积极的正面影响,而不科学的农田水利建设和灌区开发活动也会对所在流域或区域带来生态环境恶化等负面影响。如土壤次生盐渍化、河道径流减少甚至断流、地下水位持续下降等。

流域上游灌溉过量用水会使河道下游流量减少,泥沙淤积甚至断流。例如塔里木河是我国最长的内陆河流,全长约2200千米,共有大小支流183条。历史上沿河两岸分布有一片片天然绿洲。由于人口增加、水库拦截、引水灌溉面积急剧扩大,使许多河流的径流量急剧减少,有的河流萎缩消失。20世纪初有常年性支流128条,而到了20世纪末,除了阿克苏河、和田河和叶尔羌河等3条较大支流尚有径流汇入塔里木河外,其他支流在20世纪70—80年代陆续断流,有的从季节性短时间断流发展到全年基本断流。

---

① 姜文来:《潜心研究,平实过活》,水资源环境驿站(http://www.chinawater.nease.net)。

过量抽取地下水会使地下水位持续下降，产生大面积地下水降水漏斗，进而产生地面沉降。灌区过量开采地下水，造成地下水超采，水位持续下降。据有关资料，吐鲁番盆地20世纪80年代井深只有20—30米，近年来井深达到120—150米；新疆天山北坡一些灌区20世纪70年代水井可以自流，由于地下水位下降，20世纪80年代井深达到100米，20世纪90年代达到120—130米，目前已到200米；甘肃民勤灌区的地下水埋深由1979年的1.5—7米增加到2000年的13—20米等等。

灌区的不合理开发会导致干旱地区半干旱地区的河流下游天然湖泊、湿地、林地、植被、草原萎缩退化，土地荒漠化；由于上游灌区用水过量，下游来水减少，地下水位下降，天然植被衰退、成片枯死，生态环境恶化。灌区盐碱地的盐排水会使河流水质变差、湖泊湿地质量下降。灌区农业生产过量使用化肥、农药的残留物在灌排淋溶作用下，汇入湖泊湿地，造成污染使得水质下降。如新疆博斯腾湖周边灌区开发使周边芦苇湿地退化，失去了湿地的保护，大量高盐分农田排水、工业废水和生活污水直接入湖，引起湖泊矿化度升高，湖泊水质咸化，博斯腾湖由淡水湖急剧演变成微咸湖。

不合理的灌排可导致土壤次生盐渍化。长期引用高含沙水流灌溉会使农田土壤沙化；重灌轻排或只灌不排会导致土壤次生盐碱化；据统计，我国北方地区不同程度的盐渍化耕地多达670万平方千米。其中很大一部分是由于灌溉不当所引起的。这种状况不仅在北方存在，在南方一些水稻种植区也存在。土壤盐渍化破坏了灌区生态环境，使农作物严重减产，部分土地被迫弃耕，土地沙化，气候恶化，严重制约了灌区社会、经济的发展，已经成为农业生产的一大障碍。①

3. 人类认识水平的局限

人类在一定的时空条件下对自然规律的认识是有一定局限性的，对农田水利建设可能产生的一些生态问题认识不足或考虑不充分。长期以来，农田水利建设工作只是着眼于江河流域的治理开发，很少站在河流及生态环境的立场上，做河流及生态环境的代言人；而忽视人类发展的未来，忽视保护生态、保护河流的生命以及水资源的可持续利用。在以往的工作中，水利水电工作者考虑较多的是如何建大坝，对相关的生态问题考虑得不够。② 在农田水利建设规划、设计等阶段忽视环境保护及生态问题。例如在农田水利工程立项中忽略了环境影响评价，大型工程建设前忽视环境问题的研究及加强水质、生态、施工区环境、移民等重要因子的影响评价。同时农田水利工程中对环境监理、环境监测与环境管理也没有引起人们足够的重视，在施工布置中，没有对污水处理提出专门的对策措施，也没有相应的手段确保其实施。③ 应该认识到，任何水利水电工程，从本质上说都是生态工程。如果在水利水电建设中对生态问题不能正确地对待、科学地处理，很可能会影响到整个国家的经济社会发展。因此，人们应充分认识到农田水利工程的建设和发展必须以水资源承载力和生态环境容量为前提，要结合环境保护的要求，做好规划和前期工作。以新疆为例，在水土资源均丰富的地方如新疆的伊犁地区应加大灌区开发力度，增加伊犁河水的耗水量；但在水资源不丰富的地方

---

① 杨龙、高占义：《灌区建设对生态环境的影响》，载《水利发展研究》，2005年第9期。

② 汪恕诚：《论大坝建设与生态环保的关系》，载《中国三峡建设》，2004年第6期。

③ 徐亮：《电力工业对环境的影响及对策》，载《云南地理环境研究》，2005年4月卷增刊。

如新疆的南疆地区如喀什、和田、阿克苏等地不要再开发土地，应以原有灌区改造为主，把节省的水量补充到塔里木河中去，以改善那里日益恶化的生态环境。①

4. 监督管理制度缺失

随着经济与技术的发展，近些年来尽管人们对一些水利工程的生态问题有所认识，并采取相应措施去消除这些生态问题。但是，由于重视程度不够或制度安排不当，导致了这些生态问题的加剧。②

由于对农田灌溉渠道和农用水体排放污水的监督力度不够而造成农田灌溉渠道水质污染。其污染原因是多方面的，既有排放污水造成的污染，也有农药、化肥、畜禽养殖业废弃物造成的农业污染。因此，对于污水排放所造成的污染，各级农业行政主管部门应会同环境保护主管部门加强对向农田灌溉渠道和农用水体排放的监督管理，严格控制，做到达标排放；对于农药、化肥、畜禽养殖造成的农业污染，应根据国家有关法律、法规的规定，由各级人民政府各职能行政主管部门进行综合治理，并采取措施，保证直接用于农田灌溉的农田灌溉渠道取水点的水质符合农田灌溉水质标准。

农田水利建设不仅要注意经济效益，亦必须重视建设对环境的影响，兼顾社会效益和生态环境效益。规划、设计和施工的积压阶段，特别是管理阶段，应经常调查和观测水库对环境的影响。管理机构不仅要进行对建筑物的观测，还要对某些问题作为专门课题来研究，发挥对环境有利的一面，防止水源污染，维持

---

① 杨龙、高占义：《灌区建设对生态环境的影响》，载《水利发展研究》，2005年第9期。

② 王晓东：《对水利工程生态影响问题的看法——在"水利工程生态影响论坛"上的发言摘要》，载《水利发展研究》，2005年第8期。

生态平衡，美化人民生活。管理机构的职责不应限于枢纽范围，应扩大至库区、一部分流域或全流域和库附近下游一段河道。

四、农田水利建设投资环境效应的控制与引导

农田水利建设生态影响是一个复杂的问题，涉及资源与环境、经济与社会、文化与道德等诸多领域。现实问题的解决，不可能一蹴而就，需要兼顾长远与现实、经济效益与生态效益等各方面的利益，但最重要的是把中央制定的以人为本、全面、协调、可持续的发展观，强调的人与自然和谐相处，建设资源节约型、环境友好型社会的精神贯彻到经济社会建设的各个方面，落实到处理水利工程建设与生态保护之中。生态与环境是当前全社会十分关注的问题。关注生态，是经济社会高度发展后人们思想认识的升华所产生的必然结果。保护生态，促进人与自然和谐相处是一项重要任务。发展固然是第一位的，但在发展中应牢记新的可持续发展的理念，以科学的发展观来统领新时期水利水电事业，实现可持续发展。

水利建设不可避免地在一定程度上改变了自然面貌和生态环境，水利工程带来的环境问题千变万化，只要没达到极度恶化的程度，就总能找到解决的办法。只要遵循"因势利导，因地制宜"的原则，合理规划、周全设计、精心施工，加强科学管理，大多负面影响都可以得到缓解。我们当前紧迫的任务应该是采取一切手段，激发人的潜能，发挥人的创造性，运用技术、经济、行政、法律、社会等各种力量，促进水利工程对生态的正面影响得以充分彰显，把负面影响降低到最低限度。水利工程能否带来环境效益，能否把对环境的负面影响降低到最低限度是衡量水利工程建设成败的重要标志之一。因此，我们必须充分发展和应用现代科学技术，深入研究自然与生态的平衡机制，研究人类改变自然时对生态的近期和长远的影响。西部水利发展严重滞后，主要存在着水资源配置不合理、开发利用效率低、水土流失和水污染严重、抗御洪涝灾害的能力差等问题。水利已成为西部地区社会经济发展、生态环境改善的重要制约因素。加快西部水利发展在实施西部大开发中具有举足轻重的战略地位。为了建立生态环境友好的大型水利工程建设体系，需要重点进行以下工作：

1. 整体规划与布局，实现水利与环境协调发展

水利专项规划具有比较广泛和深远的影响。水利在国民经济中具有重要作用，水利专项规划是基础性规划，水利水电工程是重要的基础设施，大部分水利水电工程建设和使用期都较长，而且关乎相当范围人民群众的切身利益，对受益区和受影响区的生产、生活将产生较为广泛而深远的影响。因此，在水利规划、设计等阶段应更加重视环境保护。水利专项规划不是孤立存在的，也不同于单一的建设项目，它处于一定的流域或区域内，具有整体性，与所在的流域或区域有着密切的关系，规划的实施必然会影响上下游、左右岸和相当范围的区域。为解决建设中的环境问题，水利工程建设必须服从生态经济区域的整体规划，并从系统论的思想出发，按照生态学原理、经济学原理及生态恢复学原理，运用现代科技成果和管理手段，特别是生态工程这一重要工艺技术以及传统工程管理的有效经验，以期获得较高的工程效益、生态效益和社会效益。

制定与环境协调发展的水利水电工程规划，为充分考虑维持生态平衡与保护环境需要，在制定流域规划时：应全面调查流域的生态与环境状况，分析存在的主要生态问题；根据具体情况，在规划措施可能达到和财力可以承受的范围内，合理拟定近、远期环境保护目标，并提出相应的标准和要求；在拟定规划目标时应考虑水资源和土地资源的合理开发，保护森林、植被，防止水土流失，防治水害；保护珍稀、濒危动植物，保护文物古迹和风景名胜，改善生产、生活环境；认真分析规划方案对环境可能产

生的影响,若规划方案对环境造成较大不利影响时,应研究对策措施,必要时需修改规划方案或调整规划环境目标。①

2.重视环境监理、环境监测与环境管理,完善水利工程生态环境评价体系

水利工程具有较显著的经济效益和社会效益,但在环境和社会上往往会带来一定的负效应,因此,对环境效益的评估和比较就显得尤为重要和必要。过去较长时期,我国对水利项目的建设忽略了环境和社会的评估。水利项目不单单是一个水利应用问题,它还涉及到生态环境和社会问题。近些年来就有不少水利项目造成生态环境的破坏,如鱼类资源减少,生物多样化减少,水体水质变差,另外还造成了有关移民的许多问题。

首先,应尽快研究制定出能反映人们现有认识水平的水利工程生态环境影响的评价体系,建立起生态综合及关键要素承载能力的评价方法,制定各类工程对各类生态影响问题的量化评估标准,从长远的观点来看待生态、环境问题。水利开发部门应按照国家的环境质量影响评价法,进一步做好环境影响评价,政府还应对全流域的水能、水利资源开发作好环境规划。

其次,切实在水利工程规划、建设、管理各个环节中落实保护生态的具体要求和强制性、规范性的生态保护标准。水利工程通常是区域性多目标水资源开发项目,可以为区域提供防洪、发电、航运、灌溉、供水、养殖等综合效益。然而,水利工程也对区域生态与环境产生深远影响,其影响涉及的范围广、时间长、因素多。水利水电工程对生态与环境的影响通常是工程可行性研究的主要内容之一,而大型水电工程建设所涉及的生态环境问题往往非常敏感,令世人瞩目。因此,加强水电工程施工期和运行

---

① 彭辉、叶建军、周明涛:《水利水电工程建设中存在的环境问题》,载《水土保持研究》,2005年第2期。

期的环境管理和监测是十分必要的，它是保证充分发挥工程效益、减免工程不利因素的重要环节。除此之外，在工程建设中制定切实可行的、具有较强可操作性的环境管理和监督计划是确保与工程建设有关的各项环境保护活动顺利进行的前提条件，它既可为工程的环境保护作出具体安排，也是相关部门实施监督和检查环境保护措施落实情况的依据。所以，环境管理与监督计划的合适与否是水利水电工程环境保护成败的关键，必须予以重视。

在不宜进行水电项目建设的自然保护区、风景名胜区、地质公园、森林公园、世界遗产区、生态功能区以及其他需要进行保护的区域内，划定保护河段和保护流域区，禁止进行水电工程建设和其他大型工程建设。应真正把加强地区的生态建设与环境保护作为根本点和切入点，对严重破坏和影响生态环境、国家自然保护区、国家风景名胜区和世界遗产的水电建设项目，应该重新进行评估和审查。

在不同的河流、不同的河段、不同的坝址上建坝，带来的生态问题是不同的，一定要认真做好生态环境评估报告，具体问题具体分析。在对每一条河、每一个大坝进行规划设计时，要十分慎重地对待生态问题，认真做好生态环境评估报告。只有充分重视每一座大坝的生态问题，才能实现水利大发展的宏伟目标。

3. 因地制宜建设农田水利工程

因地制宜，确定适当的开发目标。过去的水利资源规划，按照流域梯级开发模式，往往追求100%的开发率。由于移民和耕地的补偿费用会越来越高，因此考虑社会稳定和保护耕地资源，在规划时应因地制宜，选择适当的开发目标，对于移民和淹没耕地少、生态环境问题少的河流，可以100%地开发；对于移民和淹没耕地多、生态环境问题大的河流，可以放弃部分河段的开发。参照多数发达国家的情况，水电资源平均开发率为70%—80%是可行的。

西部地区水利建设尤其要根据区域实际、流域特点和经济建设的需要，合理布局，对不同的地区采取不同的方式。在西北的河源区，以保护水资源、防止生态环境破坏为主，严禁毁林毁草开荒和过度放牧，适当发展灌溉草场和饲料基地；在黄河上中游区，加快建设干流水利枢纽工程，以节水为中心，深化改革、配套改造沿黄大型灌区，提高农业用水效率，重点治理多沙粗沙区的水土流失，加强中小流域综合治理，封山禁牧，依靠生态的自我修复能力，逐步恢复自然植被；在内陆河地区，加强流域水资源统一管理，统筹安排生活、生产和生态用水，对现有灌区进行以节水增效为中心的续建配套和更新改造，兴建必要的山区水库调控水资源，因地制宜地合并、改造、废弃平原水库，整治河道，积极实施区域调水工程，实施内陆河下游生态环境抢救工程。在西南山区，加大水土保持生态建设的力度，兴建必要的控制性枢纽，大力开发利用水能资源；在高原河谷坪坝地区，以蓄为主，蓄、引（调）、提相结合，加快水源工程建设的步伐，加强工农业及城市节水工程建设，加大水资源保护和水环境治理力度，提高重要城市防御洪水的能力；在盆地及低山丘陵区，适时兴建一批大中小型蓄引（调）提工程，加强城市防洪设施建设，加大水污染防治力度。

4. 通过全流域统一管理，实现流域生态经济功能的优化配置

流域不同地区生态功能定位是不同的。例如一般洄游性鱼类和其他水生动物的繁殖地主要集中在水流平缓的沿岸湿地，而不会到达水流湍急的大河上游高山峡谷中，从这方面考虑，只要在流域规划中统筹安排，合理进行流域生态功能区划，水生动物保护和水利开发的矛盾一般是可以解决的，特别是大江大河回旋的余地更大。在重要的水生生物活动地域一般应建立保护区，不建或少建水利工程，即使建设也应以对生态环境影响较小的无坝枢

纽为主，并保证足够的生态需水量；在重要或珍稀水生生物活动洄游通道上建坝，一般应建立过鱼工程，大型蓄水工程可以建立在水能资源丰富、对水生生物洄游影响较小的山区，以拦蓄山洪、兴利除害，达到防洪、灌溉、供水、发电的目的，起到流域治理的龙头作用。山区河流梯级开发一般应保留天然河段，以利适应激流的鱼类的生存。泥沙是产生水环境问题的重要原因，所以水库上游必须加强水土保持工作。对于水沙异源的大流域，也可以对洪水、泥沙分别治理，即泥沙区以水土保持和减沙措施为主，供水与灌溉不是主要目的；多水少沙区尽可能建立大型径流调解水库，用来拦蓄洪水，以利于枯水期灌溉和保证河道必要的生态基流。①

洄游鱼类由于种类不同，其生存的环境也各不相同，如鲟鱼，相当一部分是在北纬45°左右的日本北海道与我国乌苏里江、黑龙江和松花江等河、海之间洄游。而且，并不是每条河流都有洄游鱼类，有一些河道并没有洄游鱼类。世界各国在建坝中解决鱼类洄游问题通常采取两种办法：一种是采取工程措施，建鱼梯、鱼道；另一种是对洄游鱼类进行人工繁殖。我国长江葛洲坝工程建设中，在解决中华鲟洄游问题时选择了人工繁殖的办法，事实证明是比较成功的。需要强调的是，在不同的地区、不同的河流上建坝，对鱼类和生物物种的影响是不同的，要对具体的河流进行具体的分析，不能一概而论。

5. 研究和完善移民政策

水库移民涉及众多领域，是一项庞大复杂的系统工程，关系到人的生存权和居住权的调整，是当今世界性的难题。在中国，移民问题是大坝建设阶段带来的生态影响中最值得关注的问题。

---

① 张林：《灌溉排水工程对环境的影响》，国家节水灌溉杨凌工程技术研究中心。

不仅要考虑居民有新的、良好的生活环境，而且还要使他们成为新区的开发者和建设者。在移民问题上，应执行好几个基本原则：从长远规划通盘考虑；充分考虑居民的切身利益，使新环境的生活水平高于原环境的生活水平；为迁移的居民开辟多种就业渠道。千方百计采取措施解决因移民带来的各种问题，陆续出台了一些扶持政策。建立健全水利工程建设的生态补偿机制，积极探索符合我国国情的生态损失成本计算和补偿方法，特别是创新移民补偿机制。

水利的兴建，打破了区域原有的产业结构，利用移民搬迁的机会，按照生态农业的模式作出的生产、生活安置规划，把农村建设成生态农业村，形成新的较为合理的农业产业结构，有利于区域经济的发展；水库专项资金的投入，不仅可恢复原有设施的功能，部分新设施和移民企业的建设，为减轻土地资源的压力、搞活经济、促进基本建设起到重要作用。水库广阔的水面可为发展水产养殖提供优越的条件。多渠道的安置既有利于恢复移民生活水平，也促进了城镇经济发展。

6. 加大民族地区节水工程建设和投入力度，实现水利可持续发展

首先应加大节水技术科研投入，加强农田水利科研工作，大力推广节水灌溉技术和旱作农业技术，稳定提高水利化程度。目前，国外已有较成熟的生态农业、节水农业的科研成果，如覆膜法、喷灌法、滴灌法、循环水培法及抗蒸发剂的应用等。我们国家也有大量适应不同水文环境的优良传统和经验，如黄土高原的水窖集水法、新疆的坎儿井引水法以及新近报道的水袋缓渗法等。在加强国外先进经验的引进和优良传统经验的发扬的同时，应加强新的科研成果的开发和推广。这要求国家对农田水利科研项目的资金支持和倾斜，要求各级政府制定吸引和稳定农田水利科研人员队伍的良好政策。

民族地区的灌溉工程主要集中在西北方，但西北方干旱缺水，大量的农田灌溉造成河道断流、地下水位下降、海水入侵、土地荒漠化等一系列的环境问题。因此，今后西北方地区的大中型农田灌排工程建设，一定要以节水为重点，通过渠系防渗、管道输水、平整土地以及采用先进灌水方法与灌水技术，减少从水源到作物产量形成过程中的水分无效损失，包括输水损失、田间储水损失和作物蒸腾损失三部分，提高水分有效性，把水分的损失降低到最低限度，用单位灌溉水量获取最多的植物收获。其主要措施包括：（1）采用经济灌溉定额确定的灌溉制度。（2）灌溉区推广渠道防渗。（3）灌排结合，井渠结合，实现地表水、土壤水与地下水联合运用；灌排结合，井渠结合，三水统筹利用，是改良农田环境，防治次生盐碱化和洪涝灾害，提高水资源利用率、农作物产量和经济效益的重要手段。它以土壤与地下水库调节为核心，通过汛前期适度开采地下水，最大程度蓄存汛期雨水，一方面减少灌区排水压力，另一方面减少农田灌水量，防治过度开发水资源造成的环境问题，汛期结束后通过渠灌引用水利工程拦蓄的汛期洪水资源进行灌溉，以渠补井，排咸补淡达到改良盐碱地和淡化浅层地下水的目的。①（4）推广喷灌、滴灌和微喷技术。（5）采用节水的耕作栽培技术。

在满足生产、生活用水的同时，还应注意留下足够的生态环境用水，以保证生态的可持续发展。在根据水资源供需平衡不足以保证生态需水的地区，可根据当地水资源与土地资源及其他资源形势，调整产业结构，减少经济社会活动用水，跨流域调水，回收利用污水，利用海水和地下咸水等。对于水资源时间分配不均造成的阶段性生态缺水的地区，应着重提高流域水源涵养、调节

---

① 张林：《灌溉排水工程对环境的影响》，国家节水灌溉杨凌工程技术研究中心。

能力,进行生态补水,包括营造水源林,建设径流调解水库等。

总之,水利工程对生态环境的影响是广泛而深远的,我们在兴建水利工程的同时要特别注意水利工程作为新生的环境组成与其他各环境组成的协调和平衡问题,使它们组成一个更为和谐的水资源系统。当前水利工作者急需树立起环境保护的意识,充分意识到环境问题在水利工程建设中的重要地位。现代水利事业发展方向是变工程水利为资源水利,达到经济效益、社会效益和环境效益的统一。

第二节 民族地区农户生产经营投资活动的环境效应

生产经营性投资是指农业生产资料投入,一般投资额小,受益面窄,当期见效,其投资主体一般是农户。工业革命以后,随着物理学、化学、生物学等学科的迅速发展,各学科的科学成果不断应用于实践中,科学转变为巨大的生产力。农业生产也随之有了革命性的变化。机械力代替人力广泛运用于农、林、牧、副、渔业生产中;农药、化肥、各种合成饲料以及各种促生长制剂等化学物广泛地在农业内部各产业部门中使用;20世纪中后期,随着生物科学的突飞猛进,转基因技术也广泛应用于动、植物育种中。尤其是20世纪70年代以来,发达国家迅速发展起来的以机械化、化学化和能源化为主要标志的现代化农业加大了农业对环境的压力。现代化农业随之而来的是在全世界范围内大量使用化肥、农药、地膜等化学农业投入品,极大地提高了土地生产率和劳动生产率,在很大程度上满足了人口膨胀和收入增加带来的农产品需求;农业生产条件得到了极大改善,产量逐年上升,农产品数量呈几何级上翻。人们在庆幸丰衣足食的同时,却发现身边的环境也在发生着巨大的变化，并已逐渐影响人类生活。由于技术的进步和生产积极性的提高，以及农户对农业经济增长的盲目追求，从而过量施用化肥、农药、植物生长调节剂、保鲜剂等，导致耕地退化、土壤板结、作物病虫害加重、农产品质量下降等，不仅危害人类健康，而且也通过食物链进入动物、植物、微生物体内，使生物多样性锐减，生态条件恶化，影响生态系统的动态平衡。多年来，由于只注重获取而不注重养护，农田土地生产力严重下降，沙化、碱化、盐渍化面积剧增，不仅加速了有限自然资源的枯竭，生态环境严重恶化，也致使农业的可持续发展陷入了前所未有的困境。

一、民族地区农业机械化投资的环境效应

农业机械化是农业现代化的重要标志之一。我国的农业机械化从20世纪50年代开始起步，50多年来一直保持较快的发展速度。农业机械化在改革中获得了发展。改革开放以来，为适应农村经济体制改革逐步深入的客观需要，改变了农业机械化的发展模式，农业机械化水平不断提高，农业机械化事业进入了一个新的发展阶段。农业机械的广泛使用，致使拖拉机正在逐渐取代耕牛；抽水机取代了依靠人力从井下取水灌溉；脱粒机替代了畜力和人工碾打；收割机也开始正在替代人工收割；播种机已基本替代了畜力和人力播种。总之，从种到收的各种农业机械都开始广泛使用。因此，我国农业机械拥有量快速增加，1998年与1957年相比，全国农业机械总动力增长370多倍，农用拖拉机数量增长800多倍，农用载重汽车数量增长200多倍，联合收割机数量增长90多倍。农业机械化的快速发展，带来了农田作物机械化程度的显著提高。现在，农业生产中由农业机械承担的劳动已达到40%以上。1998年全国机耕面积6005万公顷；农作物机播3856万公顷，占总播种面积的24.6%；机收面积2343万公顷，占总播种面积的15%。从统计资料看,农业机械1998年是1978年的4倍,但机耕面积与机播面积,1998年分别只有1978年的1.47倍与2.59倍。又如1999年,农户生产性投资比1998年下降8.1%,其中化肥、农药、农用薄膜等生产资料与1998年持平,但农业机械却增加了,农用拖拉机与农用载重汽车分别增长5.8%与3.8%。

农业机械化对提高劳动生产率,实行农业集约经营起着越来越大的作用,但是随着农业机械化的广泛应用,也带来了对环境的影响。1957—2004年,我国的农业机械总动力由2.13亿瓦上升到64140.92万千瓦,增加了3000多倍;农业现代化机械的过多使用,导致废气、废油严重污染土壤、河流和当地动植物;近年来,民族地区农业机械化的运用量也迅速增长,表5-3为西部各地区2004年农业机械总动力年末拥有量。机械化的使用,大量消耗能源,由此给我国资源开发带来环境压力。再加上机械化水平不高,能源利用率低,不仅浪费大量资源,也加大了大气污染量。然而长期使用农业机械作业破坏了符合农业生物学原理的土壤结构,带来某些石油污染,使土壤板结,越来越不适合农作物生长。20世纪,机械化大生产已经开始在世界各个角落广泛展开。机械性大生产在给人类带来巨大收成时,也带来许许多多的生态环境问题。

表5-3 2004年末西部各地区农业机械总动力拥有量 (单位:万千瓦)

地 区	农业机械总动力	比上年增(%)	柴油发动机	汽油发动机	电力机动力	其他机械动力
全国总计	64140.92	6.11	50021.78	2625.76	11202.28	86.61
内蒙古	1772.29	9.63	1509.85	201.41	51.61	9.42
广西	1814.34	6.96	1515.58	18.54	276.19	4.03
重庆	728.31	4.69	446.33	80.13	201.37	0.48
四川	2006.78	6.12	1351.02	103.40	540.93	11.43
贵州	797.18	4.62	612.50	23.13	157.88	3.67
云南	1608.47	4.25	1095.76	108.91	401.93	1.87
西藏	204.49	40.25				

续表

地　　区	农业机械总动力	比上年增（%）	柴油发动机	汽油发动机	电力机动力	其他机械动力
陕西	1323.41	5.10	994.38	33.04	295.46	0.53
甘肃	1321.25	5.25	1034.63	55.75	230.15	0.72
青海	309.53	5.38	258.61	19.14	27.52	4.26
宁夏	527.79	8.22	464.74	0.35	62.7	
新疆	1047.94	7.60	894.55	24.59	128.54	0.26

注：新疆数字中包括新疆兵团数字。
资料来源：《中国农业统计年鉴2005》，中国农业出版社。

1. 土地的过度开发

由于机械化大生产运动的开展，与以前相比，人类在利用土地的能力上有了显著的进步。从生态学的观点来看，耕地是生态生产力最高的。人们不断地开垦荒滩，不断地围海造田、围湖造田，不断地毁林种地，那些原本美丽的草地、沼泽、山谷、林地、湖泊或近海水域等等，在人们以"愚公移山"式的开垦下渐渐变成了"良田"，同时却极大改变了局部地区的生态环境。[①]

人类在破坏自然的同时也带来了自然给人类的惩罚。例如，以前号称"塞外粮仓"的富饶的八百里河套地区，曾经是一望无际的麦田或玉米地，然而现在呈现在你面前的却是一望无际白茫茫的盐碱地。20世纪50年代后期，河套地区的广大农民一直努力探索提高农产品产量的办法。当时水稻的产量要比小麦多得多，当地农民想在北方地区也种水稻。于是从银川引回了水稻种苗，结果获得了很大成功，水稻不但种活了，而且产量很高，给农民带来了良好的收入。所以，河套地区在水利基础设施非常不到位的情况下，开始了大面积试种水稻。最初几年，人们收获了丰收和喜悦，然而，由于排水系统的不完备，种水稻引入田里的水不能及

[①] 燕炯、孔临萍、王洪奇：《农业、生态与人类健康》，载《医学与哲学》，2005年第12期。

时排出,长期浸泡土壤,使土壤出现了严重的盐碱化现象。到20世纪60年代中期,广大河套地区土地盐碱化程度已经到了极其严重的地步。土地不再能长出水稻,也长不出其他任何作物,尽管后来人们不断尝试各种方法解决盐碱化问题,但为时已晚。

2. 森林的过度采伐

森林具有很高的生物生产力和生物量以及丰富的生物多样性。除了能够生产木材,为人类的生产活动以及人类的生活提供丰富的资源外,在维护区域性气候和保护区域生态环境等方面还提供其他的功能,诸如保持水土、调节气候、净化空气以及保护生物多样性等。森林生态系统是地球陆地生态系统的主体,在维系地球生命系统的平衡中具有不可替代的作用。

由于人类长期的活动,砍伐木材、开荒毁林,全球森林面积不断减少。目前,民族自治地方的森林覆盖率只有9.5%,低于全国13.4%的水平。西北的一些少数民族地区植被更为稀少,森林覆盖率仅为1%,且再生能力差,生态环境恶劣而脆弱。干旱的沙漠、半沙漠和戈壁荒漠分布较广,加之最近二三十年来对耕地、草场和林地的过垦、过牧、乱砍滥伐等人为破坏,出现了水土流失、土壤沙化、盐碱化、干旱及季节性的洪涝、冰雹、霜冻、风沙、干热风、沙暴、泥石流等自然灾害。[①] 局部地区因为大量砍伐森林,出现了严重的水土流失、局部气候变化、空气质量下降以及生物多样性破坏等生态破坏问题。例如我国长江上游和黄河上中游的严重水土流失问题。1998年中国长江大洪水很大一部分的原因是其上游长期以来乱砍滥伐森林,造成水土流失的结果。近年来内蒙古西北出现沙暴,新疆塔里木河下游、宁夏西海固等地区土地沙漠化日益严重,青海牧区草场大面积退化,

---

① 王太福:《建设小康社会必须走可持续发展之路》,中国西藏招商网(http://www.invest-tibet.gov.cn)。

都在一定程度上反映了西北民族地区生态环境恶化的趋势。森林生态系统拥有最复杂的空间结构和最高的物种多样性,是大气圈——地圈——生物圈巨大系统过程的参与者,是这个巨大系统平衡的重要因子,也是人类生存的依赖条件和依存伙伴。保护和发展森林生态系统,就是保护和发展人类自身;损害和危及森林生态系统,归根到底,就是损害和危及人类自身的生存与发展。[①]

3. 草原的过度放牧

目前,全球约有 33.5 亿平方米或者人均 0.6 平方米草地。我国共有草地可利用面积为 3.10×10^8 公顷,是世界第二草原大国。草地资源是我国陆地上面积最大的生态系统。对发展畜牧业、保护生物多样性、保持水土和维护生态平衡有着重大的作用和价值。我国现有天然草地的生态系统服务功能是森林生态系统服务功能的 12.8 倍,草原地区大多是黄河、长江、淮河等水系的源头区和中上游区,具有生态屏障功能。

由于我国长期以来对草地资源采取自然粗放经营的方式,重利用、轻建设、轻管理。草地资源利用存在着过牧超载、乱开滥垦,草原建设缺乏统一计划管理、投入少、建设速度慢、生产力不断下降等问题。现在,我国草原已经出现了大面积退化、沙化和盐碱化等严重破坏的情况,且这种情形还在日益加重。

曾经被人们一直向往的美丽的内蒙古大草原"天苍苍,野茫茫,风吹草低见牛羊"的景象,由于长年的过度放牧,内蒙古中西部草原早已不能再承受过多的牛群、羊群和马群。大部分地方已经草不过足了,一些地方变成了白茫茫的盐碱地,一些地方变成了寸草不生的戈壁滩,一些地方被沙漠吞噬。至 1993 年底全国已有 9000 多万公顷草地严重退化,占可利用草场面积的 1/3 以上,平均

---

① 燕炯、孔临萍、王洪奇:《农业、生态与人类健康》,载《医学与哲学》,2005年第 12 期。

产草量下降了30%—50%。据分析,川西北草原产草量与20世纪80年代相比下降了30%—40%,目前天然草原鲜草产量平均3600千克/公顷以下;目前川西北草原退化、盐碱化、板结化、沙化、鼠虫害化面积已达1004万公顷,占可利用草原面积的56%。这些地方的生态恢复将是一个漫长而艰难的过程。

4. 沿海岸带海洋生物的过度捕捞和污染

自古以来,人类就因捕鱼、晒盐、航海等活动与海洋发生联系,逐步了解一些海洋生物与海洋环境。现在,全球有363亿平方米或人均6平方米的海洋,但95%的海产品来自于8%的沿海岸带。沿海岸带包括从几米深到200米左右的大陆架范围,世界主要经济渔场几乎都位于大陆架和大陆架附近,这里有丰富多样的鱼类。全球沿海岸带海洋面积人均拥有量为0.5公顷,由于大面积围海造田、气候变暖和全球人口的急剧增多等因素的影响,这个人均面积正在逐渐减小。

随着沿海经济的迅猛发展,造成了大规模机械化捕捞船、渔网的使用,沿海城市大量污染物倾泻入海以及人为对海洋环境造成的破坏等等。近海海域遭到了越来越严重的污染,海域环境质量明显下降,沿海岸带的鱼类数量迅速减少,沿海海域赤潮频发,近海水域生物多样性被严重破坏。近海水域的污染和海洋生物多样性的破坏已成为世界各国,特别是像我国这样具有相当长海岸线和众多海湾的国家所共同关心的生态问题。[1] 据报道,被誉为"百鱼摇篮"的渤海曾拥有600余种生物,而今,对海内生物的过度捕捞和污染破坏了生物的生存环境,致使很多生物种类灭绝,渔业资源遭到毁灭性破坏。辽东湾的大辽河口四周,密布着营口市400多家工厂的排污口,平均每天排放工业废水240万

---

[1] 燕炯、孔临萍、王洪奇:《农业、生态与人类健康》,载《医学与哲学》,2005年第12期。

吨，原盛产于此的对虾，现已基本绝迹。地中海丰富多样的海草系统因捕鱼、旅游、滩涂开发和海岸建设正在不断恶化；礼品市场的巨大需求使得美丽的珊瑚逐渐变少，大面积的珊瑚礁被毁掉；在过去 50 年间，由于过度捕捞致使大型食肉类海洋动物（如金枪鱼和鳕鱼）的数量减少了 90%。由于过度捕捞，我国特有鱼种大黄鱼、小黄鱼资源遭到毁灭性打击；胶州湾著名的沧口泥沙滩生物多样性很高，在 20 世纪六七十年代尚有 100 多种底栖动物，现在却仅剩下四五个种类了。①

二、民族地区农用化学品投资的环境效应

现代化农业是依靠化肥和农药来解决农田营养问题和病虫及杂草控制问题。化肥和农药的使用是农业发展史上一次重大变革，它极大地提高了农作物的产量，缓解了全球的粮食紧张局面，为世界经济的稳步发展创造了条件。党的十一届三中全会以来，我国广大农村普遍推行家庭联产承包责任制，这种体制极大地激发了广大农民的生产积极性。民族地区很多农民为了提高单产，生产更多的粮食和农作物，化肥、农药、农膜、杀虫剂、除草剂等成了不可或缺的农业生产资料，也正因如此，上述农用化学品在我国的使用量呈急剧增加之势。但是，化肥和农药的使用也带来许多弊端，其中一个最大的弊端是造成了环境污染，导致农业生态系统的失衡。部分民族地区还因使用量过大或使用不当等原因，对环境产生了一定的污染，不仅使土壤、水体和大量农产品受到污染，导致不少农作物高产地区的农田生态平衡失调，病虫害越治越多，耕地污染、水污染及农产品质量下降等问题也日益严重起来，且这种现象随农用化学品用量的不断增加而逐渐加

---

① 《关注：现在，轮到海洋了……》，载《人民日报》，2004 年 4 月 15 日。

剧。农药的超量使用使得农药残留超标率和检出率很高，化肥的使用已使粮食增产出现了边际负效应。因此如何合理利用农用化学品，在充分发挥其对农业的增产作用的同时，防止其对农业生态环境的污染，就显得尤为重要。现在，人们越来越认识到，化肥、农药和农膜像一把双刃剑，对农业的发展既有有利的一面，也有不利的一面，因此必须对其作出全面正确的评估。

1. 化肥的环境效应

农业生产是人口生存需要的保障，肥料是农业生产最重要的生产资料之一，却因为不科学的施用而加重了环境的恶化。根据联合国粮农组织估计，施用化肥可提高粮食农作物单产55%—57%，提高总产量30%—31%，20世纪全世界农作物产量的增加，一半是来自化肥的施用。我国从1935年起就开始生产化肥，但到1949年化肥的年产量才0.6万吨，而到2004年底，全国总计施用化肥量已达4636.8万吨，由此可见其增长速度惊人。从表5-4可以计算出，目前我国氮、磷、钾肥的施用比例为1∶0.33∶0.54，三者比例依然不平衡。进入20世纪90年代以来，虽然我国化肥施用中氮磷钾三者的比例有所缩小，但与作物生长的需要相比，磷、钾肥的施用仍然不足，化肥施用中的结构性短缺仍然是我国今后一段时间内急需解决的问题。与发达国家比较，我国的化肥施用量，特别是氮肥施用量偏高，这可能也是近年来引发我国许多环境问题的重要原因。再次，与化肥施用量的增加形成鲜明对比的是有机肥的施用量增加很少，甚至减少，有机态养分在总施用养分中所占的比例明显偏低。表5-4为西部各地区2004年末化肥施用量，从图表中可以看出，西部大部分地区化肥施用量都呈上升趋势，只有青海、贵州两省比上年施用量有所下降。不难看出，我国西部地区的氮、磷、钾三者的使用比例不平衡仍然十分明显。

表 5-4 2004 年西部各地区农业化肥施用情况（单位：万吨）

地区	农用化肥施用量（按折纯法计算）	比上年增减（%）	氮肥	磷肥	钾肥	复合肥
全国总计	4636.8	5.10	2222.3	736.2	467.3	1203.8
内蒙古	104.4	12.02	54.2	18.3	7.0	24.9
广西	195.2	6.26	61.5	25.3	47.7	60.7
重庆	77.0	7.54	46.4	16.9	3.6	10.0
四川	214.7	3.02	120.2	42.9	12.2	39.3
贵州	74.3	-0.93	43.3	10.1	6.0	14.9
云南	137.2	6.19	78.8	22.7	11.2	24.6
西藏	4.0	25.00	1.7	0.6	0.1	1.0
陕西	143.1	0.28	77.5	16.1	8.8	34.1
甘肃	72.4	4.02	35.2	14.8	4.0	18.4
青海	6.6	-4.35	3.0	1.6	0.2	1.8
宁夏	27.6	8.66	14.3	3.3	1.0	9.1
新疆	99.2	9.37	48.9	23.6	3.7	23.1

资料来源：《中国农业统计年鉴 2005》，中国农业出版社。

我国是化肥使用大国，2004 年我国西部地区化肥施用量已达 1155.7 万吨。化肥的大量施用，虽然提高了农作物的产量，但由于施用量不当以及施肥不合理，常使很多化肥浪费掉，而且随水土流失进入水体，从而加剧了环境污染，导致生态系统多方面失调。我国化肥利用率平均只有 30%—40%。也就是说，每年就西部地区来说就有 751.2 多万吨的肥分流入水体，其中氮肥损失率最高。这不仅造成了巨大的经济损失，而且对环境产生了严重污染，对水体、土壤、大气、生物及人体健康造成严重危害，其主要表现为：

一是对土壤质量的影响。第一，从对土壤物理性质的影响来看，单独施用化肥，将导致土壤结构变差、容重增加、孔隙度减少；第二，施用化肥可能使土壤有机质上升速度减缓甚至下降，部分养分含量相对较低或养分间不平衡，不利于土壤肥力的发展；第三，单独施用化肥将导致土壤中有益微生物数量甚至微生物总量减少；第四，由于部分化肥中含有污染成分，过量施用（其中特别是磷肥）将对土壤产生相应的污染。目前我国大部分耕地质量退化，对化肥的依赖性愈来愈强，主要是由于大量施用化肥的后果。

在我国民族地区农业生产中，由于对农业用地粗放式经营，农户长期重用轻养，重产出轻投入，重化肥轻有机肥，进行掠夺式农业经营，导致土地肥力衰竭。而化肥施用技术水平低，农民在加大化学肥量的施用量时，又基本不使用有机肥，其后果必然造成土壤有机质含量降低。并且，一家一户的种植方式，导致多数农民习惯性地施用某一种肥料，不按科学比例施用氮、磷、钾肥料，使土壤中的氮、磷、钾等元素比例严重失调，肥力衰退，土质变差，耕地质量日益下降，土壤结构破坏。长期大量地施用氮肥会使土壤逐渐酸化，破坏了土壤团粒结构，同时给土壤引入了大量非主要营养成分或有毒物质，或尿素中的有毒物质，它们对土壤微生物的正常挥动有抑制或毒害作用。土壤酸化不仅破坏土壤性质，而且会促进土壤中一些有毒有害污染物的释放迁移或使之毒性增强，使微生物和蚯蚓等土壤生物减少，还加速了土壤一些营养元素的流失。我国东北地区一些农场长期使用氮肥，根据调查，20世纪50年代初土壤有机质含量约5%—8%，现在已降到1%—2%。江西红壤上施用两年铵态氮肥后，表土PH值由5.0下降到4.3，土壤板结普遍严重。一些地处热带的农田中长期大量施用氮肥而不用有机肥，致使土壤严重板结，最终丧失了农业耕种价值。现在大部分耕地，如果不使用化肥，产量将大幅度下降。肥料不但没有发挥出最佳效益，反而带来了植物营养失衡、环境污染等诸多问题，如土壤有机质含量减少，水土流失严重，土壤板结，投入的边际效益降低，生产成本上升，生产力下降。1990年以来，我国粮食生产基本上是靠大量的化肥投入支撑的。1990—2004年，化肥施用量（折纯）从2590.3万吨增加到4636.8万吨，增长79.0%，而粮食生产量从年度对比来看，不仅没有增长，还下降了4.7%左右。

二是对水体环境及近海生物的影响。部分发达国家为防止化肥对水体污染而设置的化肥施用的安全上限为255千克/公顷，但我国还没有类似的规定，多数地区施肥尚带有很大的盲目性，施肥量远远超过上述指标。众所周知，我国施化肥用量比较大，但利用率比较低，一般60%—70%的部分都进入了环境。大量的N、P、K、营养元素流失，进入地下水造成硝酸盐含量过高，进入地表水体造成水体中氮、磷的含量超过规定标准几倍甚至更多，大多数江河、湖泊、水库均出现了不同程度的富营养化。据有关资料表明，农田径流带入地表水体的氮占人类活动排入水体氮的51%，施氮肥地区这种氮流失比不施地区高3—10倍。据1983—1987年城市地表水体的环境监测资料，氨氮增加了2.1倍，亚硝酸盐增加了1.4倍。据调查，全国532条河流中，82%受到不同程度的氮污染，大江大河的一级支流污染普遍，支流级别越高则污染越重。这些河湖水域中氨氮和硝酸盐都是主要污染物，富营养化日趋严重，同时造成地下水污染。[①] 在所有因素中由于施肥所导致的富营养化占40%左右；在北方地区，地下水的污染，特别是硝酸盐污染问题十分突出，部分地区硝酸盐含量超过饮用水标准的5—10倍，基本上不能饮用。资料表明，我国

---

① 王朝全主编：《农业资源利用与环境保护》，经济科学出版社，2000年版。

130多个大型湖泊中已有60多个遭到包括富营养化在内的严重污染，其中云南滇池的污染最为严重，京、津、唐地区69个乡镇的地下水、饮用水中，硝酸盐含量有半数以上超标。据来自滇池的监测报告表明，因面源污染带入滇池的总磷和总氮已分别占到这些污染的入湖总量的64%和52.17%，而总磷和总氮是造成滇池严重富营养化的主要污染物。在太湖和巢湖，面源污染同样是造成湖水富营养化的主要原因。

对近海生物的影响。大量氮肥流失为"赤潮生物"的迅猛生长提供了丰富的氮营养条件，已成为赤潮的主要诱发因素之一。赤潮的发生，使海域生态系统遭到破坏，鱼类、贝类中毒或死亡，并通过食物链危害人类健康。我国天津近海渤海湾、连云港近海海域、大连湾海区及南海珠江口入海处等一些海域氮污染比较严重，已达到富营养化程度。近几年屡有赤潮发生，已引起人们普遍关注。[1]

三是对农产品质量及人类健康的影响。目前我国农业集约化程度较高的部分地区，蔬菜、水果中硝酸盐含量的超标问题较为突出，如北京市蔬菜中硝酸盐的超标率达40%以上。化肥对其他农产品质量的影响也十分明显，其中以氮肥最大。如过量施用氮肥，在使禾本科作物籽粒含氮量及蛋白质含量增加的同时，也将导致氨基酸含量比例发生变化，使其营养品质下降；过量施用磷肥将对蔬菜、水果中的有机酸、维生素C等成分的含量以及果实的大小、着色、形状、香味等带来一系列影响，同时，磷肥中的副产品还可能对农产品带来污染。

化肥对农产品质量的影响最为突出，其中最引人注目的是硝酸盐含量超标。因为硝酸盐还原后形成的亚硝酸盐，可与人体内血红蛋白结合形成高铁血红蛋白，使其失去带氧能力，导致患者

---

[1] 王朝全主编：《农业资源利用与环境保护》，经济科学出版社，2000年版。

出现紫绀等缺氧症状，严重时甚至可使人窒息死亡；硝酸盐和亚硝酸盐同时还具有致癌作用，可以显著提高人类患癌症的几率。前苏联科学家发现，施氮过多的蔬菜中硝酸盐含量是正常情况的20—40倍。人或牲畜食用硝酸盐含量过高的食物后，会使人们出现行为反应障碍、工作能力下降、头晕目眩、意识丧失等症状，严重的还危及生命。饮用水、食物中硝酸盐超过一定含量，人食用后会受到很大毒害，在人体内硝酸盐易转化成亚硝酸盐与仲氨合成产生毒害性很强的亚硝胺类致癌物，硝酸盐、亚硝酸盐对人体健康具有致癌、致畸、致突变的严重危害性。因此，世界卫生组织建议硝酸盐允许量不得超过11.3毫克/升。在我国华东沿海等一些肝癌高发区调查发现，当地及其附近区域的土壤、地表水、地下水因大量施用氮肥，污染比较严重。

四是对大气环境的影响。化肥对大气环境的影响中最令人关注的是 N_2O 与全球气候变暖，在氧化还原交替状态下，土壤中的硝态氮易被还原为 N_2O。虽然我国目前还没有人对 N_2O 排放量与全球气候变暖之间的关系作十分深入系统的研究，但从已有的研究结果来看，N_2O 的排放量与氮肥施用量、温度、土壤水分状况等密切相关，我国氮肥的当季利用率一般仅30%—50%，损失的氮素中无疑有相当部分要以 N_2O 的形式排放到大气中。

五是对资源和能源的影响。大量消耗化肥的背后是大量能源和矿产资源的消耗，因为化肥生产依赖的资源主要是以煤炭、天然气和磷矿石为原料，是高能耗产业。2004年，我国化肥生产消耗了大约1亿吨标准煤，占国家能源消耗的比重已经超过5%。我国每年消耗的高品位磷超过1亿吨，而磷已经列入国土资源部2010年后紧缺资源之列；化肥生产还消耗了我国72%的硫资源。化肥发展也带来了交通方面的问题，目前与化肥相关的物资运输量接近1.7亿吨，占铁路运输总量的11%。在资源和能源紧缺的今天，化肥的过度使用和浪费，将加剧资源短缺和能源紧张。

2. 农药的环境效应

随着化学工业的发展和农药适用范围的扩大，化学农药的数量和品种都在不断增加，现在世界化学农药总产量（以有效成分计）超过 300 万吨。在生物防治技术还没有完全普及的情况下，农药的广泛使用是不可避免的。但是长期大量施用农药所带来的主要问题是空气、水源、土壤和食物受到污染，农药残留，毒物累积在牲畜和人体内引起中毒和生物的毒害造成农药公害问题。农药的大量使用不仅对农业生态系统中的生态平衡带来严重影响，由于反复使用农药，现已有 50 多个有害节肢动物品种产生了对一种或多种农药的抗药性。作物病源性和杂草的抗药性也在增强。而且也对农产品和环境带来严重污染，特别是我国目前所使用的农药大多毒性很强，更应引起充分注意。因此，如何正确使用农药，农药的发展方向如何，都引起了人们的普遍关注。

我国从 20 世纪 50 年代起，普遍使用 DDT、六六六、艾氏剂与狄氏剂等有机氯农药。因其在环境中残留时间长、可在生物体内蓄积并对多种生物造成危害，发达国家从 20 世纪 70 年代起就相继禁用。在 20 世纪 70 年代，由于农药的使用量大大增加，加之对农药配方没有进行适当控制以及使用不当而对人的毒害和环境污染明显增加。我国从 1983 年开始停用有机氯农药后，陆续出现了一大批的所谓"取代农药"，即有机磷与氨基甲酸酯类等。相对而言，它们在环境中的降解速度快，残留时间短，但毒性更强。我国农药的使用在很大程度上带有一定的盲目性，总用量呈逐年增加的趋势。农药、除草剂在使用过程中加大用量的现象相当普遍，有的地方还在继续使用国家早已明令禁止生产和使用的农药，使农作物受农药残留物的污染日益严重。表 5－5 为 2004 年我国西部各地区农药使用情况。

表 5-5　2004 年西部各地区乡村农药使用情况（单位：吨）

地区	用量	地区	用量	地区	用量
内蒙古	11520	贵州	9533	甘肃	16344
广西	50801	云南	29096	青海	1756
重庆	19466	西藏	728	宁夏	1761
四川	55373	陕西	9735	新疆	12317

资料来源：《中国农业统计年鉴 2005》，中国农业出版社。

农药是一种有毒化学物质，长期大量施用，对环境、生物安全和人体健康都将产生严重的危害。农药污染的生态效应十分深远，农药环境污染造成的损失是多方面的。有些学者研究指出，在美国由于农药的施用，对环境和社会每年造成的损失达 81.23 亿美元。由于农药污染，我国农畜产品中许多品种不得不被迫退出欧美市场，给国家造成巨大损失。我国是一个农业大国，农药施用品种多、用量大，据《中国农业统计年鉴》数据，2004 年，全国使用农药总计为 138.6 万吨，而其中 70%—80%的农药直接散落到环境中，对土壤、地表水、地下水和农产品都造成污染，并进一步进入生物链，对整个环境生物和人类自身都有影响。目前，我国的农药有效利用率仅仅为 20%—30%，也就是说，我们喷出的农药只有 20%—30%喷在作物上，即使这些农药在作物上的分布也是极不均匀的。而真正喷在农作物上的仅占 30%左右，其余的农药都散布到农田、水域、空气中造成环境的污染；或喷洒到作物上，造成农产品农药残留量的增加。农药一旦进入环境，其毒性、高残留特性便会发生效应，造成严重的大气、水体和土壤的污染。

一是农药对土壤的影响。农药对土壤质量的影响主要是由于其使用过程中，约有一半的药剂落到土壤中，污染土壤，使土壤中农药残留量及其衍生物含量增加。由于农药本身不易被阳光和微生物分解，对酸和热稳定，不易挥发且难溶于水，故残留时间长，尤其对黏土和富于有机质的土壤残留性更大。以我国为例，如我国20世纪70年代大量使用的有机氯农药，有关资料表明，农药中的六六六、滴滴涕化学性质比较稳定，不易分解，六六六在土壤中消失需要3—10年，滴滴涕需要4—30年。虽然从1983年起已全面禁用有机氯农药，但以往累积的农药仍在继续起作用。据调查，DDT的用量仅六六六的1/10，但因其高残留特性，在土壤中积累比六六六还多；我国目前土壤中积累的DDT总贮量约8万吨，储存的六六六约5.9万吨。这些累积的农药，还将在相当长的时间内发挥作用。虽然80年代后期广泛使用有机磷与氨基甲酸酯类等农药，其在土壤中较易被分解，但从许多监测结果来看，由于部分地区用药量大等原因，土壤中的残留量仍十分惊人。据陈同斌等人的统计，我国目前受农药污染的耕地面积已超过1300—1600万公顷。

二是农药对水体的影响。在使用农药时，有一部分农药会随农田的灌溉水排入江河，引起水域的污染，如在水域中直接使用农药灭蚊，则危害更大。农药对水体的污染也是很普遍的。全世界生产了约150万吨滴滴涕，其中有100万吨左右残留在海水中。英美等发达国家中几乎所有河流都被有机氯杀虫剂污染了。农药对不同水体的污染程度有所不同，沟渠水受污染程度最大，其次是河水、海水、自来水，地下水受污染程度最小。农药进入水体后，被水中的小草、藻类和浮游生物吸收，浓集在体内，通过生物富集作用使农药的残留深度提高数百倍，甚至数百万倍，蓄积到一定程度时，不仅会造成水生物的毁灭，而且还会通过食物链对人畜造成直接危害。[①]

---

① 曹华英、张焕玲、章林：《浅谈农业对生态环境的影响》，载《山东农业（农村经济版）》，2003年第2期。

三是农药对大气的影响。喷洒农药时，部分农药微粒和蒸汽通过扩散分布于周围的大气环境中，这些大气中的农药颗粒随着大气的运动而扩散，随风飘移，从而使农药污染大气的范围不断扩大，污染全球。据世界卫生组织报告，伦敦上空1吨空气中约含10微克滴滴涕。北极地区的格陵兰，估计1500万平方千米的水区里每年可能沉积295吨滴滴涕。其原因除了化学稳定性和物理分散性外，滴滴涕还具有独特的流动性；它能随水汽共同蒸发到处流传，使整个生物圈都受到污染。科学研究表明，就连极地的某些动物体内都存在着农药残留物，可见农药对大气污染的范围很大。

四是农药对食品及人体健康的影响。农药污染食品的途径有二：一是农药残留在作物上，使其直接受到污染；二是通过食物链的富集作用间接地污染食物。当有毒农药施用在农作物、蔬菜和果树上时，残留在作物表面上的农药，由于脂溶性强，很容易渗入表皮的蜡质层，以致很难完全清洗掉。如果以这些受污染的粮食、蔬菜做饲料，则残留的农药就会转移到肉类、乳类和蛋品中引起污染，最终随食物进入人体。农药对食品和饮用水的污染是十分严重的。美国1984年在18个州的地下水中测出含量高的12种农药；1986年在23个州测出17种农药。结果，佛罗里达州封闭了1000多眼饮用水井，该州地下水二溴乙烷的污染程度高出允许量的64倍；在艾奥瓦州27%的居民受到农药污染水源的危害。

农药对人体健康的影响。农药主要是通过食物进入人体，在脂肪和肝脏中积累，从而影响正常的生理活动。它对人体的危害目前认为有以下几个方面：（1）对神经的影响。（2）致癌作用。（3）对肝脏的影响。（4）诱发突变，能导致畸胎，影响后代健康和缩短寿命。（5）慢性中毒。如1984年南昌市对市场小白菜、甘蓝等抽样检测，结果超标8倍；西安市黄瓜、番茄中有机磷农药残留有半数以上严重超标。据有关卫生部门调查检测，目前，市售蔬菜农药检出率达50%—80%，其中居然为剧毒农药仲胺磷污染。由于我国在20世纪80年代前主要使用毒性很强的有机氯农药，它们在土壤、植物乃至整个农业生态系统中的残留会持续很长时间，虽然1983年后已禁止使用，但至今仍可从部分地区作物收获物中分析出残留的有机氯农药或其衍生物。即使是目前使用的有机磷与氨甲酸酯类农药，虽然较易降解，但因其毒性强，加之部分地区施用量过大或施用方法不当，亦对农业产品产生较大污染。我国部分地区的农产品，特别是蔬菜中农药残留量超过国家允许标准的1—3倍；高毒性农药、激素的施用，使人们的食物开始变得不安全。据农业部对6个省29个基地县的调查，粮食农药检出率为60.1%，一些大城市郊区蔬菜农药检出率超过50%，北京市市售蔬菜中农药残留超标率达20%左右；上海市蔬菜中杀灭菊酯等菊酯类农药残留的超标率，叶菜类达16.6%，豆荚类达25.0%。在一些高产地区，每年施药的次数在十余次，每公顷用量高达15千克。我国农产品中，农药的检出率达到98%以上，有的超标率高达90%以上（如烟草中的六六六），我国粮食的有机氯农药残留超标率曾高达16%—29%。由于人畜食入含有农药的食物，造成人畜患病、中毒，甚至死亡。1989年，江苏、江西、湖北、上海、福建、辽宁六省市，发生农药中毒48889人，死亡5414人，其中生产性中毒10308人，死亡77人，这些都是我国农村农药过度使用的结果。农药污染直接危害人民健康的同时也严重影响了有益生物的生存，如鸟、青蛙、蛇和蜜蜂等在农区已经越来越少见了。在牧区，由于大量使用农药灭鼠，也同样毒死了鼠类的天敌，破坏了自然的生态平衡。

五是农药对生态带来的影响。农药的大量施用，在杀死害虫的同时，也造成益鸟、益虫的大量死亡等各种野生生物大量减少，而且还毒害或抑制了土壤中有益的微生物，对地下生物区系产生不良影响，破坏生态平衡。近几十年来出现的全球范围的生物多样性退化也与农药的使用有很大关系。如同毁林活动本身促进了全球气候变化、土地沙漠化和生物多样性减少，与之情况类似，农药等化学品会在生物体内产生生物积累过程，虽然在环境中它们的浓度不大，但毒性能通过食物链富集，农药已经渗透到广泛而复杂的食物网中。时至今日，由于农药在各方面的广泛应用，任何一个生活在现代社会中的人都不可能避免每天接触低浓度的各种不同种类的农药，或是通过食物，或是通过饮水。

3. 农膜的环境效应

农膜覆盖技术自20世纪70年代从国外引进以来，其发展速度之快、应用作物种类之多、推广面积之大、社会经济效益之巨，是我国乃至世界农业科技推广史上所罕见的。据有关资料统计，我国农膜覆盖栽培面积1980年为0.17万公顷，到2004年已达1306.3万公顷。农膜的使用量从1980年的5.3万吨增加到2004年的167.9万吨，且以每年10%左右的速度递增。随着农膜产量的增加，使用面积也在大幅度扩展，现已突破亿亩大关。农膜覆盖栽培已成为我国农业生产中增产、增收的重要措施之一。然而无论是薄膜还是超薄膜，无论覆盖何种作物，所有覆膜土壤都有残膜，据统计，我国农膜年残留量高达35万吨左右，残膜率达42%；由于局部使用量大、部分使用方法不当等原因，其所产生的环境问题也日趋严重。随着农业技术的发展和推广，我国西部地区农膜的使用量有增无减，如表5-6为2004年西部各地区农膜使用情况。

农膜的应用除增加作物产量和经济收入外，对促进作物早熟、提高农产品质量和农业综合生产能力等均具有十分重要的作用。但由于局部使用量大、部分使用方法不当等原因，其所产生的环境问题也日趋严重。

表5-6 2004年西部各地区乡村农膜使用情况

地 区	农用塑料薄膜使用量（吨）	地 膜	地膜覆盖面积（公顷）
全国总计	1679985	931481	13063148
内蒙古	40124	31238	534488
广西	20927	13848	244667
重庆	26834	16646	269395
四川	85900	58238	696638
贵州	26657	18180	203030
云南	63127	48811	608781
西藏	680	311	1749
陕西	22913	15533	377899
甘肃	77013	48297	700040
青海	960	279	5669
宁夏	5979	3863	76622
新疆	105636	95061	1483178

资料来源：《中国农业统计年鉴2005》，中国农业出版社。

一是对农产品质量的影响。相对化肥、农药而言，农膜对农产品质量的影响要小得多。这一方面是因为农膜的使用较农药和化肥集中，使用范围相对较小；另一方面，农膜本身又不能被作物所吸收。应该引起注意的是，由于生产技术等方面的原因，农膜中所含的微量环境荷尔蒙物质如联苯酚、邻苯二甲酸酯、聚乙烯、PCB聚氯联苯等也可能对农产品带来污染，并可能因此危害人类的健康，但我国相应的研究目前还是空白。

二是对土壤质量的影响。地膜的使用一方面给农业带来明显的经济效益，另一方面给农田土壤带来污染，被称为"白色污染"残留在土壤中的地膜，使土壤的通透性变差，另外地膜中有害物质的分解还会对农产品品质产生较大影响。由于大部分地膜使用非降解材料，年复一年，日积月累，在地膜残留严重的地方，农作物减产 20%—30%。现代农业中使用的农膜材料主要成分是高分子化合物，在自然条件下这些高聚物难以分解，并且回收率低，导致其长期滞留耕地中，堵塞土壤孔隙，影响土壤的透气性等物理性质，使土壤中养分的迁移受到阻碍，并因此影响农作物根系的生长发育，导致农作物减产。白色的薄膜残留在土壤中造成了耕地景观的视觉污染和白色垃圾的环境污染。与化肥、农药对土壤的污染相比，农膜对土壤的污染主要是物理性的。

三是对水体环境的影响。农膜对水体的污染主要以物理污染为主，由于农膜残留物体积大、重量轻，在水体中一般会漂浮在水面或停留在水体中，严重破坏水体的环境。而且，残膜在水体中的裂化、降解速度甚至比在空气中还要慢得多，因而水体中的残膜更难以自净，若不用人工或机械方法将其拣出，越积越多，会导致水面污染。残膜还可能堵塞排灌设施，使水利工程遭到破坏。

四是对大气环境的影响。农膜对大气环境的影响有两个方面：一是直接污染，二是来自农膜焚烧所产生的污染。农膜之类的塑料薄膜对大气环境的直接污染目前可能主要是来自其他途径，真正来自农用方面的还不多；主要方式是薄膜残片在空中飘浮，使大气中固体残留物量增加。农膜焚烧在我国多数地区均有发生，其所产生的化合物（如 PCB 焚烧时产生类似二恶英的物质）不仅污染环境，而且对人类健康的危害极大。

三、农业生产经营投资环境效应的成因分析

农村经济体制的变革使农业的生产经营投资主体发生了相应的变化。随着农业生产经营投资主体由过去的集体向农户的转变以及农村土地承包期的延长。在市场经济体制下，农户成为自主

决策、独立经营的生产主体，也就自然而然地成为农业生产的投资主体，其投资行为直接影响着农业对环境的污染，因此，民族地区农业生产经营投资对环境的影响与农户的投资行为和倾向是密不可分的。

农户的行为必然对农业中各种生产要素、资源的配置与利用产生影响。根据生态学第一定律，不同的经济行为会对农业生态产生不同的效果。对农业生态环境的保护是为了实现农业的可持续发展，这就要求农户合理利用农业资源，使农业生产同时满足当代和后代生存的需要。目前，虽然农户已经逐渐认识到农业生态对于农业生产和整个国民生产的重要性；对采用可持续农业技术的欲望也逐渐提高，但现实中的农户经营行为还是对农业生态产生了严重的负面影响，其原因主要有以下几个方面：

1. 农户的农业投资追求短期利益

由传统农业向现代农业过渡时期的中国农业，反映在农户农业投资行为中，具有按市场规则理性决策，追求货币收入最大化的一面。农户的农业投资主要用于生产经营性投资，在解决温饱和致富欲望的驱动下，为了追求农作物产量，现阶段的我国许多农户投资明显地存在着重短轻长的趋向。许多农户只重视眼前利益，忽视长期利益，对自然资源和生物资源只取不予或多取少予的掠夺式经营行为普遍存在，致使农业生态环境遭到破坏。农户投资行为短期化主要表现在农业投资上：一方面是农户对农业扩大再生产投入少，农田基础设施建设少，对其承包地重用轻养，滥施农药、化肥，致使土壤板结，地力下降。例如，在西安市周围的污灌区，有害物质镉的平均积累高出清水灌区达 5—11 倍。而在陕西省，平均每亩耕地年用农药约 0.17 千克，造成大量难以分解且残留严重的有机氯农药在土壤中含量逐年上升。农户的农业投资主要集中在农机、化肥、农药、农用薄膜等日常支出，而在农田的平整和规划方面支出较少；另一方面在肥料投入上，重速效性化肥投入，轻长效性农家肥投入。在肥料的使用上，主要集中在化学肥料上，且其中又较多使用氮肥，而对有利于维护地力的绿肥使用越来越少，这主要是因为化学肥料见效快，能更快地提高短期产量。但是这种化肥的过量使用对保持耕地肥力十分不利。据国家统计局农调队调查，1976—1988年间，全国绿肥使用面积以平均每年62.1万公顷的速度减少，1994年绿肥使用面积仅占耕地面积的4%。

因短视而出现的投资行为短期化导致化肥、农药施用量剧增。1991年，我国农药年施用量已达25万吨，仅次于美国而居世界第2位，而且由于技术落后，高毒性、高残留品种仍占相当比例。化肥方面，1991年全国平均施用量有效成分已达293千克/公顷，远远超过美国1989年100千克/公顷的水平。太湖及其周围地区化肥——氮元素施用量每年高达525—600千克/公顷，大大超过国际上公认的上限225千克/公顷，就其水体污染根源而言，在太湖氮元素中，化肥"贡献"率达29%。大量化肥、农药渗入土壤、水体不仅造成严重的环境污染，而且使土壤结构恶化，土质下降，农业可持续发展的资源环境条件低劣化。同时由于大量或超量施用化肥，化肥支出现已成为众多地区种植业生产中最大的成本项目，一般要占到总生产成本的40%—50%，使农业经济再生产的可持续性受到严峻挑战。[①] 而高效低毒和生物类农药由于使用成本高还未被广泛接受，如高效低毒药剂"锐劲特"，以防效高、药效期长著称，但使用成本比甲胺磷高2—3倍。

2. 农户的农业投资缺乏技术性

科学技术是第一生产力。广泛地应用科学技术不仅可以提高

---

① 张鸣：《农户投资与我国农业可持续发展》，载《理论探讨》，1999年第10期。

农户投资的经济效益,而且也是由传统农业向现代农业转变的必要阶段,能够促进投资行为合理化。而我国农业科技的发展却不能令人满意,科技成果产出数量少,农业技术从产生到应用存在脱节现象,科技进步贡献率较低,这限制了农业的发展,从而也限制了农户的投资行为,对环境产生负面效应。[1] 由于受封建传统和落后生产方式的影响,民族地区农村劳动力整体的文化素质低,偏远山区的农民中文盲和半文盲多,掌握的农业技术知识多来自于上辈的口传身授和劳作经验,再加上各地的农业科技推广站水平有限,农业专家短缺,对农民的技术指导较少。因此农民对科学种田知之甚少,不能根据作物的生长规律、土壤养分状况确定化肥和农药的配比,为了保证农作物有良好的收成,只是单纯地靠加大化肥施用量来提高产量,靠加大农药的剂量来提高药效。许多农民受文化水平限制,往往一时难以正确掌握使用方法与剂量,常错过最佳使用期,如杀虫剂用量通常是推荐剂量的2—3倍,不仅增加生产成本,还使土壤中汞、铬、铅等含量超标。

3. 农户环境意识不高

由于对环境保护的宣传力度不够,农民的环境意识普遍不高。农民的物质生活水平低,只顾片面地追求经济利益,过度地从大自然中索取,而不注意农业生态环境的保护,致使农民乱砍滥伐、围湖造田、过度垦荒而导致森林锐减、水土流失。农户在发展农业实际措施运用上,偏重于考虑"经济再生产",忽视"自然再生产",即认为自然资源无价值和生物资源用之不竭。如有些山区的农户为求温饱进行陡坡垦种,"小山开到顶,大山开到腰",造成严重的水土流失。这种现象在西部地区的黄土高原和长江上游地区尤为严重。据1990年国务院公布的资料显示,

---

[1] 陈双立:《浅析农户的农业投资行为》,载《农业经济》,2001年第9期。

黄土高原水土流失面积已达 45.5 万平方千米，占黄土高原总面积的 80% 以上。西南地区的水土流失情况也日益加剧，长江上游地区尤甚。1957—1986 年的 30 年间，长江流域森林覆盖率减少了一半多，水土流失面积也猛增 1 倍，占全流域面积的 41%。仅四川省水土流失面积就超过了 20 世纪 50 年代长江流域水土流失面积的总和。水土流失使耕层中水、土、养分大量流失，使农业生产环境日趋恶劣，给农业生产造成极大危害。黄土高原因水土流失，每年损失氮磷钾总量达 4000 万吨，相当于全国每年化肥的总产量。在甘肃省，每年由于水土流失而使粮食减产即达 4—8 万千克。

据调查资料显示，竟有 61% 的农民不清楚化肥和农药对环境的危害作用。因此，对农民进行环境教育，强化农民的环境意识是抑制农业环境污染和生态环境恶化的重要一环。

4. 环境资源的管理不完善，法制不健全

我国对环境资源的管理不完善，法制不健全，在某种程度上纵容了对资源的掠夺式开发。有不少农户搞掠夺式经营，忽视农田水利的建设和维修，甚至连深翻改土、种草沤肥等行之有效的基本农业技术也被忽视了。在我国，许多农业自然资源仍属于公共产品，从而出现了严重的资源产权所有者"虚位"现象。这不仅造成自然资源的低效率配置和严重浪费，而且还会造成资源优势的假象，在贸易壁垒减少的背景下，甚至会进一步诱发掠夺性开发行为。此前发生的"甘草事件"就是一典型的例子。1983 年我国野生甘草资源储藏量约有 35 万—45 万吨，1982—1993 年出口量已达 17 万吨，由于大规模的掠夺性采挖，现储藏量不到 40%，不但资源本身遭到严重破坏，而且造成草原严重退化。

我国西部民族地区长期以来缺乏必要的法律、制度和监测机构的约束，致使农业生态环境一直处于失控和半失控状态。近十多年来,随着《土地管理法》、《水土保护法》等法律、法规相继颁布实施,使保护和治理农业生态环境有了法律依据。但仍有部分乡镇,有法不依、乱砍滥伐、污染环境等行为时有发生,在很大程度上影响了农业生态环境的恢复与重建工作。[①]

5. 农户投机取巧的心理

随着经济的发展,技术的进步,近年来农业机械化迅猛发展。现代化农业机械体系的形成和农业机械的广泛应用,机械化、电气化的农业生产工具和设备,如拖拉机、联合收割机、农用汽车以及林业、牧业中的各种机器已成为农业的主要生产工具,代替了人畜工具和设备。这在很大程度上减轻了农民的劳动量,也使投入农业的能源显著增加,这样增加了农业的石油污染。除草剂代替了人工除草,使得土壤板结等环境问题呈现。

四、农户生产经营投资环境效应的控制与引导

民族地区农业生产经营中农用机械、农药、化肥、农膜等的大量投入,尤其是不适当使用,在不少地区造成了水体、大气、土壤和农产品的严重污染,并直接威胁着人类的健康与生存。因此,减少物质投入量,缩减有毒物质的使用,开发替代品,充分利用农业废物,提高物质和能量的利用率,保护生态环境,提高农业经济效益,是农业适应环境要求和自身长远发展的需求。要实现农业经济效益与环境效益的统一以至社会效益的最优化,必须实施农业清洁生产,以民族地区的生态农业为基础,来实现农业的可持续发展。

1. 扩大舆论宣传,提高民族地区农民文化素质与环境意识

在农业环境生态问题中,农民的不合理环境生态行为是导致

---

① 孟国才、王士军、谢洪、张桂香、张金山:《我国西部山区农业生态环境现状与恢复对策》,载《农业现代化研究》,2005年第3期。

农业生态环境恶化的主要原因。虽然农药对农业生态环境的影响已开始受到重视，化肥的影响也由于湖泊的富营养化而开始引起注意，但从总体来说，重视程度还远远不够，大多数人还没有充分认识到农业生产经营中投入的现代化农用产品对农业生态环境和人类健康所带来的危害。另外，农用机械和农膜对环境的污染问题似乎还极少有人注意。要防止农业生产经营投资对农业生态环境的污染，首先必须让全社会特别是作为农业生产经营主体的农民引起重视。因此，有必要加大宣传力度，使广大农民群众认识到农业机械化及农用化学品污染的严重性，认识到这种污染直接与人民的生存环境及身体健康紧密相连。只有做到了这一点，才能使上述治理污染变成每一个公民的自觉行动。因此我们可以充分利用广播、电视、挂图、科普读物、科教片等多种农民喜闻乐见的形式，加强农民的环境教育，强化农民的环境意识。普及环境保护的一般知识，如：人与环境的关系、人口与资源的关系、环境污染的危害及防治措施、生态环境恶化给人类及生物带来的种种灾害、环境保护特别是农业环境保护的政策法规等等，逐步让农民树立起农业资源的忧患意识、环境保护的参与意识。[①] 通过环境教育还可以使广大农民知道，如何科学合理利用自然资源，保护农业生态环境。资源与环境是子孙后代共同拥有的财富，它是人类文明的物质基础，掠夺式开发与经营，只能使自然资源消耗殆尽，最终导致人类的家园——地球的毁灭。合理利用土地、淡水资源，防止水土流失，发展节水农业，提高水的利用率和生产效率，为农业的可持续发展奠定坚实的基础。

在向农民传播环境科学知识的同时，向农民传递绿色致富信息和农业科技创新意识，使之应用先进的农业科学知识，自觉地

---

① 方淑荣：《强化农民环境意识促进农业可持续发展》，载《农业科技管理》，2003年第6期。

选择无污染的农业生产技术，主动地参与环境保护，尽量避免或减少污染物对农业生态环境的污染。结合当地农业的发展规划和可持续农业的发展目标，对文化素质高的农民，有针对性地举办各种形式的培训班，推广农业高新技术，并加强对农业生产的实际指导和咨询，逐步培养出农业环境保护和农业科技致富的带头人，以少数带动多数，切实为当地的农业生产和环境保护服务，这是实现农业增效、农民增收，使农民脱贫致富切实可行的途径，也是实现区域农业可持续发展的重要手段。经济基础决定人的思想意识，只有生活水平提高，农民才能有追求较高精神享受的愿望，才能去追求高品质的环境，所以，现实的经济状况的好坏就决定了人们的环境意识水平的高低。[①] 将环境教育同提高农民素质、科技兴农和农村脱贫致富结合起来，切实使农民的环境保护意识融入到农业生产之中，这对实现农业的可持续发展将起到巨大的促进作用。

2. 加强农业科技的推广和指导，提高利用率，推动农业清洁生产，减少污染

研究、改进和推广有机农业技术和清洁生产技术，减少化学物质对农产品和农业生产环境的污染。在农业项目实施期间，农业技术人员包村包基地，深入田间地头面对面地向农民传授技术，促进了科技成果的快速转化；通过优质小麦玉米标准化技术规程、病虫害综合防治技术及配方施肥技术的应用，减轻了农业污染，改善了农产品质量。在农用机械和化学品施用与污染的研究上，我国与国外的差距则更大。在污染的途径、影响因素、控制及防治对策等方面，目前均缺少深入、系统的研究，已有研究结果虽然可在一定程度上说明问题，但也只是局部性的，没有对

---

① 方淑荣:《强化农民环境意识促进农业可持续发展》，载《农业科技管理》，2003年第6期。

全局起指导作用的研究，因此，有关方面的研究还必须大力加强。加强研制和生产对环境温和的新型肥料和新型控释肥料，减轻环境污染，提高肥料利用率。目前主要是施肥技术和方法的改进，大力推行配方施肥、测土施肥等新方法，推广精准施肥等新技术。将微量元素及有机肥混合配方使用，同时结合其他方法，减少化肥施用量，提高利用率，减少肥料损失。目前我国在开发肥料新品种方面的力度不够，市场通用的化肥品种较少，复合肥虽然近年来有了较大的发展，且品种较多，但大多是混配复合肥，真正适合不同地区土壤条件和作物生长需要的高浓度复合肥很少。

(1) 合理配方施用化肥。要控制化肥（主要是氮肥）对环境的不良影响，既要控制其施用量，又要严格执行使用规程。目前国外实施一系列法定的一般预防性措施和农业技术措施：前者的方向是消灭不合理使用化肥，控制其在环境中的积累，如利用有机肥在最佳时期按规定用量；后者使用适合当地的方法施肥，在轮作中栽培过渡性作物，施用长效肥料等。一般预防性措施包括对肥料的正确运送、保存和施用等。一是要因土因作物施肥。当前，配方施肥技术在防止化肥对农业生态环境的污染及提高作物产量和品质等方面起到了十分明显的作用；而且，配方施肥更符合作物生长的需要，既可节约施肥成本，又可提高单位面积的增产效应，可以说是一举多得。广泛开展以测土配方施肥技术、肥料合理使用方法为主要内容的技术培训；组织专家巡回指导，解决农民在生产实践中出现的施肥用肥问题；重点对复混肥、配方肥、精制有机肥和微生物肥料产品进行质量抽检，并将抽检情况向社会公布。目前，我国肥料施用重化肥、轻有机肥，重氮磷肥、轻钾肥，重大量元素肥、轻中微量元素肥，表施和撒施现象比较普遍，地区之间、作物之间施肥不平衡，相当一部分地区过量施肥严重，这不仅造成化肥利用率低下、生产成本增加、耕地地力下降,而且还导致严重的环境污染,降低农产品品质。测土配方施肥是国际上普遍采用的科学施肥技术之一,它依照配方施肥技术原理,通过开展土壤测试和肥料田间试验,摸清土壤供肥能力、作物需肥规律和肥料效应状况,获得、校正配方施肥参数,建立不同作物、不同土壤类型的配方施肥模型。但由于受许多客观原因的影响,我国的配方施肥还不十分普及,手段也较落后,推广配方施肥还大有潜力可挖。民族地区各地情况差异很大,土壤性质各异,因此要根据土壤的供肥特性、作物的吸肥规律做到因土、因作物适时适量施肥,提高肥料的利用率。二是要氮、磷、钾配合施用。作物的高产稳产,需要多种养分均衡供应;多种肥料配合施用可以有效地提高氮肥的利用率,还有利于改善土壤的理化性质,提高农作物的产量。

(2) 广泛施用有机肥。在施用农家肥料的同时施用有机复合肥,使二者保持适当的比例,用有机肥代替化肥或部分地代替化肥,使化肥的施用量控制在不足以形成污染的范围内。可以用化肥施用强度即化肥施用量占耕地面积的比例来作为衡量指标。目前国际上发达国家的化肥施用量约为 200 千克/公顷,我国平均约在 375 千克/公顷。我国是农业大国,不论过去、现在和将来,都必须重视有机肥的使用,即使化肥供应充足,也不能放弃有机肥。这是因为,有机肥具有的优越性是任何一种化肥所代替不了的,这些优越性包括:①有机质是作物营养元素的主要来源,称为"完全肥料"。②有机质是作物碳素营养的源泉。据研究,一般通过有机物质分解出来的二氧化碳,能使作物增产 40% 左右。③有机质能促进土壤有益微生物的活动。④有机质能形成土壤团粒结构,因而能提高土壤肥力。⑤有机质能提高土壤保水、保肥和缓冲能力。由此可见,提高土壤有机质含量,既能使作物高产稳产,又能提高土壤肥力。我们必须提倡增施有机肥料、种植绿肥作物,推行秸秆还田、合理轮作等,才能达到种地养地相结合。

(3) 积极推广微生物肥料。微生物有一种磷细菌,能分解一些含磷有机物,使磷变成可溶性磷,为植物提供可利用的磷肥。钾肥则可由硅酸盐细菌来提供,因为硅酸盐细菌能把含钾丰富的石块"咬烂",把钾从石块分解出来,溶解于水中,供植物吸收利用。土壤中的有机物以及使用的人粪尿和绿肥等,很多营养成分在分解前作物是不能吸收利用的,也要通过微生物将它们分解,变成可溶解性物质,才能被作物吸收利用。我国农业生产上现已应用根瘤菌、固氮菌、磷细菌和钾细菌等微生物肥料,对提高作物产量,促进土壤改良,都起到了不小的作用。近几年又推广了增产菌,对促进农业生产发展有着重要作用。①

为避免农药对环境的污染和人畜的危害,必须研制开发对环境温和的绿色农药,这是 21 世纪农药发展的主流,开发高效低毒、低残留的农药,开发生物农药取代化学农药,强调对有害生物的生物治理。在农药方面,虽然新品种不少,但部分产品并未经过严格的药效和毒性试验,新农药的研制和开发以杀死害虫为目的,很少将环境效应考虑进去,故大多毒性很强,对环境的负面效应较大。目前主要是大力推广农药的科学合理使用,减少农药使用量。适当地利用农药以保证增产和消灭某些传染性疾病,从当前的趋势看来是十分必要的,不过,化学农药的大量施用确实也引起了不少严重的问题,目前为了防止农药的污染和危害,大致有下列几方面的措施:①采取综合防治的方法,研究新的杀虫除害途径,联合或交替使用化学、物理、生物和其他有效方法,克服单纯依赖化学农药的做法。采取生物农药、天敌昆虫、栽培措施、育种措施等。还可以使用可降解农药,这种农药的毒性会随着时间的推移逐渐消失。可以用农林病虫害综合防治率即

---

① 王朝全主编:《农业资源利用与环境保护》,经济科学出版社,2000 年版。

综合防治农作物病虫害面积占农作物病虫害总面积的百分率作为衡量指标，还可以用农药施用强度即农药施用量占耕地面积的百分率来衡量。使用微生物农药，以菌治虫，以虫治虫以及推广冬季灭虫、诱杀、辐射处理等办法，以减少农药的用量。②搞好农药安全性评价和安全使用标准的制定工作。对目前广泛使用的农药品种和剂型进行安全评价，并从急性、蓄积性和慢性的毒性，致突变性、致癌性、致畸形，联合毒性，对眼和皮肤刺激性和变态反应，农药代谢产物的毒性，农药的残留行为，对水生动物和益虫的毒性等等方面综合分析，全面比较，然后制定允许残留标准和安全间隔期。③安全合理地使用现有的农药。搞好植物病虫害的预测预报工作，合理调配农药，改进喷洒方法和农药使用的性能，以便用药及时适量，提高药效，减少污染和防止产生抗药性，做到经济有效地消灭病虫害，并充分发挥农药的积极作用。④发展高效、低毒、低残留的化学农药来代替剧毒和残留性高的农药。高效农药用量少，是减少环境污染的一个重要方面。⑤加强生物防治并推广无公害的农药。利用害虫的天敌以虫治虫，是生物防治的一种行之有效的方法。这种方法经济简便，没有化学农药污染环境和产生抗药性的缺点。

微生物农药是生物防治的重要组成部分，通常是利用微生物本身或其产物制成的农药。微生物农药具有许多优点：杀虫效率高，可达 80% 以上，不产生公害，对人畜无毒，能增强植物的抗病性并刺激植物生长。生产简便成本低，可利用农副产品甚至工业废水作原料，也可以土法生产。此外，生物防治还包括昆虫农药、动物农药和植物农药等。据统计，我国目前生物防治病虫害面积已由 1972 年的 80 公顷发展到目前的 2130 万公顷。总之，生物防治前途远大，是今后研究发展的主要方向。①

---

① 王朝全主编：《农业资源利用与环境保护》，经济科学出版社，2000 年版。

由于农业机械化和农膜造成的严重污染和资源浪费，因此应加大对低能耗、低污染、高水平的机械的研究与生产；我国农膜质量相对低劣，部分产品中有毒物质含量较高。应加大可降解的地膜研究开发的力度，目前在大部分地区要采用切实可行的技术，实现地膜的大面积回收，对牲畜粪便等废弃物实施无害化处理，加大还田力度。引进国外"绿色生产"和"洁净农业"技术，加速改造低效率、高污染的工农业生产方式。近年来发达国家的环保技术正逐步由"终端治污"向"绿色生产"过程及"洁净"产品过渡，并大规模实施"从摇篮到坟墓"的全过程"绿化"的生产方式，实践证明这种生产方式对减少污染、加强环保非常有效。因此，随着国内市场的开放，国外资本对我国工业、农业投资将不断增加，这将加速国外"绿色生产"技术和"洁净农业"技术的引进，为改造我国低效率、高污染的传统生产方式，提供难得的机会。

减少物质投入，提高利用率。一是必须采用先进的技术设备和科学的方法做到精确播种、精准收获。既可以节约大量的优质种子，又使作物在田间获得最佳分布，提高复种指数，提高对光、水、肥的利用率。在农作物收获时，做到适时收割减少农作物损失，挽回的不仅仅是损失的粮食，还有为生产这些粮食而耗费的水、肥以及劳动力。二是减少农业用水，提高水的利用率，发展节水农业。如前所述，我国农业用水量大而且利用率低，缺水严重。根据我国的实际情况，开展新水源用于农业生产可能性很小，现实可行的办法就是提高水的有效利用率，通过硬化渠道、喷灌、地膜下灌溉等新的技术方法，提高水的生态效率，在既定条件下，减少用水量，实现用水减量。农业清洁生产不仅要求削减有毒、有害物质投入量，研制开发新型无毒、高效优质替代品，而且按照可持续发展的要求，在达到既定的生产目的和消费目的的前提下，所有物质投入量都要削减和优化。循环经济是清洁生产和废物利用的综合，清洁生产是实现循环经济的基本形式，因而农业清洁生产只是完成了循环农业的一部分，要实现循环农业，在做到上述要求的同时，必须发展我国的有机农业和生态农业，以有机农业和生态农业为基础发展我国的循环农业才是根本。①

3. 以有机农业、生态农业建设为基础，大力推广绿色农业

西部民族地区地域辽阔，地广人稀，工业欠发达，未污染的荒地资源丰富，大多数城市及地区工业污染轻微，不少农业区化肥、农药使用量与内地相比很低，发展有机农业条件优越。但另一方面，西部某些地区的生态环境十分脆弱，承载能力很低，在实施大开发中又将承受更大的压力，使生态环境保护工作面临着严峻的挑战。加强生态环境保护，在西部的开发建设中，占有非常重要的地位，严格管理和保护生态环境，是关系民族地区环境安全和民族生存发展的长远大计。近年来，民族地区在农业的生产过程中，出现了许多严重的环境问题。自然资源的不合理开发利用造成了新的生态破坏。农业生产本身污染了农业生态环境，农药、化肥、农膜使用量逐年增加，其污染程度亦逐年加重。

有机农业生产以良好的生态环境为基础，通过有机生产又能不断地改良生态环境，建立一个没有生态破坏、没有环境污染、生态良性循环的农业生产体系，促进整体生态环境和田园景观的优化与美化，保证农业的可持续发展。因此，有机农业的发展将对民族地区农村环境污染控制及民族地区的生态保护与恢复、资源的合理利用起到促进作用。

有机农业是可持续农业的重要组成形式，禁止使用化学合成的农用化学品，促进系统内养分循环，这对节约不可再生能源、

---

① 李玉明：《黑龙江循环农业发展模式探讨对策研究》，载《合作经济与科技》，2005年第7期。

保护自然资源与生物多样性、减少水土流失、保持和提高土壤肥力等方面都起到积极的作用。以有机农业建设为基础,开发有机食品、产品,发展以有机产业为手段的跨越式循环经济发展模式。有机产业是指由有机农业、有机农产品生产加工业、有机农产品贸易与服务业、有机消费领域所构成的生态产业链。有机农业是在农业生产过程中遵循生态学原理和生态经济规律、不采用基因工程、不施用化肥农药等化学合成物质、利用生态农业技术、建立和恢复农业生态系统良性循环的农业。

有机农业主张建立作物、土壤微生物、家畜和人的和谐系统。其指导思想是,健康的土壤生长出健康的植物,然后才有健康的家畜和人。[①] (1) 有机农业禁止使用人工合成的化学肥料,尽量减少作物生产对外部物质的依赖,强调系统内部营养物质的循环;要点是通过建立和恢复农业生态系统的良性循环,维持农业可持续发展。将农业生产从常规方式转向有机方式,解决了化肥由农田流入水体,对地表及地下水体造成污染的问题。(2) 现代农业土壤中的生物活性只及传统农业土壤的 1/10。土壤有机物的耗竭,使其保水、保肥能力大大下降,这就加剧了水土流失和旱涝灾害。保护土壤是有机农业的核心,有机农业的所有生产方法都立足于土壤健康和肥力的保持与提高。在有机农业生产体系中,作物秸秆、畜禽粪肥、豆科作物、绿肥和有机废弃物是土壤肥力的主要来源。(3) 现代农业主要依靠化肥、农药的大量投入,这就使得生态系统原有的平衡被打破,而有机农业原则是充分发挥农业生态系统内的自然调节机制,采用适当的农艺措施,如作物轮作以及各种物理、生物和生态措施是控制杂草和病虫害的主要手段,建立合理的作物生长体系和健康的生态环境,提高

[①] 李玉明:《黑龙江循环农业发展模式探讨对策研究》,载《合作经济与科技》,2005 年第 7 期。

系统内自然生物防治能力,这样有利于保护农村生态环境及生物多样性。(4)从已通过认证的有机食品生产基地来看,农田生态环境普遍好转,各种有益生物种群明显增加,农业废弃物得到了充分的利用。在有机农业中通常采用的耕作措施有:种植覆盖作物、轮作、秸秆还田、生物防治病虫害、用有机饲料喂养家畜等。有机农产品是根据国际有机农业生产要求和相应的标准生产加工的,并通过有机产品认证机构认证的农副产品。开发有机农业、发展有机产业是保护生态环境,节约稀缺资源,发展农村经济,提高人民生活质量,保障人体健康的需要,是加快农业结构调整和产业升级,有效防治污染,促进农业可持续发展的有效途径,是建设生态、发展生态环保型效益经济、建筑新的经济增长点、变生态资源优势为经济优势、实现跨越式发展、打破国际"绿色壁垒"的重要举措。有机农业在环境保护和农业污染防治上较彻底,发展有机产业与循环经济理念基本一致,可跨越式地发展循环经济。因此,应全力以有机农业建设为基础,全面开发有机食品。

所以,有机农业的发展将对农村环境污染控制、特殊生态区的生态保护与恢复、资源的合理利用起到示范和促进作用。发展有机农业完全符合国家关于污染控制与生态保护并重的环保战略。

大力推广绿色农业,积极扶持绿色产品带来的高收入的同时,享受带有乡土气息的清新、优美、安静、祥和的居住环境和具有地方特色的文化氛围,潜移默化地提高农民的环境保护意识,使人与自然和谐相处,并积极地投身到农业环境保护的建设中去。

以生态农业建设为基础、开发无公害农产品与绿色食品为目的的渐进式循环经济发展模式。中国生态农业是因地制宜利用现代化科学技术与传统农业技术,应用生态学和生态经济学原理,充分发挥地区资源优势,依据经济发展水平及"整体、协调、循环、再生"的原则,运用系统工程方法,全面规划、合理组织农业生产,对中低产地区进行综合治理,对高产地区进行生态功能强化,实现农业高产优质、高效、持续发展,达到生态与经济两个系统的良性循环和经济、生态、社会、文化四大效益的统一。它既是农、林、牧、副、渔各业综合起来的大农业,又是农业生产、加工、销售综合起来、适应市场经济发展的现代农业。以生态农业建设为基础、开发无公害农产品与绿色食品为目的的渐进式循环经济发展模式,具有更广泛的适应性和实践意义,应大力提倡。①

4.加强农业生产经营投资品监督管理与环境监测,保护环境资源

(1)从法律上制止农用化学品,健全有关农业污染的法规

农用化学品的污染在很大程度上是由于过量投入和不合理使用造成的。为此许多国家制定了相应的法律,如部分西方国家已开始对化肥施用量从法律上进行限制;对农药的生产、销售和使用更是如此,如美国国家环保局1972年对原有的"联邦农药管理法"进行了修改,定名为"联邦农药环境管理法",1984年再度修改后沿用至今,其中不仅对农药品种,而且对其推广和使用等环节都有严格的规定,对其在各种农产品中的含量亦有相应的标准;对农膜质量等同样有严格的标准。因此,必须建立健全限制农业污染的法规,使民族地区农业投资活动有法可依。

(2)加大对农产品质量的监督力度

建立农业生产、流通环节及产品的标准化体系,并加强农产品生产和流通等环节的污染检测工作,保证食品安全。逐步建立

---

① 李玉明:《黑龙江循环农业发展模式探讨对策研究》,载《合作经济与科技》,2005年第7期。

和完善农业环境保护的法律和法规，建立农业环境监测与监督管理机制，在强制执行环境保护政策的同时，教育广大农民，增强农民进行环境保护的责任感。农用化学品对环境的污染包括生产和使用两个方面。从生产方面来说，一是限制产品中污染物的含量；二是在新产品（特别是新农药）的开发上应严格把关，对新产品应用可能带来的问题应进行全面、系统的研究和分析。但目前我国在上述两方面的研究和监测都很不够。当前，我国部分农产品的质量堪忧。首先，由于监测结果主要是来自研究单位，在一定程度上还缺乏代表性，很难引起有关部门和全社会的足够重视。其次，在农产品价格方面，产品质量与价格几乎没有任何关系。因此，我们建议对农产品质量实行长期、经常性的监测，实行优质优价；禁止质量低劣的农产品在市场销售。

(3) 制定完善的法律、法规政策

与国外相比，我国有关的法律、法规还不很完善，1997年颁发的《农药管理条例》主要限于农药的生产、经营与使用，部分条款很难严格遵守执行。此外污染监测方面的制度还很不健全。以农药为例，我国目前生产的农药品种有200多个、加工制剂500多种，但对其在长期、大量使用过程中给生态环境造成的危害却未进行过全面、系统的调查和研究，对农药进入环境后的监督与管理方面的研究更是空白。在农药销售上，虽然国家有规定，但实际销售体制还存在许多混乱现象。进一步完善有关法律条款，从制度上防止农用化学品对环境的污染是很有必要的。

历史的经验表明，法制建设是保护农业环境资源的有效手段。我国的农业环境资源立法已有相当不错的基础，但与农业环境资源保护需要相比，仍有一定差距。如：我国尚没有综合性的农业环境资源保护法或条例，使得许多农业环境资源保护领域无法可依；一些现有的农业环境资源法规难以满足农业环境资源保护和合理利用的要求，比如《土地管理法》只有几个条文涉及土地资源的保护问题，《水法》中涉及水保护的条文非常有限。因此，有必要进一步健全和完善农业环境资源保护的立法。主要设想和建议如下：①制定综合性的农业环境管理条例，规定农业环境资源保护的任务、基本原则、制度及综合管理体制，明确各类农村市场经济主体在农业环境资源保护方面的权利义务等等。②弥补立法漏洞，制定重点领域的新的农业环境资源保护法律法规，如乡镇企业环境保护管理条例、农业节约用水管理条例、农业环境资源综合开发法规等等。③修订现有立法，完善农业环境资源保护法律法规体系，《草原法》、《渔业法》都有必要作出修订，以适应农业环境资源保护的需要。④加强地方农业环境保护立法，促进农业环境资源保护在各地的实施。[①]

总之，用科学发展观指导农业投资和生产，在农业生产活动中尊重科学，讲求实效，注重对生态环境的保护，力求达到农业经济效益最大化、生态效益理想化、社会效益最佳化，使农业生产在经济、生态与社会发展的良性互动中实现可持续发展。

[①] 陈叶兰：《WTO对中国农业环境资源的影响及对策》，载《湖南农业大学学报（社会科学版）》，2004年第1期。

参 考 书 目

1. 胡乐亭主编：《财政学》，经济科学出版社，2004年版。
2. 洪银兴、刘小川、尚长风主编：《公共财政学》，南京大学出版社，2003年版。
3. 徐国弟、陈玉莲主编：《西部大开发战略的理论基础和实施对策》，中国计划出版社，2002年版。
4. 陆大道等著：《中国区域发展的理论与实践》，科学出版社，2003年版。
5. 黄恒学主编：《公共经济学》，北京大学出版社，2002年版。
6. 邱华炳、庞任平著：《投资经济学》，中国金融出版社，2002年版。
7. 娄洪著：《公共基础设施投资与长期经济增长》，中国财政经济出版社，2003年版。
8. 魏后凯、陈耀主编：《中国西部工业化与软环境建设》，中国财政经济出版社，2003年版。
9. 陆成武著：《中国西部资源型城市工业发展研究》，甘肃人民出版社，2002年版。
10. 中科院能源战略研究组编：《中国能源可持续发展战略专题研究》，科学出版社，2006年版。
11. 陈静主编：《中国西部经济——实证分析与对策研究》，中国经济出版社，2004年版。
12. 《中国能源发展报告》编辑委员会编著：《2003中国能源发展报告》，中国计量出版社，2003年版。
13. 中国科学院工业经济研究所编：《2005年中国工业发展报告——资源环境约束下的中国工业发展》，经济管理出版社，2005年版。
14. 韦苇主编：《中国西部经济发展报告（2005）》，社会科学出版社，2005年版。
15. 陈东林主编：《三线建设——奋战时期的西部开发》，中共中央党校出版社，2003 年版。
16. 董继武主编：《能源社会学》，书海出版社，2005 年版。
17. 中国能源发展战略与政策研究课题组：《中国能源发展战略与政策研究》，经济科学出版社，2004 年版。
18. 张秀生主编：《中国经济改革与发展》，武汉大学出版社，2005 年版。
19. 曲福田主编：《资源经济学》，中国农业出版社，2001 年版。
20. 周宏春、王瑞江、陈仁义等著：《中国矿产资源形势与对策研究》，科学出版社，2005 年版。
21. 中国发改委投资司编：《投资体制改革》，中国方正出版社，2004 年版。
22. 刘国良著：《中国工业史——现代卷》，江苏科学技术出版社，2003 年版。
23. 陆立军、郑燕伟 等著：《东部企业"西进"的模式与行为》，中国经济出版社，2004 年版。
24. 陈建军：《产业区域转移与东扩西进战略——理论与实证分析》，中华书局，2002 年版。
25. K·J·巴顿：《城市经济学——理论和政策》，商务印书馆，1986 年版。
26. 杨治：《产业经济学导论》，中国人民大学出版社，1985 年版。
27. 魏后凯等：《中国外商投资区位决策与公共政策》，商务印书馆，2002 年版。
28. 魏后凯：《21 世纪中西部工业化增长战略》，河南人民出版社，2000 年版。
29. 刘贵贤：《生命之源的危机》，昆仑出版社，1989 年版。
30. 陈安宁：《资源可持续利用激励机制》，气象出版社，2001 年版。
31. 国家环境保护局自然保护司：《中国乡镇工业环境污染及其防治对策》，中国环境科学出版社，1995 年版。
32. 薛进军、荒山裕行、彭近新主编：《中国的经济发展与环境问题——理论、实证与案例分析》，东北财经大学出版社，2002 年版。
33. 揭筱纹等著：《西部地区中小企业发展研究》，西南财经大学出版社，2001 年版。
34. 王朝全主编：《农业资源利用与环境保护》，经济科学出版社，2000 年版。

35. 张凌、陈洪彬、原海滨：《资源型产业结构现状及合理化策略的思考》，载《科技与管理》，2001年第2期。
36. 王儒述：《西部水资源开发与环境保护》，载《中国三峡建设》，2003年第11期。
37. 民族地区财政支出研究课题组：《民族地区财政支出研究》，载《经济研究参考》，2001年第53期。
38. 郭松青、王丽、张新：《西部地区环境保护与生态治理有关政策研究》，载《林业经济》，2003年第7期。
39. 王卫星、李新辰、孙翠杰、李安东、杨雷等：《新时期仍应提高财政收入"两个比重"》，载《预算管理会计》，2004年第7期。
40. 陈刚、陈红儿：《区际产业转移理论探微》，载《贵州社会科学》，2001年第4期。
41. 邓宇鹏：《泛珠江三角洲的经济协作与制度支持》，载《开发研究》，2005年第3期。
42. 白永秀：《西部大开发五年来的历史回顾与前瞻》，载《西北大学学报》，2005年第1期。
43. 樊杰等：《我国西部地区中小企业发展的环境效应及其约束——引导机制》，载《地理学报》，2002年第6期。
44. 谢丽霜：《东部资本规模西进的障碍》，载《生产力研究》，2005年第11期。
45. 谢丽霜：《论西部荒漠化治理中的企业参与——以宁夏为例》，载《中央民族大学学报》，2002年第6期。
46. 夏光：《引起乡镇企业污染的主要原因是什么？——在重庆市作的一项定量研究》，载《中国工业经济》，1996年第12期。
47. 苏杨：《中小企业发展及环境污染的分析》，载《中国统计》，2006年第2期。
48. 陈君：《论促进环境保护投资发展的财政政策》，载《财政研究》，2002年第9期。
49. 国务院西部开发办、水利部、国家计委联合印发：《西部地区水利发展规划纲要》，http://www.fl5.cn/fagui/gwylaw/200603/79714.html
50. 王双怀：《五千年来中国西部水环境的变迁》，载《陕西师范大学学报》，

2004年9月。
51. 曹永强、倪广恒、胡和平：《水利水电工程建设对生态环境的影响分析》，载《人民黄河》，2005年1月。
52. 胡晓阳：《生态水利建设为构建和谐社会服务》，载《西北水电》，2005年第2期。
53. 王晓东：《对水利工程生态影响问题的看法——在"水利工程生态影响论坛"上的发言摘要》，载《水利发展研究》，2005年第8期。
54. 胡靖国、原碧霞：《农业污染：一个沉甸甸的话题》，载《社会万象》，2005年第5期。
55. 庄道元、曹建华、徐珍源、张文君：《关于我国农户农业投资行为理性的分析》，载《三农问题》，2004年第17期。
56. 方淑荣：《强化农民环境意识，促进农业可持续发展》，载《农业科技管理》，2003年第6期。
57. 杨灵康、袁桂秋：《保护我国农村环境的经济学分析》，载《理论新探》，2005年第4期。
58. 张欣、王绪龙、张巨勇：《农户行为对农业生态的负面影响与优化对策》，载《农村经济》，2005年第11期。